Erich Kuby

Lauter Patrioten

Eine deutsche Familiengeschichte

Carl Hanser Verlag

1   2   3   4   5   00   99   98   97   96

ISBN 3-446-15918-5
© Carl Hanser Verlag München Wien 1996
Satz und Lithos: Reinhard Amann, Aichstetten
Druck und Bindung:
Franz Spiegel Buch GmbH, Ulm
Printed in Germany

Inhalt

Vorwort   9

Erster Teil
Im 19. Jahrhundert   15

1 Die Kubys   17
2 Die Vidals   67
3 Die Süßkinds   104
4 Agnes im Glück   124

Zweiter Teil
Im 20. Jahrhundert   135

1 Schonzeit für die Erben   141
2 Der Krieg Nr. 1   153
3 Deutsche Lehr- und Lernstunde   168
4 Zwischen Borke und Baum   186
5 ... und begehre, nicht schuld daran zu sein   206
6 Ein halbes Jahrhundert auf sieben Seiten   219
7 Im Wipfel des Stammbaums   228

Abgesang   232

Bildnachweis   236

Meinen Kindern

Vergangenen Ereignissen nachzuspüren hat etwas von der Arbeit eines Forschers, der sich mit den Überresten ausgestorbener Tiere beschäftigt. Es kann sogar gelingen, ein beinahe vollständiges Skelett zusammenzustellen. Unglücklicherweise hat das breite Publikum ein beschränktes Interesse für derartige Gerippe. Zu leicht unterliegt man deshalb der Versuchung, die Dinge zu verschönern, eine prächtige Haut über die Knochen zu ziehen.

Gilles Perrault

Im 19. Jahrhundert gab es noch die Idee vom Volk. Die Idee der Gerechtigkeit, die man auf irgendeine Weise erreichen könne. Im 20. Jahrhundert ist die Idee vom Volk als Träger irgendeiner Wahrheit schlicht infantil.

Joseph Brodsky

An ihren Werken werden die Menschen zugrunde gehen.

Leonardo da Vinci

Vorwort

In zwei Jahrhunderten kommt aus vier Familienstämmen allerhand zusammen an Schicksalen, Berufen, Karrieren, Aufstiegen und Niederlagen. Da ich 1910 geboren bin, hätte mir die großväterliche Generation, weit ins 19. Jahrhundert zurückreichend, noch eine Quelle mündlicher Informationen sein können. Aber sie war es nicht. Die beiden Großväter habe ich nicht mehr erlebt, jedoch ihre Witwen, die eine 1841, die andere 1848 geboren. Hätte ich sie doch über ihr Leben, ihre Jugend ausgefragt! Ich habe es nicht getan, und von sich aus sprachen sie nicht darüber. So bin ich auf Dokumente angewiesen, unter denen Berge von Briefen die aufschlußreichsten sind.

Der Titel des Buches könnte zu der Vermutung verleiten, es würden Männer und Frauen vorgestellt, die ihren staatsbürgerlichen Pflichten beispielhaft nachgekommen sind, nimmt man doch an, Patriotismus stimuliere zu politischer Aktivität. Es ist aber gerade umgekehrt. Patriot ist, wer sein Vaterland liebt, und er liebt es, weil er annimmt, es stehe mit diesem Vaterland alles zum besten. Wir werden Parlamentsabgeordnete kennenlernen, die es, so paradox es klingen mag, dank ihrer Vaterlandsliebe versäumten, ihre wichtigste staatsbürgerliche Pflicht zu erkennen und auszuüben: die Kontrolle von Macht nämlich. Sie waren keine Citoyens, sondern Bourgeois, von der Französischen Revolution auf Umwegen in den Sattel gesetzt, am Ende des 19. Jahrhunderts auf dem Gipfel ihres gesellschaftlichen Ansehens und zumeist in angenehmen, mindestens gesicherten wirtschaftlichen Verhältnissen lebend.

Sie waren in idealistischen Vorstellungen vom Vaterland, nach 1871 auch vom Staat befangen, die sie blind machten für dessen Schwächen. Sie sind zu jenen »unpolitischen Deutschen« zu zählen, die in Geschichtsschreibung und Literatur tausendfach vorkommen. Mit wachsender Verwunderung mußte ich feststellen, was alles an ihnen vorbeigegangen zu sein schien, obwohl sich viele in beruflichen Positionen befanden, die Informiertheit über die öffentlichen Angelegenheiten unabdingbar machten.

Der Raster ihres Patriotismus ließ vom aktuellen Geschehen, von großen politischen und gesellschaftlichen Veränderungen nur hindurch, was ihre private Existenz unmittelbar berührte – mit einer Ausnahme: Gewannen sie den Eindruck oder vermittelte ihnen die von der herrschenden Klasse betriebene Propaganda den Eindruck, das geliebte Vaterland sei von einem äußeren Feind militärisch bedroht, dann reagierten sie wie alte, längst außer Dienst gestellte Militärgäule, von denen gesagt wurde, bestimmte Trompetensignale hätten sie in Wiehern ausbrechen und an ihren Halftern im Stall zerren lassen. Was als politisches Erwachen mißdeutet werden konnte, entbehrte nicht minder eines realistischen, kritischen Erfassens der Situation wie zuvor die auf ein sentimental-idealistisches Vorurteil gegründete Vaterlandsliebe.

Aus meiner Sicht, belehrt vom Faktischen der Lebensläufe, gehörten meine Vorfahren zu den unschuldig Schuldigen, mindestens Mitschuldigen an der deutschen Tal- und Sturzfahrt hinab zu zwei fast ganz Europa verwüstenden Kriegen. Ihre nicht einklagbare Sünde war Unterlassungssünde, in der Politik die schwerste und folgenreichste. Der Befreiungskrieg gegen Napoleon und Bismarcks Einigungskriege waren für sie Bestätigungen ihrer patriotischen Gefühle gewesen, durch jenen waren sie erwacht. Der aufgeklärte Absolutismus der deutschen Fürsten hatte Spannungen gemildert, die im zentralistischen Frankreich zur Revolution geführt hatten. Das Ordnungsgefüge in den deutschen Kleinstaaten ließ den Illusionen über die Führungsqualitäten der Machthaber mehr Spielraum als das französische Ancien régime mit einem König an der Spitze und mit einer Hauptstadt, diesem Kochkessel der Unzufriedenheit einer untersten proletarischen Schicht, die nichts zu verlieren hatte und die als Massenphänomen in den vielen deutschen Residenzen nicht entstand. Es gab nach 1789 deutsche »Jakobiner«, die meisten am Rhein, aber sie konnten nur ein paar Strohfeuer entzünden.

In dieser bürgerlichen Familiengeschichte kommen 130 Jahre lang, gerechnet ab 1800, politisch engagierte Intellektuelle nicht vor. Dem Leser werden aber auch keine Hurrapatrioten und Militaristen begegnen, und wer als Reservist am ersten Kriegstag die Uniform anzog und zu den Fahnen eilte, gehorchte seinem Pflichtgefühl, den Krieg bejubelte er nur selten.

Ich habe Reeder, Bankiers, Weinhändler, Beamte, Richter, Ärzte vorzustellen. Der Bruder meines Großvaters väterlicherseits wurde Militärarzt Bayerns im Generalsrang, aber 1849 hatte er sich als Student in die pfälzisch-badische Revolution gestürzt (also doch: Revolution. Wir werden sehen!), sich bewaffnet und geschossen.

Sie alle waren stolz darauf, Deutsche zu sein, ohne viel zu fragen, worauf sie eigentlich stolz sein durften. Das verstand sich von selbst. Was aber wie Engagement aussah, war Kapitulation vor der Macht. Die eigene gesellschaftliche und wirtschaftliche Kraft wurde für Ordnung und Prestige im privaten Lebensbereich eingesetzt. Am Anfang unseres Jahrhunderts hatte der Soziologe Joseph Schumpeter geschrieben: »Die alten, die ganze Persönlichkeit in überpersönliche Zwecksysteme einspannenden Formen [waren] erstorben und die Einzelwirtschaften jeder Familie zum Mittelpunkt ihres eigenen Daseins geworden, damit eine private Sphäre gegründet war, der nun die öffentliche als ein unterscheidbares Etwas gegenübertrat.« Dieses nicht wahrgenommene, in seiner Realität nicht erkannte »Etwas« sind die Macht und die Methoden ihrer Legitimierung. In Herrschaftsstrukturen, in denen die Macht vererbt wird, regelt sich die Erbfolge meist unproblematisch. Doch zunächst in Preußen, dann im preußischen Reich war die Macht für Jahrzehnte an Bismarck übergegangen, durch ihn zu einem sakrosankten Zentrum der Politik geworden. Ihre Legitimität anzuzweifeln hatte gesellschaftliche Ächtung und Ausgrenzung zur Folge. Der den Preußen seit Jahrhunderten anerzogene Untertanengeist wurde schließlich weitervererbt, die bürgerliche Schicht verwandelte sich in die »schweigende Mehrheit«, die nur am »Sedanstag«, dem Tag der Kapitulation Frankreichs im Deutsch-Französischen Krieg 1870–1871, in den vorgeschriebenen Volksjubel ausbrach. Damit hatte sie vor 1914 ihr Soll an staatsbürgerlicher Gesinnung erfüllt.

Nach dem Ersten Weltkrieg, von dem gesagt worden ist, mit ihm seien in Europa die Lichter ausgegangen – was in diesem metaphorischen Sinn für die Deutschen nicht zutraf, solange sie an den Sieg glaubten (und sie glaubten an ihn noch 1918) –, gab sich die Bourgeoisie dem Wahn hin, eines Tages werde sie ihr bisheriges Leben in ihrem umzäunten Wohlstandspark fortsetzen können, in dem sie durch private Fürsorge für die von ihr abhängigen Leute soziale Konflikte, so gut es ging, auf Sparflamme gehalten hatte.

Der Egoismus einer die Gesellschaft beherrschenden, sozial und geistig formierenden Klasse hatte für sie das Trugbild einer harmonischen Übereinstimmung von Privatheit und Öffentlichkeit entstehen lassen, von der in Wahrheit keine Rede sein konnte. Blind für die Gefahren, die für das Reich aus seinem Aufstieg zu einer europäischen Großmacht unvermeidlich entstanden – vom Dompteur Bismarck mit abnehmendem Erfolg bekämpft –, sah sie darin nur die Voraussetzung für die Zunahme ihres Wohlstandes. Für diese erzählte Chronik ergab sich daraus, daß der zeitgeschichtliche Hintergrund nur andeutungsweise skizziert werden mußte, so daß eine Art Adventskalender entstand, aus dessen geöffneten Fensterchen die Personen sich in ihrer Individualität herausbeugen und nicht als eindimensionale Illustrationen ihrer historischen Bedingtheit schattenhaft in Erscheinung treten.

Mit dieser Übereinstimmung von privatem Existieren und gesellschaftlich-sozialer Rolle war es spätestens Anfang der zwanziger Jahre vorbei. Von da an repräsentierten diese überständigen Bürger nichts mehr als sich selbst, befanden sie sich in einem an Schärfe zunehmenden Dissens zur politischen Entwicklung, gewann die zuvor der historischen Höllenfahrt Vorschub leistende Weigerung, als Staatsbürger zu handeln, moralische Qualität, als das Volk in seiner Mehrheit zu dem Schoß geworden war, aus dem das kroch. Um diesen Prozeß anschaulich zu machen, muß dem zeitgeschichtlichen Hintergrund des 20. Jahrhunderts mehr Aufmerksamkeit gewidmet werden. Gleichwohl gilt bis zum Schluß – sollte es denn zutreffen, daß den Menschen nichts mehr interessiere als der Mensch –, daß der Leser, wie ich hoffe, auf seine Kosten kommen wird. Er sei aber doch daran erinnert, daß die Rechtfertigung dafür, Familien zu beschreiben, von denen niemand im Lexikon vorgekommen ist oder je vorkommen wird, darin liegt, daß jede Familiengeschichte auch Geschichte vermittelt.

Erster Teil
Im 19. Jahrhundert

1

Die Kubys

An Metzgern fehlte es nicht. Entweder eröffneten oder erbten sie eine Metzgerei. Heiraten mit Metzgerstöchtern sind auch vorgekommen. Über Witwen von Metzgern kam der eine oder andere zum eigenen Geschäft.

Philipp Kuby, Metzger zu Kaiserslautern, starb 1942. Ihm hätte ich noch begegnen können. Desgleichen jener Lina Kuby, die den Metzger Karl Friedrich Braun in Meisenheim ehelichte, und deren Tochter Johanna Braun, die ebenfalls von der Metzgerei nicht lassen konnte und sich 1908 mit dem Metzgermeister Friedrich Karl Simon verheiratete.

Indes, es geht mit den Metzgern noch weiter. Vergessen sei nicht Philipp Wilhelm Kuby, 1905 geboren, der in die USA auswanderte und in Texas durch Produktion und Verkauf deutscher Wurstwaren reich geworden ist. Wann bei den Kubys das Metzgerhandwerk »ins Große riß« – ein schlesischer Ausdruck –, geht aus keinem erhaltenen Dokument hervor; vermutlich schon gegen Ende des 18. Jahrhunderts.

Der erste Kuby, der am Rhein nachgewiesen ist, war ein Gürtler, das heißt, er stellte Schnallen und schmückende Beschläge für Gürtel her, fertigte aus Bronze und Messing kunstgewerbliche Gegenstände. Im Vertrauen auf sein Können war er aus Guhrau in Schlesien nach Speyer gewandert. Was ihn dazu trieb, ist unbekannt, aber religiöse Motive waren es nicht. 1588 ist er im Speyrer Bürgerbuch als Hans Kube erwähnt. In Speyer, seit 1294 freie Reichsstadt, Ende des 17. Jahrhunderts von französischen Truppen niedergebrannt, gehörten die Gürtler zur vornehmen Zunft der Krämer. In deren Listen wird aus Hans Kube ein Hans Kober.

Ungefähr fünfzig Jahre später gibt es schon einen Otto Friedrich Kubi, auch Kubj und Cuby kommen vor. Vermutlich erst um die Mitte des 18. Jahrhunderts ist daraus endgültig Kuby geworden, ein Name, der die Herkunft aus einer östlichen Region des deutschen Sprachgebiets erkennen läßt. Waren sie keine Metzger, brachten sie es in anderen Handwerken zu einem gewissen Ansehen. Weniger als acht Kinder hatten sie selten, von denen, wie damals üblich, mehrere schon als Säuglinge oder in früher Kindheit starben.

Ein Kuby, der nachweislich kein Handwerker gewesen ist, hieß Georg Nikolaus, wohnhaft zu Dürkheim, im Januar 1720 verstorben als »gewesener Stadt- und Gerichtsschreiber allhier, ein gar wohlverdienter Mann, der in dem französischen Kriege Stadt und Land große Dienste mit Leib und Lebensgefahr getan hat«. Für ihn, der 65 Jahre alt wurde, waren die »Reunionskriege« Ludwigs XIV. – der 600 deutsche Städte und Dörfer mit ihrem Umland Frankreich einverleibte, 1681 auch Straßburg besetzen ließ – die sein Leben prägende Erfahrung gewesen. Sie machte ihn zum Patrioten und Franzosenhasser. Nicht nur ihn: Das expandierende Frankreich des 14. und des 15. Ludwig wurde zuerst am Rhein zum »Erbfeind«; dort wurde aus patriotischer Gesinnung bürgerliche Aggressivität. In ruinierten, besetzten Städten baute sich ein nationalistisches Potential auf und fand schließlich seinen revolutionären Ausdruck im Hambacher Fest 1832, dessen Initiatoren und Festredner dafür mit langen Kerkerstrafen büßen mußten. Die Macht der Polizei der 1815 zwischen Rußland, Österreich und Preußen geschlossenen »Heiligen Allianz« war ungebrochen, das Hambacher Fest war keine minder riskante Unternehmung als 1817 das »Nationalfest« auf der Wartburg.

Hinter einer riesigen schwarz-rot-goldenen Fahne mit der aufgemalten Losung »Deutschlands Wiedergeburt« hatte sich vom Städtchen Neustadt, das für die Kubys so wichtig werden sollte, der Festzug zum Schloß hinaufgewälzt. Von der Menge wurde die Delegation polnischer Freiheitskämpfer bejubelt: Sie waren die von ganz Europa beklagten, gleichwohl im Stich gelassenen Opfer ihres verlorenen Aufstandes (1830/31) gegen die russische Oberherrschaft. Ein Kampflied wurde gesungen:

Der Zug auf das Hambacher Schloß am 27. Mai 1832

>>Hinauf! Patrioten, zum Schloß, zum Schloß,
Hoch flattern die deutschen Fahnen.
Es keimt die Saat und die Hoffnung ist groß.«

Der hernach als Rädelsführer berüchtigte Johann Philipp Becker
forderte in seiner Festrede, die demokratischen Kräfte müßten
endlich Bajonette und Kanonen einsetzen. Er predigte offen
Bürgerkrieg.
   Der Aufruf zur Gewaltanwendung wurde in Kaiserslautern
auch vom Vater meines Großvaters gehört, dortselbst als Lehrer
tätig. Diesen Wilhelm Kuby, 1804 geboren, hatte sein Vater zu
einem höheren Lebenszweck bestimmt: Er ließ ihn studieren.
An der Universität fuhr der Sohn zweigleisig, unschlüssig, ob er
Lehrer oder Pfarrer werden wollte. 1828 hatte er geheiratet und
unterrichtete an einer Schule in Kaiserslautern. Das dort ausge-
stellte Protokoll seiner standesamtlichen Trauung beweist, daß
der Kalender der Französischen Revolution unter Napoleon
auch in der deutschen Pfalz von den Behörden verwendet
wurde. Es heißt darin:
   »Im Jahre eintausendachthundertachtundzwanzig, den sieben-

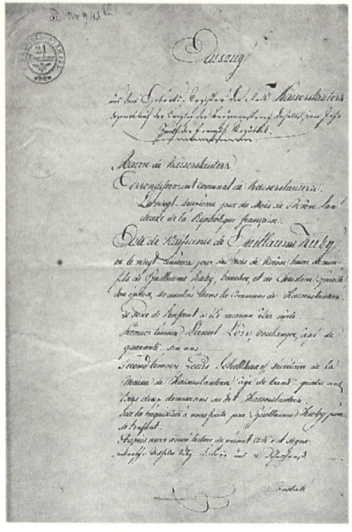 

Geburtsurkunde für Wilhelm Kuby, ausgestellt »im Jahre Zwölf der französischen Republik« in Kaiserslautern (12. 1. 1804)

Der »Subrektor« Wilhelm Kuby als Sechzigjähriger

ten Juli um vier Uhr des Nachmittags sind vor uns, Andreas Weis, erster Adjunkt des Bürgermeisteramtes… erschienen: WILHELM KUBY, Professor an der hiesigen Königlichen Studienanstalt, wohnhaft in Zweibrücken, geboren in Kaiserslautern, den einundzwanzigsten Nivose Jahr zwölf der Republik, ledig, Sohn von WILHELM KUBY, in Lebzeiten Metzger in Kaiserslautern wohnhaft, verstorben alldorten den fünften Juni achtzehnhundertfünfundzwanzig, wie solches der hier anliegende Totenschein ausweist und von dessen hinterlassenen Witwe Christine SPAETH, Metzgerin, hier gegenwärtig und in die Ehe einwilligend; und SOPHIA CHARLOTTE WILHELMINE FRIEDLEIN, ohne Gewerbe, geboren in Obristfeld, Obermainkreis, den vierundzwanzigsten Jänner achtzehnhundertacht, wohnhaft in Erlangen, ledig, minderjährige Tochter von KARL WILHELM FRIEDLEIN in Lebzeiten Decan und Becirksschulinspektor in Müntzberg, verstorben alldorten…«

Nach drei weiteren engbeschriebenen Seiten endet das Dokument:

»Nach vorheriger Vorlesung des sechsten Kapitels des bürgerlichen Gesetzbuches, betitelt: von der Heirath, haben wir der an uns geschehenen Aufforderung Genüge geleistet und den künftigen Ehegatten und die künftige Ehegattin gefragt, ob sie sich zum Manne und zur Frau nehmen wollen. Nachdem beide, und zwar ein jedes gesondert eine bejahende Antwort gegeben hatten, erklärten wir im Namen des Gesetzes, dass Wilhelm KUBY und Charlotte Wilhelmina FRIEDLEIN ehelich miteinander verbunden sind.«

Der junge Lehrer hatte sich durch Hambach zu ein paar frechen patriotischen Reden in der Öffentlichkeit hinreißen lassen. Die vorgesetzte Behörde erfuhr davon, er wurde zur Rechenschaft gezogen, es blieb aber bei einer Ermahnung. Wieder zu Hause, verfaßte er eine »Erklärung« und schickte sie ab:

»Der Mensch besitzt sittliche Freiheit . . . Neben der sittlichen Freiheit kommt ihm auch als ein Recht die bürgerliche zu, d. h. der Mensch hat das Recht, von den ihm von Gott verliehenen Kräften innerhalb der gesetzlichen Schranken, welche das Wohl aller notwendig macht und die gegebenen Verhältnisse bedingen, ungestörten Gebrauch zu machen . . .

Diese und andere mit ihnen übereinstimmenden Grundsätze habe ich in geselligen Kreisen unter Gebildeten umso unverhohlener aussprechen zu dürfen geglaubt, je weniger sie irgend einen Richter zu scheuen haben, und je mehr sie dem monarchischen Principe und der bestehenden Verfassung gemäss sind . . .

Ich gestehe, manchen Regierungsmassregeln, die ich nicht für zweck- und zeitgemäss hielt . . . meinen Beifall versagt zu haben; dies geschah jedoch nie bei Leuten, die nach dem Grade ihrer Bildung mich hätten missverstehen können, sondern nur unter solchen, die mit mir auf gleicher Stufe stehen.«

Über die ersten Worte: »Der Mensch besitzt sittliche Freiheit« sollte nicht hinweggelesen werden; sie lassen, unbeschadet der Tatsache, daß es sich um eine Loyalitätsbekundung handelt – sie wird im Leben des Schulleiters nicht die einzige bleiben –, einen gewissen Mut erkennen. Metternich, wäre ihm das Papier zu Gesicht gekommen, hätte für die Entlassung des Verfassers aus dem bayerischen Staatsdienst gesorgt. Das Wort »Freiheit« war für den Fürsten ein Alarmsignal.

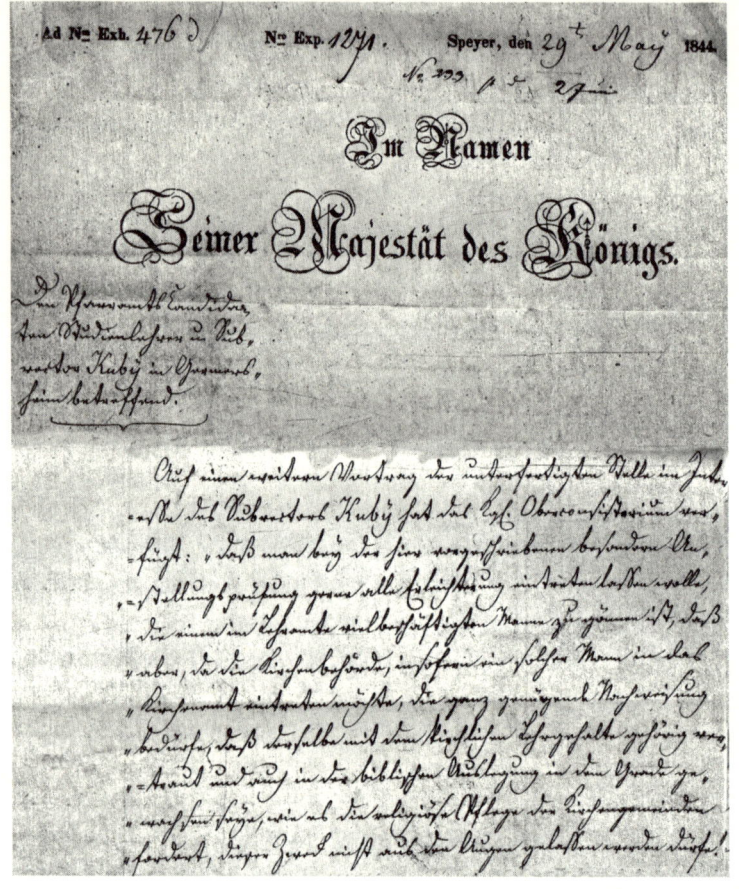

Antwort des »Koeniglich Bayer. protest. Consistorium« vom 29. Mai 1844
an Wilhelm Kuby auf dessen Gesuch, neben seinem Schulamt auch ein Kirchenamt übernehmen zu dürfen. Daraufhin zieht W. K. seinen Antrag zurück. (Auszug)

Wilhelm Kuby hatte in Speyer Abitur gemacht, mit 19 die
Lehramtsprüfung abgelegt, mit 21 eine zweite theologische.
Um als verheirateter Mann und Familienvater seine miserablen Einnahmen aufzubessern, hatte er beim Königlich Bayerischen Dekanat zu Germersheim den Antrag gestellt, aufgrund
seiner theologischen Prüfungen auch als Pfarrer tätig werden zu
dürfen. Die Antwort erging »im Namen seiner Majestät des Königs«:

»dass man bey der hier vorgeschriebenen besonderen An-
stellungsprüfung gern alle Erleichterungen eintreten lassen
wollte, die einem im Lehramt vielbeschäftigten zu gönnen ist,
dass aber, da die Kirchenbehörde, insofern ein solcher Mann in
das Kirchenamt eintreten möchte, die ganz genügende Nach-
weisung bedürfe, dass derselbe mit dem kirchlichen Lehrgehalt
gehörig vertraut und auch der biblischen Auslegung in dem
Grade gewachsen sey, wie es die religiöse Pflege der Kirchenge-
meinden erfordert, dieser Zweck nicht aus den Augen gelassen
werden dürfe.«

Der Lehrer, so wurde verfügt, habe sich »unter angenehmen
Bedingungen« einer theologischen Prüfung zu unterziehen,
auch eine Probepredigt zu halten. Das bewog Wilhelm Kuby,
darauf zu verzichten, sich als Pfarrer ein zusätzliches Einkommen
zu verdienen. Er wurde in Neustadt an der Haardt Subrektor des
Gymnasiums, blieb es bis zu seiner Pensionierung und ist dort
1864 als Rentner gestorben. Lebenslang brauchte er nur aus dem
Fenster zu schauen, um das Hambacher Schloß eher über als vor
sich zu haben. In diesem Städtchen sind seine sechs Kinder aufgewachsen, aus solcher Enge starteten sie in ihre erstaunlichen
Lebensläufe.

Diese Kinder waren Wilhelm (1829), Lina (1830), Ferdinand
(1832), August (1834), Auguste (1835), Eduard (1839); nur zwischen den letzten beiden war der Mutter eine vierjährige Erho-
lungspause vergönnt gewesen. Vier dieser Kinder wurden in der
Familie nicht mit dem Namen genannt, mit denen sie im Taufregister stehen: Aus Wilhelm wurde Lell, aus Ferdinand Bäh, aus
August Louis, aus Auguste Dutte. August unterschrieb seine Fa-
milienbriefe noch mit Louis, als er bereits verheiratet war und
ein eigenes Geschäft hatte.

Sophie, des Subrektors Frau, trug die Last des großen Haus-
halts. Zu den eigenen Kindern hatte sie noch sechs auswärtige
Schüler als Pensionäre aufgenommen. In diesen Jahren, solange
noch keines der eigenen Kinder aus dem Haus war, saßen demnach die Eltern, eine Hilfskraft und zwölf Kinder um den
Eßtisch und wollten satt werden. Als Ferdinand in Heidelberg
studierte, Jahre später, schrieb Lina an Louis:

»Wir kauften Ferdinand ein Kaffeemaschinchen, er muss sich

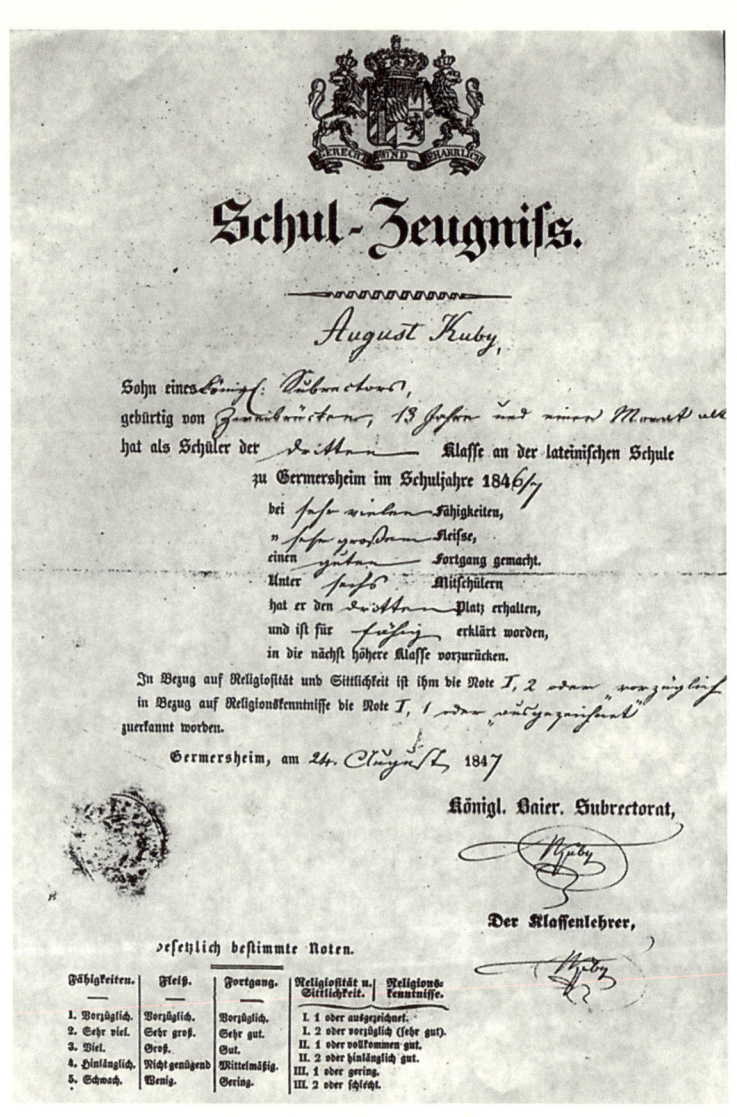

Schulzeugnisse hat Wilhelm Kuby doppelt unterschrieben, als Lehrer –
auch seiner Kinder – und als Schulleiter. (Ein Zeugnis meines Großvaters)

seinen Kaffee selbst bereiten, auch Thee, Zucker, eine Zunge
und gesalzene Butter gaben wir ihm mit, damit er nichts für sein
Nachtessen auszugeben nötig hat. Wo sollte es auch der liebe
Vater hernehmen? Muss er sich doch den ganzen Tag schinden

und quälen. Ferdinand bekommt jetzt vielleicht ein Stipendium. Deine Socken sind wir jetzt im Begriff zu stricken, sobald wir einige Paare fertig haben, schicken wir sie dir. Deine dich liebende Schwester.«

Alle Kinder sind in Neustadt in die vom Vater geleitete Lateinschule gegangen; er hat ihre Zeugnisse zweimal unterschrieben, als Subrektor und als Klassenlehrer. Sohn Ferdinand durfte Jus studieren, Sohn Wilhelm Medizin, er kam in den Genuß eines Stipendiums aus einer Familienstiftung der Großmutter, die eine geborene Lips gewesen ist. Um auch August/Louis studieren zu lassen, reichte das armselige Einkommen des Subrektors nicht mehr. Er hätte diesem Sohn und sich selbst viel erspart, wäre er nicht zu stolz gewesen, Freunde, die sich in angesehenen Stellungen und guten Vermögensverhältnissen befanden, um finanzielle Hilfe anzugehen, die sie ohne Zweifel dem über Neustadt hinaus bekannten und hochgeachteten Lehrer ihrer Kinder nicht versagt hätten. Ob aber dieser Louis, gesetzt den Fall, er hätte studieren dürfen und eine glatte Laufbahn gemacht, bei seinem Tod 1898 u. a. von der »Pfälzischen Presse« als »selfmademan im wahrsten Sinne des Wortes mit Stolz unter die besten Söhne der Pfalz« gezählt worden wäre, ist zu bezweifeln. Es gäbe in diesem Fall auch die über Jahre geführte Vater-Sohn-Korrespondenz nicht – vom Sohn liegen Briefe von 37 Seiten Länge vor, eng mit der Feder geschrieben –, in der der Vater unbeirrbar die Prinzipien bürgerlicher Wohlanständigkeit und die Überzeugung vertritt, wonach der Sinn des Lebens in Arbeit und Pflichterfüllung liege, während der Sohn schrieb: »Du musst endlich verstehen, dass du einen ungewöhnlichen Sohn hast.«

Ein derart in die Tiefe eigenen Wesens hinabreichender Vater-Sohn-Konflikt würde heute zu Beleidigungen und zur Trennung für immer führen. Zwischen Vater und Sohn fällt kein böses Wort, wird die gegenseitige Liebe nicht beschädigt.

Louis' Zeugnisse zeigen, daß er ein Studium mit nicht geringerem Erfolg als seine Brüder absolviert hätte. Es war jedoch seine Schulzeit in Neustadt auf Geheiß des Vaters am 25. August 1848 zu Ende, im Revolutionsjahr. Louis war 14 Jahre alt und wurde verurteilt, anders kann man es nicht nennen, Lehrling bei einem Herrn Jacob zu werden, der in Kaiserslautern einen Gemischtwarenhandel und ein Ladengeschäft betrieb. Mit Textilien dürfte er das meiste verdient haben. Der Qual dieser Lehrlingszeit entzog sich Louis erst nach fünf Jahren.

1844 hätte der Vater das frühsozialistische »Deutsche Bürgerbuch« kaufen können und darin ein Kapitel gefunden »Über die Noth unserer Gesellschaft und deren Abhülfe«. Darin Sätze, die, hätte er sie ernst genommen, ihn bestimmt haben könnten, mit diesem Sohn vorsichtiger umzugehen, hatte er doch selbst durch seinen Vater das Glück gehabt, studieren zu dürfen:

»Der Socialismus hat bis jetzt sein letztes Wort noch nicht ausgesprochen ... Die Zeit, die Euch gerichtet, wird auch ihr Urtheil an Euch vollstrecken. Es wird ein Gericht über Euch hereinbrechen, gleich dem Jüngsten Gericht der alten Welt ... Die himmlischen und irdischen Schranken, die Ihr nicht überschreiten könnt, werden krachend über Euch zusammenstürzen ... Der Augenblick, in dem der Masse der Proletarier ... ihre eigene wirkliche Macht ... zum Bewusstsein kommen wird, er ist nicht mehr fern, dieser Augenblick wird der letzte der jetzigen Scheinwelt sein.«

Der Ausbruch der Revolution hat weder die Geschäfte des Herrn Jacob gestört noch die skandalösen Existenzbedingungen seines Lehrlings Louis und seines Leidensgenossen verbessert. Sie schildert ein Brief, den Louis am 2. August 1849 nachmittags halb zwei Uhr an die »liebsten Ältern & Geschwister« geschrieben hat:

»Ich bin ganz gesund, trotz unserer ungesunden Schlafstube: Ich glaube aber nicht, dass ich immer so gesund bleiben werde, als ich es war, solange ich zu hause war, denn es ist fast eine Unmöglichkeit, nicht zu unterliegen, obgleich ich so eiserne Gesundheit hatte. Oft, wenn wir uns legen, muss ich unter der Thüre stehen bleiben und ein paar Züge Luft nehmen, um mich daran zu gewöhnen; es ist auch natürlich, denn vor unserem einzigen Fenster geht ein Dach hoch in die Höhe, sodass gar keine Luft ins Zimmer kann, denn, was die Hauptsache ist, geht gerade unterm Fenster (zwischen unserer Mauer und dem Stalle, vielleicht vier Fuss breit) ein Graben vorbei, wohin alle Abtritte etc gehen und wir mit diesem pestartigen Geruch, der die Luft erstickt, beschenkt werden, und ich sehe mit Sehnsucht der Stunde entgegen, in welcher ich dieses Haus verlassen kann. Blos deswegen wolle Gott, dass ich Euch noch nicht so bald melden muss, dass ich krank bin. Mein Kollege ist seit 4 Wochen immer kränklich, Ausschlag um Ausschlag. Ihr solltet ihn sehen, man könnte meinen, ein Saustall sei sein Quartier; jedoch genug, es ist nicht anders, eine Krankheit werde ich durchmachen müssen ... Es küsst Euch Alle Euer

Louis«

Das war ein verschlüsselter Hilferuf, aber er verhallte. Die Briefe des Vaters sind auf den immer gleichen Ton gestimmt: Erfülle redlich deine Pflichten! Als er von Louis 1853 einen französisch geschriebenen Brief bekommt und daraus ersieht, sein Sohn lerne Französisch – ohne zu ahnen, zu welchem Zweck –, schreibt er an den jetzt Neunzehnjährigen:

»Über das Lernen aber vergiss zwei Dinge nicht:

1. dass du Lehrling, das heisst deinem Lehrherrn zum fleissigen arbeiten in seinem Interesse verpflichtet bist;

2. dass du ein praktischer Kaufmann werden willst.

Welches des Letzteren Eigenschaften sind, brauche ich dir wohl nicht zu sagen, das wirst du bald besser wissen als ich. Lebe recht wohl, behalte deine Zukunft stets im Auge und bleibe in Liebe zugetan deinem

dich innigstliebenden Vater

Kuby.«

Im Laufe der Jahre hatte Prinzipal Jacob begriffen, daß sein Lehrling Louis ausnehmend intelligent war, hatte auch bemerkt, daß er sich Kenntnisse in Französisch aneignete, und da er beabsichtigte, geschäftliche Beziehungen zu französischen Lieferanten zu spinnen, wollte er Louis den Vorschlag machen, für ihn Firmen in Frankreich aufzusuchen. Damit aber kam er zu spät, Louis hatte ihn und Kaiserslautern, vermutlich auch die ewigen Ermahnungen des Vaters satt und war eines Tages verschwunden, ohne Abschied und fast ohne Geld außer seinem ersparten Lehrlingslohn.

Erst aus Paris schickte er ein erstes Lebenszeichen, ohne seinen Schritt zu begründen, ohne zu sagen, wovon er sein Leben bestritt. Bettelte oder arbeitete er? Fast hätte man glauben können, er mache nur einen Ausflug in die glitzernde Weltstadt, in der es seit einem Jahr wieder einen Kaiser Napoleon gab. Daß wir es bei Louis auch mit einem Patrioten zu tun haben, oder doch mit einem Pfälzer, der im ersten Zusammenprall mit den Parisern von patriotischen Gefühlen übermannt wurde, geht aus einem am 11. Juni 1853 geschriebenen Brief hervor:

»Denkt Euch doch und lacht mich aus: ich bin das Lächerlichste was man sich denken kann, ich bin, wie mir wenigstens scheint, ein Patriot. Das ist für einen Kaufmann das Unlohnendste und Dümmste, was es gibt, wie es denn davon auch nur wenige geben mag. Wenn ich jetzt täglich in den Zeitungen lese, mit welcher Geringschätzung diese luftigen Franzosen unser Deutschland betrachten, wie sie es kaum der Spöttelei würdigen, als sei das Papier dafür zu teuer, dann möchte ich alsmal die ganze französische Nation erwürgen, obgleich sie fast recht hat uns zu verachten. Aber haben diese Welschen, deren rothe Hosen schon ihre Kinderei beweisen, keine Fehler? Sie mögen manche Vorzüge haben, aber dieser Dünkel, als sei es gar keine Frage, dass sie in jeder Hinsicht die erste Nation sind, ist unerträglich. Durch diesen Hochmut ist mir der ganze franz. Geist mit seinen Nadelstichen verächtlich. Ich werde noch ganz wild gegen die Franzosen, die mir so gar nicht gefallen trotz ihrer Höflichkeit, der das Herz fehlt. Nichtsdestoweniger haben sie bedeutende Vorzüge insbesondere gegen uns arme Deutsche. Wenn ich unser liebes Deutschland betrachte, was ist es? Beinahe von jeder anderen Nation übertroffen und von diesen geringgeschätzt. Und was könnte es sein!! Ich blicke in den deutschen Geisterwald, der erste der mir begegnet, ist Göthe, und ich kann nicht stolz auf unseren Göthe sein. Ich verliere mich in diesem Chaos, drum adieu!«

Ein Schlüsselsatz des Aussteigers Louis aus einem der Briefe an den Vater lautet: »Die Imagination ist das Wesen meines Seins«. Er blieb standhaft und wurde von Briefen des Vaters innerlich nicht erreicht, der ihm nach Paris schrieb:

»Bleibe in allem guter deutscher Sitte treu, lerne die Wirklichkeit kennen und trotz der moralischen Mängel der Menschenwelt schätzen. Die Welt ist kein Paradies, weil sie es nicht sein soll, weil der Mensch unter Mühen und Arbeiten erst Mensch wird, der Gottes Ebenbild sich durch Ausbildung seines Geistes und Herzens anerschaffen soll. Die Bildung des Herzens wird zur Tugend, zur Menschenliebe und allem, was dieses Wort in sich schliesst, kann Jeder. Die Bildung des Verstandes aber kann Jedem nur in dem Maaße gelingen, als ihn die Mutter Natur begabt hat und der Erdenberuf, dem er sich widmet, oder der er, der Himmel weiss wie, zugeführt wird, es erlaubt und möglich macht. Die Berufsarten sind verschieden und die Verschiedenheit ist eine Naturnotwendigkeit, daher muss man sich ihr unterwerfen auf eine des Menschen würdige Weise. Daher muss man nicht höher fliegen wollen als die Flügel es erlauben. Die Schildkröte, welche den Adler mit ihren Bitten nöthigte, sie fliegen zu lehren, wurde zerschmettert als er sie in die Luft getragen und dann losgelassen hatte.«

Louis verläßt Paris, geht aufs Land, findet Arbeit auf einer »ferme«, verdient mit Feldarbeit sein Brot, ist der Schildkröte näher als dem Adler, aber er schreibt:

»Pater peccavi! Aber hört die Natur, die sich mächtig sträubt gegen die engen Grenzen eines Berufes, der sie so wenig begünstigt! Versetzt Euch ein wenig zurück nach Germersheim, so findet Ihr mich im 9ten und 10ten Jahre schon an die Bücher genagelt; erinnert Euch, wie ich an den Winterabenden bei Eurem lauten Muthwillen wie todt vor meinen Büchern unter Euch sass und aufgeschreckt durch Euer Gelächter Euch anstierte wie ein Ochs ein neues Scheunenthor, nicht wissend, wo ich bin noch was vorgeht.«

Warum er die »ferme« wieder verläßt, sagt er nicht, auch nicht, was ihn veranlaßt, wieder nach Paris zurückzukehren, aber ein Brief von Ende August 1853 läßt erkennen, daß er dort zunächst unter Verhältnissen haust, die von denen der Schlafstube bei Jacob über der Kloake nicht sehr verschieden sind.

»... Mit ein paar 1000 Gulden wollte ich einen Dichter aus mir machen, augenblicklich aber haben die Wanzen und Ratten, die mich in meinem schönen Zimmer so gut unterhalten, dass ich kaum schlafe, alle Poesie in Beschlag genommen.

Die ersten Sänger und Sängerinnen an der Oper erhalten 35 000 frs fix und 5000 frs für jede Oper (Aufführung), in der sie singen, sodass sie sich über F 100 000 stellen.«

Im Oktober kommen die Wanzen und Ratten nicht mehr vor. Louis vermittelt der Familie das Bild von einer leidlich gesicher-

ten Existenz, teilt aber wieder nicht mit, womit er seinen Lebens-
unterhalt in der schon damals teuren Stadt bestreitet.

»Ich erhalte für den Anfang frs. 1000, die nach 6 Monaten erhöht werden sollen. Ich arbeite jetzt spielend, gehe um 8 1/2–9
ins Bureau, wo ich mich nach meinem Belieben beschäftige, und
das ich schon um 5–5 1/2 verlasse, ausserdem habe ich von 11–12
frei um zu frühstücken, also habe ich Zeit im Überfluss für
meine Fortbildung. Jedermann sagt mir, es sei nicht möglich von
frs. 1000 zu leben, aber für frs. 25.– habe ich ein hinlänglich
schönes Zimmer und Kost, nach Abzug von frs. 2.– für Wäsche,
frs. 10.– für Wein, Kaffee, Theater, frs. 20.– für Kleidung, die ich
nicht nötig haben werde, und damit nichts übrig bleibt, werde
ich spanisch oder italienisch lernen, tanzen, fechten, reiten oder
blos Kapitalien sammeln, um einen alten grossen Plan ausführen
zu können.

Der Kaiser [Napoleon III.] ist eingetroffen, der – wenn ich im-
stande bin, ohne Vergleiche urteilen zu können – beruhigend
kalt empfangen wurde. Es scheint, er hat wenig Freunde. Die
Schwester der Kaiserin beleidigt durch ihre Toilette sogar die Pariser. Die Kaiserin versteckt sich gewöhnlich im Eck des Wagens,
was den sehnsüchtigen Parisern nicht gefällt. Man lässt den
Kriegsminister St. Armand selbst als Dieb der 100 000 frs, die
dem Kaiser gestohlen wurden, figurieren. Eine Masse solcher
Geschichten werden erzählt.

Ich teile euch das Urteil über mich von Frau Th. mit. Es lautet: ›Mit unserem jungen Deutschen sind wir entsetzlich zufrieden‹. Wenn man von Leuten ohne Bildung, voller Geldstolz und
schonungsloser Unverschämtheit Zufriedenheit zu erwerben
weiss, muss man wahrlich praktisch sein. Auf ihre Zufriedenheit
lege ich möglichst wenig Werth.

Also meinen nächsten Brief aus Marseille, Lyon, aus Frankfurt
oder Leipzig als Käsekrämer oder Banquier, als Eselreiter oder
Reisender, als Comissioner, Spediteur oder Grossist, als Poet
oder Polytechniker – freier Wille?! Schicksal?! Meine Liebe ist
beständig. Geheimnisvolle Welt!«

Dieses Leben – es ist das Leben meines Großvaters –, dem
wir zunächst bis 1857 folgen an Hand seiner Briefe, ist kein Prozeß der Selbstfindung. Dafür könnte es nur gehalten werden,

hätte er sich ab seinem 23. Jahr damit zufriedengegeben, jener Kaufmann zu werden, der in Edenkoben eine Weinhandlung gründete, und hätte er im Geldverdienen, worauf er sich ausgezeichnet verstand, seinen Lebenszweck gesehen. Mit anderen Worten, wenn er durch die Sehnsüchte und Träume von einem musischen Leben einen Strich gemacht hätte. Aber so war es nicht. Von ihm läßt sich sagen, er sei die Kerze gewesen, die an zwei Enden brennt und sich allzu rasch verzehrt.

Diese meist auf hauchdünnem blauen oder bräunlichen Papier von Rand zu Rand geschriebenen Briefe sind tagebuchartige Protokolle der Selbstbestätigung, der Selbsterhaltung dank einer erstaunlichen Widerstandskraft gegen den immer drohenden Absturz in Armut und Verkommenheit. Der aus dem Nichts in wenigen Jahren geschaffene Wohlstand diente ihm dazu, sich in schlaflosen Nächten eine umfassende Bildung anzulesen, Ersatz für das erhoffte Leben eines Dichters oder Schauspielers, wozu er von der Natur nicht vorgesehen war. Das einzusehen, brauchte er diese Jahre der Flucht vor einem bürgerlichen Leben. Er ist der einzige meiner Vorfahren, der einzige in der ganzen Verwandtschaft, der nie wirklich ein Bürger geworden ist, auch nicht als Familienvater mit eigenem Haus und Vermögen.

Sogar sein Bruder Wilhelm, der sich als Student der Medizin in die Revolution von 1849 gestürzt, sich bewaffnet und geschossen hat, war in dieser Episode seines Lebens, kostümiert wie ein Räuberhauptmann, ein Bürger durch und durch. Wenn wir ihm begegnen, werden wir an deutscher Geschichte aus erster Hand teilnehmen. Für Louis scheint dieser Hintergrund nicht existiert zu haben, seine Privatheit ist hermetisch. Was er in Frankreich, in England, ein zweites Mal in Frankreich von seiner Umwelt wahrgenommen, davon in seine Briefe Eingang gefunden hat – viel ist es nicht –, läßt sich historisch nicht datieren, und wenn er Napoleon III. erwähnt, so nur mit psychologisch relevanten Details: kalt empfangen, keine Freunde. Mit dem voller Verachtung niedergeschriebenen Wort »Käsekrämer« verwirft der junge Mensch sein Jahrhundert wirtschaftlichen Aufstieges, in dem er sich eine angesehene soziale Stellung schaffen konnte, worin er aber nie heimisch geworden ist. Vom Weinkaufmann Kuby ließe sich sagen, er habe sich einen gesellschaftlichen Freiraum mit großzügigen Stiftungen erkauft, in dem er sich seiner bohrenden Unzufriedenheit mit dem Zeitgeist überlassen konnte, die ohne politisch definierbaren Ansatz war und frühzeitig seine Nerven ruinierte.

Kehren wir nach Paris und in den Herbst des Jahres 1853 zurück. Der ewigen Ermahnungen des Vaters überdrüssig, macht er höflich in der Form, unmißverständlich in der Sache doch endlich einmal Front gegen ihn:

»Von dem Standpunkt aus, von dem du mich betrachtest, kann ich nicht leugnen, dass deine Meinung sehr richtig ist. Da aber dieser Standpunkt es nicht ist, so kann das von da aus gebildete Urteil auch nichts anderes als falsch sein. Da ich also mehr als ein Käsekrämer werden will, so habe ich mehr Kenntnisse nötig. Dazu gehört eine größere Grundlage, wie ein Kirchturm einen größeren Bedarf an Bodenfläche hat als ein Kletterbaum. Da ich gerade jetzt in der Epoche des Lebens bin, in der das Fundament gelegt werden muss, so habe ich also vor allem die Materialien herbeizuschaffen. Ein Turm, auf die Spitze gestellt, bleibt schwerlich stehen. Schreibe mir oft und viel, ich höre gern Logik. Dein Louis.«

Von dem folgenden Brief fehlt das erste Blatt, also auch die Datumzeile. Geschrieben in der Stimmung des vorigen, ist anzunehmen, daß er noch in Paris entstand:

»Ich opferte mit Freudigkeit Alles, was mir in meinem Stande verführerisch entgegenschimmerte; freudig tauschte ich Bettlerlos mit dem glänzendsten Stande, wenn ich nur meinem inneren Drang genüge thun könnte. Ein Opfer, der Überzeugung gebracht, dünkt mich edler und größer als das welches du mir in dem Verlangen auflegst, dem Drängen meines Geistes zu widerstehen durch Entsagung auf die geistigsten u. edelsten Genüsse, und meinem inneren Berufe und Glück zum Trotz in dem Stande zu beharren, der mein Leben untergräbt. Täusche dich nicht länger, widerstehe nicht länger dem Genius, der mich in andere Bahnen treibt, weiche der Natur u. ihren Gesetzen, die doch früh oder spät mit siegender Gewalt jeden Widerstand vernichten. Wenn ich mich zwinge, das Joch noch länger zu tragen, so muß ich fürchten, auf erschreckende Weise exzentrisch zu werden. Untauglich wie ich jetzt schon bin für eine kaufmännische Beschäftigung, bliebe mir vielleicht kaum die Befähigung zu vernünftigem Handeln überhaupt. Lass mir darum meine Freiheit ehe es zu spät wird. Lass meiner Natur, so romantisch und überspannt sie auch sein mag, freien Lauf, nur so kann ein Unglück verhütet werden, das meinem Geiste droht und mein Sein in Frage stellt. Ich bin nun einmal nicht wie andere Menschen. Warum soll ich mein Glück opfern einem Begriff, einer Ansicht der Zeit und der Convenienz? Kann mir die Welt besser sagen, als ich selbst, was mir zum Heile gereicht? Fühlt etwa die Welt den Schmerz für das Individuum, den sie verursacht, wenn man sich ihr fügt? Diese Betrachtungen auf mich angewendet, auf den concreten Fall, bieten sich die Folgerungen von selbst: ich entsage dem Handelsstande zunächst, mit diesem Schritt fühle ich mich von einer Last befreit.«

Offenbar auf ein Zeitungsinserat hin hatte sich Louis um eine Stellung in England beworben, ohne eine genauere Vorstellung, was ihn dort erwarten würde, und ohne mehr als hundert Worte Englisch zu verstehen oder gar sprechen zu können. Rascher, als er angenommen hatte, kam eine positive Antwort, der er entnehmen konnte, die Stellung werde ihm 1000–1200 ffrs in barem Geld einbringen, freie Station, Wäsche, Licht, Heizung. Der Brief ist von einem Mr. B. C. Benney geschrieben, Rainford near St. Helens, Lancashire. Er teilte die neue Adresse den Eltern und Geschwistern mit, aber sie werden zwei Jahre darauf warten müssen zu erfahren, was er in Rainford getan hat. Die Umstände, die er dort antrifft, bleiben die angenehmsten seiner Fluchtstationen.

Aus Rainford, am 4. März 1854 begonnen, am nächsten Tag beendet, stammt der schon erwähnte längste, 37 eng beschriebene Seiten umfassende Brief an den Vater.

»Lieber Vater!

Seit langem habe ich die Absicht, dich mit meinem inneren Leben bekannt zu machen, aber in dem Glauben, dass dessen Eigenthümlichkeiten, die den nachstehenden Zeilen zum Stoff dienen, mit der Zeit verschwinden, wodurch diese Mitteilungen unnötig würden, zögerte ich so lange mit der Ausführung, bis ich mich überzeugt, dass sie früher oder später ausschliesslichen Einfluß auf mein äusseres Leben gewinnen ...

Was bin ich, frug ich, und zu welchem Zweck lebe ich? Ich

Der Nestflüchter August Kuby,
genannt Louis, als Achtzehnjähriger

konnte keine Antwort finden, die dunkle Zukunft erschien mir
schwärzer als die Nacht. Ich sah vier Jahre der Lehrlingsausbil-
dung vor mir, die mir lang wie ein Leben erschienen und ich
entsetzte mich bei dem Gedanken, so lange in dieser Art zu
leben ... Ungeduldig sehnte ich mich nach der Stunde, die mich
endlich von dem für mein geistiges Leben so lästigen Körper befreien musste. [Ein Selbstmordversuch ist verbürgt, E. K.] ... Zu
dieser Zeit begann der Kampf zwischen Verstand und Gefühl,
der so hart und wichtig werden sollte. Der Kampf, in dem der
Verstand anfangs blos untersuchte, dann kritisierte, und endlich
versuchte, wenn auch bis heute vergeblich, meine leidenschaft-
lichen Gefühle zu unterdrücken ...

Meine Aufgabe war, zu überlegen, welches das beste Mittel ist
mich zu humanisieren. Ich glaubte, dass fern von Civilisation das
zu Civilisierte, oder zu Geistige in mir verschwinden würde. Ich
entschloss mich, wenn sich eine Gelegenheit bieten sollte, übers
Meer zu gehen in welches Land es auch sei, wo ein abenteuer-
liches Leben und physische Sorgen mich weltgerecht machen
würden. Der andere Weg wäre: *Studium, Studium!* In Paris wen-
dete ich mich an Napoleon mit der Bitte um Bewilligung der
zum Besuch einer Universität nötigen Mittel, ohne jedoch bis zu
meiner Abreise eine Antwort bekommen zu haben ...

Zur Ausführung meiner Pläne ist Geistesbildung nöthig. Stu-

dium ist daher mein mittelbares, Geld mein unmittelbares Bedürfnis – Zukunft, was wirst du bringen!

Dein Sohn August«

Es ist der einzige an den Vater gerichtete Brief, den er mit seinem richtigen Vornamen unterschrieben hat. Nun fingen auch
die Geschwister an, sich über seine Geheimnistuerei, über den
Mangel an handfesten Informationen zu ärgern. Bruder Ferdinand, der zielstrebige Jurastudent, erspart Louis keine Vorwürfe:

»Warum hast du bis jetzt niemand gefunden, zu dem du dich
hingezogen fühltest, dem dich mitzuteilen du Lust gehabt hättest. Auf jeden Fall wirst du mehr missverstanden, oder nicht
verstanden, wenn du verschlossen bist . . .

Wir sind auf die Erde gesetzt und nicht über die Wolken. Fasse
ein bestimmtes Ziel ins Auge und handele als Mensch für Menschen. Die Phantasie strebt vielleicht weiter, darum machten die
Griechen dem Pegasus Flügel, aber diesem darf man sich nicht
ohne Zügel überlassen. Es kommt alles auf den Masstab an – dieses Universalmittel wünscht dir von ganzem Herzen dein Ferdinand.«

Nach neun Monaten kehrt Louis nach Frankreich zurück, obwohl er in Rainford hätte bleiben können. Wieder geben seine
Briefe keine Auskunft darüber, was ihn dazu veranlaßt hat. Ende
1854 verdingt er sich in Chalon-sur-Saône, 300 km südöstlich
von Paris, bei M. Tondut, dem Inhaber einer großen Weinhandlung. Es ist anzunehmen, daß er bereits zu diesem Zeitpunkt die
Heimkehr beschlossen und sich damit abgefunden hat, ein Kaufmann werden zu müssen, und zwar ein Weinhändler, kein Käsekrämer. Chalon-sur-Saône wird sein letzter Ankerplatz in
Frankreich.

Aus der Stellung eines Gehilfen steigt er rasch auf. Es fehlte
nicht viel, und er hätte den Vorschlag des Patrons angenommen,
zu bleiben, mit der Aussicht, Teilhaber des Geschäfts zu werden.
Nicht viel – aber die Zurückweisung dieses glänzenden Ange-
botes, die nichts damit zu tun hat, daß er nicht in Frankreich
bleiben wollte, Heimweh verspürt hätte – nein, nichts derglei-
chen! –, wirft Licht auf seine Vorstellung, wie er sein Leben als
Kaufmann gestalten will – als alleiniger Inhaber, als unabhängiger Chef eines eigenen Unternehmens. Darin konkretisieren

sich seine Träume von persönlicher, von privater Freiheit. Schon nach einem Jahr erwiesen sich die Sorgen der Familie um diesen geliebten Sohn als übertrieben, ja als unbegründet. Hatten sie doch befürchtet, er werde nicht nur sozial, sondern auch seelisch abrutschen, gleich jenem Christian Buddenbrook aus Thomas Manns Roman, »der an gewissen Tagen kein offenes Fenster sehen konnte, ohne von dem gräßlichen und durch nichts gerechtfertigten Drang befallen zu werden, hinauszuspringen...« Louis sprang nicht hinaus, sondern hinauf. Schon aus Chalon-sur-Saône gibt es Briefe, in denen er sich vorrechnet, mit 10 000 Gulden Kapital könne er für 40 000 Geschäfte machen. »In diesem bescheidenen Anfang liegt der Keim zu jeder denkbaren Ausdehnung« – diesen Satz hätte er über die Tür seines ersten Flaschenlagers schreiben können.

»Ich muss eben Kaufmann werden, muss lieben, was ich hasse, schätzen, was ich verachte, muss die Natur vernichten. Ich weiche der That, der Notwendigkeit. Es ist wohl das letztemal, dass ich mich so ausspreche, ich scheide wohl für immer von dem Lande, wo die Geister sich von Ideen nähren. Wie der Handel der Poesie, so muss ich als Kaufmann meiner Vergangenheit fremd werden. Statt aller Träume eine enge staubige Schreibstube, in der sich die ganze Welt auf Ziffern reduziert, Herz und Seele nicht um einen Heller in die Waagschale der Bilanz fallen. Rechnungen, halb lithographierte Briefe, in die gedrechselte Phrasen eingezwängt werden, Wechsel, schmutziges Geld, Staub und Dinte, zerlumpte rohe Kunden, die man mit Krätzfüssen empfangen muss, die einen jeden Augenblick insultieren durch ihre tausend Befürchtungen und Verdächtigungen und durch ihr offenes Misstrauen ob man ehrlich sei.

Das ist die Welt, die mir von nun an zum Feld meiner Tätigkeit angewiesen ist. Einen ehernen Ring muss die Überzeugung um mich bilden, so muss es sein. Anders wäre mein ganzes Leben ein ebenso langes Opfer. Fürchte nicht, dass ich unglücklich sein werde. Es ist kein Verdienst, sich der Nothwendigkeit blos zu fügen, man muss sie mit Heiterkeit annehmen. Ich werde ohne Bitterkeit mit den Menschen leben und gewissenhaft meine Pflichten erfüllen, die mein Stand mir auferlegt.«

Monsieur Tundot, der ihn ungern scheiden sah, stellte ihm ein

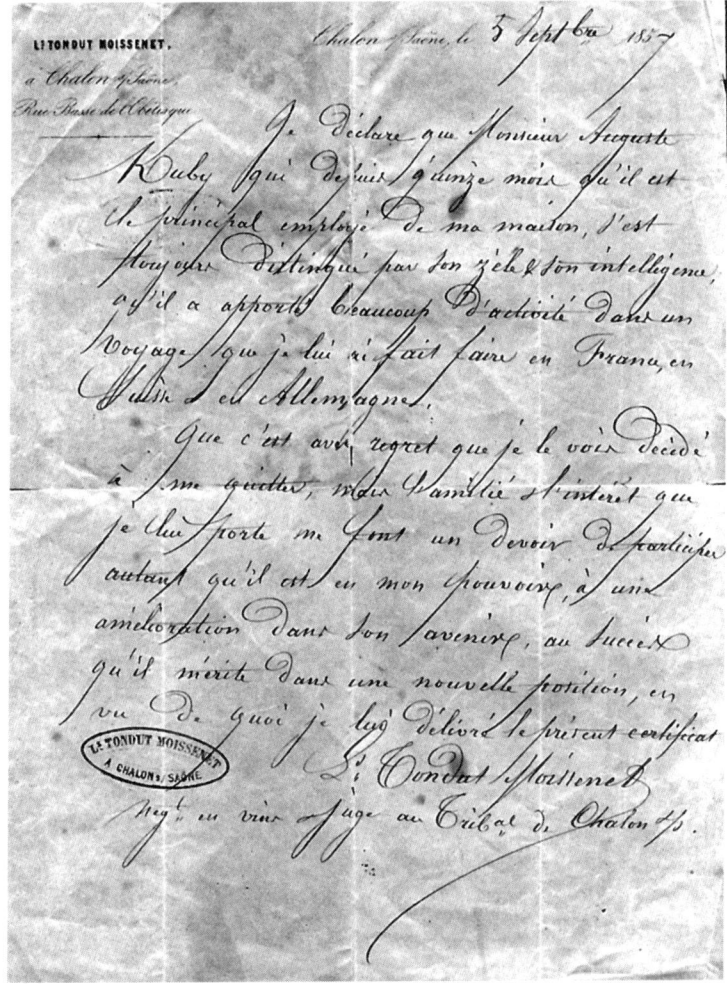

Der Weinhändler Tondut Moissenet in Chalon s. Saone stellt 1857 August Kuby dieses hervorragende Zeugnis aus, der davon keinen Gebrauch macht, er will jetzt eine eigene Firma in der Pfalz gründen.

Zeugnis aus, das ihm bei einer Stellungssuche äußerst nützlich gewesen wäre, aber er sucht keine Stellung. Der künftige Unternehmer zeigt es auch in der Familie nicht herum. Er wollte nicht hören: Und da bist du nicht geblieben?! Zur Heimkehr entschlossen, gesteht er in einem langen Brief, was er zwei Jahre zuvor in England getrieben hatte. Es ist der erste, in dem er nicht mehr um sich selbst kreist, kein Bekenntnis innerer Nöte, sondern witzige Beschreibung seiner Umwelt. Es ist der Brief eines zum Mann herangewachsenen 23jährigen, der geschrieben hat: Ich weiche der Tat.

»So lange ich in England war und so lange nach meiner Rückkehr meine Laufbahn unentschieden blieb, wäre es gewiss bei meinem damaligen Zustand peinlich für euch gewesen zu erfahren, dass ich keineswegs in meinem Fach tätig war, während der 9 Monate in England. Heute, wo ich nun ein für allemal im Handel bin, könnt ihr wissen, dass ich in Rainford *Schullehrergehülfe* war. Ich war engagiert um französischen Unterricht in der Anstalt zu ertheilen. Als ich aber in Rainford ankam, fand ich statt einer Lehranstalt, wie ich sie mir vorstellte, das vor, was wir ›deutsche Schule‹ nennen. Die merkwürdige Stellung, die ich dort einnahm, machte mich oft lachen. Gleich nach meiner Ankunft schickte mir mein neuer Gebieter ein Dutzend kleiner Kerls auf den Hals mit Zeichenbrettern, sie anzulernen zu zeichnen. Da brachte mir einer eine Ornamentzeichnung, ein anderer eine Landschaft mit Taubenschlag und Kirchthurm, ein dritter einen Kopf, u. s. f. Alle wollten, dass ich ihnen helfe. Dabei sprach mich das wilde Corps natürlich nur englisch an, wovon ich kein Sterbenswörtlein verstand. Sie ihrerseits wussten nicht recht, in welcher Zunge ich redete. Nach langer Reise war ich wie vom Himmel in eine englische Elementarschule gefallen. Doch der Nachmittag verging, ich zeichnete und stotterte eben drauflos. Die Freundlichkeit der Leute und ihr Thee liessen mich ein wenig das Ausserordentliche meiner Lage vergessen. Im Hause waren etwa 20 Zöglinge zwischen 6 und 13 Jahren, die ich zu überwachen hatte. Meine Aufgabe bei den Mahlzeiten war, dies Volk still zu halten und die Tassen neu zu füllen aus einem gieskannenartigen Topf. Zudem hatte ich die leeren Teller mit neuen Butterbrotpyramiden aufzufüllen. War alles gesättigt, hier und da den Schwätzern eine Ohrfeige zutheil geworden, dann wurde gebetet, eine Stunde gespielt und unter meiner Aufsicht spazierengegangen. Den Abend verbrachte ich ebenfalls bis 8 Uhr mit der lieben Jugend, um sie nach gelernter Aufgabe abzuhören. Um 8 Uhr hieß es zu Bett gehen und auch dieser Operation hatte ich beizuwohnen, die so leicht nicht war, denn die Kerle mussten manchmal gegängelt werden, bis sie endlich aufhörten zu plaudern und zu zischeln. Es waren zwei grosse Schlafzimmer, in denen sie zu je zwei und zwei untergebracht waren. Als ich am Ende auch Lust zum Bett bekam, führte mich der Herr Schullehrer in das grössere, wo etwa 14 Jungen schnarchten u. wies mir ein Bett an, in dem sich bereits ein Wesen und zwar ein krummes, laut träumend wälzte. Wir rollten den Mann gegen die Wand, und die Hälfte des einladenden Bettes stand vor mir in seinem ganzen Reiz. Heldenmutig hängte ich meine Kleider über das eiserne Bettgestell und stürzte mich blindlings in die Arme des Schlafes. Am nächsten Tag kam ich in die eigentliche Schule, wo die ganze Dorfjugend, an der Zahl einhundert, mich mit großer Neugierde empfing. Dann ging das Werk der Humanisierung dieser englischen Jugend vor sich, zunächst mit Mädchen von 5-6 Jahren, die ich das Alphabet zu lehren hatte, das ich selbst nicht konnte. Die Racker sprachen a wie e, e wie i, i wie ei aus. Es korrigierten die anderen, was ich korrigieren sollte. Nach ihnen kamen die Buben vom gleichen Alter vor meinem Catheder angerückt und drückten ihr abc heraus. Dann Mädchen und Burschen von 6-9, die zu buchstabieren hatten, dann junge Damen bis zu 16 Jahren, worunter sehr hübsche, die ich in der Bibel vorlesen liess, dann den Katechismus überhörte und am Ende mit Geschichte, Geographie und Rechnen erbaute. Täglich wurden zwei Schriften geschrieben, die ich auszuteilen, zu prüfen und zu sammeln hatte. Auf jeder Seite musste ich eine Vorschrift schreiben, Kopfrechnen wurde fleissig geübt, da gings mir manchmal recht übel, beim Einmaleins nicht minder, bis zu 12 x 12. Ich kann dir gar nicht sagen, in welch drolliger Lage ich immer wieder war. Im ganzen ging es indes viel besser als man glauben sollte. Die lieben Leutchen gewannen mich merkwürdig lieb. Ehe ich abreiste, brachten sie mir Blumen, dankten und weinten, wenigstens viele unter ihnen.«

In diesem langen Bekenntnisbrief gesteht er auch, er habe mit dem Gedanken gespielt, in ein Kloster einzutreten oder sich als Freiwilliger bei der Armee zu melden. Bei der französischen? Nein, in Landau oder Germersheim. »Die Vorstellung einer Landpfarrei hatte unendlichen Reiz für mich. Meinen Projekten fehlten nie die Hindernisse.«

Nun kommt der bereits zitierte Satz:

»Aber die Imagination ist das Wesen meines Seins. Ich dachte, ich müsse mich blind einem dunklen Schicksal in die Arme werfen. Die Umgebung von Neapel war zunächst mein vorgestelltes Ziel. Noch kenne ich genau die Reiseroute, die ich verfolgen wollte, meine geographischen Kenntnisse von der Schweiz und Italien datieren aus dieser Zeit. Ich hatte meinen Reiseplan so genau studiert, dass ich den Weg bis Neapel fast leibhaftig vor mir sehe, auch jetzt noch. Bis auf die Strassen in Mailand und Florenz kannte ich das Land meiner Sehnsucht, ich sah meine Hütte vor mir mit ihrer ganzen inneren Einrichtung, meine Lebensweise war festgesetzt und alles bis ins kleinste so vollkommen ausgedacht, dass mein Vorhaben schon der Wirklichkeit glich ...

Wenn ich je etwas hervorbrachte, was mich befriedigte, so war es dieser Reiseplan, den ich heute noch, nach Jahren, als ein Meisterwerk in seiner Art betrachte. Ich könnte ein getreues Bild dieser Reise entwerfen ohne sie je gemacht zu haben. Ich ›reiste‹ noch über Neapel hinaus nach Messina, Palermo, Catania. Jetzt schliesse ich keineswegs wie Herder mit dem Ausruf: O mein verfehltes Leben!«

Das Leben Wilhelm Kubys, des ältesten Sohnes des Subrektors, des ältesten Bruders von August/Louis, zu erzählen erfordert, in dieser Chronik bis zum Jahre 1849 zurückzublättern, in dem Wilhelm Student der Medizin in Erlangen, Louis noch Lehrling bei Herrn Jacob in Kaiserslautern gewesen ist.

Es ist hier nicht einmal in Stichworten auf den dramatischen Verlauf der Revolution an ihren verschiedenen Schauplätzen von Berlin bis München einzugehen, wohl aber auf das, was in der Pfalz geschah, weil es diese Familie unmittelbar berührte.

In Kaiserslautern, dem Städtchen, wo Louis befürchtete, der Gestank in seiner Schlafkammer werde ihn krank machen, rief Anfang 1849 eine Bürgerversammlung zum Handeln auf:

»Brüder, unsere ganze Provinz muß zu einem Lager umgeschaffen, jeder Arm bewaffnet, jedes Haus zur Festung, jeder Baum zur Brustwehr werden. Laßt Euch nicht einschüchtern durch das Schreckbild der Anarchie oder durch das Hirngespinst einer allgemeinen Güterverteilung... Auf denn, Brüder! Und rüstet Euch zum heiligen Kampf der Notwehr! Schart Euch einträchtig zusammen, und stimmt mit uns ein in das Feldgeschrei: Es lebe Deutschland und seine ewigen Rechte!«

In Baden muß der Großherzog fliehen, in der Pfalz wird eine »Provisorische Regierung« gebildet. Sie stürzt den Subrektor in Neustadt in einen Loyalitätskonflikt. Wem mußte er gehorchen, der legalen Regierung in München oder der »Provisorischen« in der Pfalz? Niemand verlangte von ihm eine politische Erklärung, aber er ist so verängstigt, daß er sich zu einer Loyalitätsbekundung aufrafft, die alle Türen offenläßt: Der deutsche Bürger und die Revolution!

»Der Unterzeichnete hat mit seinen beiden Collegen, den Studienlehrern Streuber und Weber sich aufrichtig zu der Überzeugung bekannt, dass die deutsche Reichsverfassung, wie diese von dem Parlamente beschlossen und im Reichsgesetz verkündet worden, Gesetz für das ganze deutsche Vaterland sei.

In dieser Überzeugung wurde er bestärkt durch die neuesten Erfahrungen, nach welchen eine Vereinbarung der deutschen Fürsten und Regierungen unter sich, mit der Kammer und dem Parlamente als eine Unmöglichkeit, und mithin die unbedingte Anerkennung der Reichsverfassung von seiten der Fürsten und Völker Deutschlands als eine politische Notwendigkeit erscheint, wenn nicht das ganze Reich bei der bereits angefangenen Auflösung und den von Aussen immer näher tretenden Gefahren seinem völligen Verfall entgegen gehen und eine Beute des Auslandes werden soll.

Der Unterzeichnete hat ferner erklärt, dass er alle Beschlüsse der Nationalversammlung, welche die Ehre, Einheit, Recht und Freiheit Deutschlands zu fördern geeignet sind, mit Freuden begrüsste und, soweit es ihm möglich, auszuführen suchen werde.

Einen Eid auf die deutsche Reichsverfassung zu leisten, hält der Unterzeichnete bei seinen Ansichten über die Entstehung und Erstellung derselben für unbedenklich, nach der bereits abgegebenen und hier wiederholten Erklärung aber auch für überflüssig, weil Manneswort keiner weiteren Erklärung bedarf, abgesehen davon, dass der politische Eid in der neuen Zeit mit Recht verworfen wird.«

Der Satz ergibt nur einen Sinn, wenn man das Wort »unbedenklich« als »gar nicht bedenkenswert« liest. Der vorsichtige Staatsbeamte gab zu verstehen, er leiste nur deshalb nicht den Eid auf die »Provisorische Regierung«, weil er überflüssig sei. Dabei bedachte er, dieser Eid würde ihn Amt und Einkommen kosten, falls die Revolution schiefging.

»Was die Verpflichtung des Unterzeichneten gegenüber den Anordnungen der provisorischen Regierung betrifft, so erklärt er hiermit:

in Erwägung, dass die Wirksamkeit der k. bayer. Regierung in diesem Teile des Königreiches faktisch aufgehört hat, und von der Reichsgewalt keine kräftigen Anordnungen zum Ersatz der Regierung getroffen wurden;

in Erwägung ferner, dass ohne die gewissenhafte Fortsetzung der Amtstätigkeiten eine allgemeine Stockung der Geschäfte zum grössten Nachteile der Bewohner des Kreises entstehen würden, verpflichte ich mich, allen Anordnungen der provisorischen Regierung Folge zu leisten, bis die Verhältnisse der Pfalz auf definitive Weise geordnet sein werden; übrigens werde ich nichts tun, was die Treue gegen Reichsverfassung in allen ihren Theilen und die Treue gegen den König und das Vaterland verletzen könnte.   W Kuby«

Diesen Text legte er Kollegen an seiner Schule vor, die so vernünftig waren, ihm davon abzuraten, ihn abzuschicken. Das ist auch nicht geschehen, er liegt im Original vor mir.

Das Verhalten seines Sohnes Wilhelm machte es ihm dann doch unmöglich, sich aus der Revolution herauszuhalten. Der Student hatte sich mit der Enkelin des großen Johann Gottfried Herder angefreundet, deren Vater Oberforstrat in Erlangen war. Er verliebte sich in sie, sie sich in ihn, von Verlobung und Hochzeit wurde gesprochen, aber das hielt den Korpsstudenten 1849 nicht davon ab, sich mit ein paar Kommilitonen, unter ihnen der Bruder Adele von Herders, an den Rhein durchzuschlagen, sich dort zu bewaffnen, ein Pferd zu stehlen, eine Mannschaft von zehn Mann in Phantasieuniformen um sich zu versammeln und mit ihnen am Kampf teilzunehmen. Daß er und seine Leute von ihren Gewehren Gebrauch gemacht haben, ist nicht zu bezweifeln; daß sie von den preußischen Sol-

Das Leben des ältesten Sohnes des Schulleiters, Wilhelm, geb. 1829, setzt sich aus drei Phasen zusammen: Corpsstudent in Erlangen, Revolutionär 1849, Mediziner, der als kgl. bayer. Militärarzt im Generalsrang in Pension geht.

daten, die dem Großherzog von Baden zu Hilfe gekommen sind, auch nur einen erschossen hätten, ist unwahrscheinlich, denn später hat ein Gericht nur an dem gestohlenen Pferd Anstoß genommen.

In Rastatt kam es zum blutigen Endkampf mit den überlegenen preußischen Truppen. Einer der Aufständischen, Ludwig Pfau, hatte ein »Badisches Wiegenlied« gedichtet, das als Flugblatt verbreitet wurde. Die dritte Strophe lautete:

»Schlaf, mein Kind, schlaf leis,
dort draußen geht der Preuß!
Zu Rastatt auf der Schanz,
da spielt er auf zum Tanz,
da spielt er auf mit Pulver und Blei,
so macht er alle Badener frei.«

Das Spiel mit Pulver und Blei kostete mehr als hundert von den Revolutionären das Leben, sie wurden standrechtlich erschossen, und noch mehr starben in preußischer Gefangenschaft.

Der besorgte Vater wußte, daß sein Sohn sich jenseits des Rheins befand, und begann nach ihm zu suchen. Das Räuberzivil, den Bart, die langen Haare, das rote Halstuch, hielt er für eine lächerliche Maskerade, aber er war ihm nicht böse.

Ihm Vorwürfe zu machen, hinderte ihn nicht nur seine Vater-
schaft. Gleich der verängstigten Masse der Bürger hätte er nichts
mehr gewünscht als einen Sieg der nationalen Kräfte, wäre dabei
nur alles in guter Ordnung vonstatten gegangen. Bei der straf-
rechtlichen Abrechnung mit dem Pferdedieb erwies sich, daß
auch das Gericht das Mißlingen der Revolution insgeheim be-
dauerte. Hieß es doch in der schriftlichen Begründung für sechs
Wochen Haft – wovon Wilhelm keinen Tag absitzen mußte –,
dem Angeklagten müsse insbesondere vorgeworfen werden, daß
er noch weitergekämpft habe, »als die gute Sache bereits verloren
war«.

Am 1. Juli 1849 berichtet der Vater Louis in einem langen
Brief, was er inzwischen erlebt hatte: »Wilhelm lebt und ist in
Sicherheit. Er hat uns aber, bis wir Gewissheit über ihn hatten,
noch viele Sorgen gemacht. Am verflossenen Dienstag reiste ich
mit Herrn Dr. Löchner und anderen Herrn aus Dürkheim nach
Weissenburg, um unsere Kinder zu suchen. Ich hörte über
Wilhelm widersprechende, sehr beunruhigende Gerüchte, ein
Dürkheimer Flüchtling sagte, er habe Wilhelm am Abend als
Hauptmann einer kleinen Schar in Rastatt einziehen gesehen.
Anderes, was ich hörte, war geeignet, diese Mitteilung als wahr
erscheinen zu lassen. Dass sie für mich in hohem Grade beunru-
higend war, kannst du dir denken, denn wer tollkühn genug ist,
sich nach Rastatt zu begeben und hier einschliessen zu lassen, der
ist verloren, dessen Tod oder Gefangenschaft ist gewiss.

Mit diesen düsteren Gedanken legte ich mich am Dienstag in
Weissenburg nieder, mit ihnen wachte ich auf. Nun hörten wir,
das ganze Dürkheimer Bataillon habe den Rhein überschritten
und könne nach einigen Stunden in Weissenburg erwartet werden. Wir fuhren denselben entgegen und fanden es auch nach
einigen Stunden, alle entwaffnet und von französischen Ulanen
eskortiert, deren Führer zu Pferde an der Spitze.

In Weissenburg traf ich eine Menge Flüchtlinge. Wenn Wilhelm nicht kam, wollte ich über den Rhein nach Kehl um alles
mögliche für sein Eintreffen zu sichern und zur Passage über den
Rhein beizutragen. Das sollte mir erspart bleiben. Kaum waren
wir 10 Schritte von unserem Gasthause fortgegangen, als er auf
meinen Ruf: Wilhelm, Wilhelm! in meine Arme eilte. Ich blieb

nun über Nacht bei ihm und am folgenden Abend 6 Uhr 30 Minuten fuhr er mit der Eisenbahn nach Basel, um sich zunächst zu Verwandten Herders nach Bern zu begeben, dort wird er nun bereits eingetroffen sein.«

Auch mit einer Revolution ließen sich gute Lehren verknüpfen:

»Lerne von dem, was du erlebt hast, lass es nicht ohne Nutzen vorübergehen. Lerne Menschen kennen, ihre Tugenden wie ihre Laster, und übersehe ja nicht das Verderbliche, das mit jedem gewaltsamen Umsturz, namentlich mit einem misslungenen Revolutionsversuch, verbunden ist.«

Unbehelligt war Wilhelm in die Schweiz gefahren, ohne Paß, ohne Geld, immer noch im Kostüm des Revolutionärs, an dem die Grenzpolizei keinen Anstoß nahm, war doch Wilhelm nur einer von vielen, die sich der Verhaftung entzogen. Die Verwandten seiner Braut verwandelten ihren Gast wieder in den Studenten.

In Rastatt, das am 23. Juli kapitulierte, wurden die ersten Todesurteile vollstreckt. Die Rache der Reaktion war fürchterlich. Wie viele Deutsche von Deutschen erschossen, aufgehängt, geköpft worden sind, hat keine Statistik festgehalten, es müssen Hunderte in den deutschen Ländern gewesen sein. Zu den Flüchtlingen gehörte auch Friedrich Engels; zu den Verteidigern Rastatts, die mit dem Leben davongekommen sind, Carl Schurz – bei Köln 1829 geboren, in New York 1906 gestorben –, eine der großen Persönlichkeiten unter den Kämpfern für Freiheit und Demokratie. Er fiel in die Hände der preußischen Polizei, wurde in der Festung Spandau inhaftiert, von einem Freund befreit, wobei er sich an einem neun Meter langen Seil über die Mauer herunterlassen mußte und mit blutigen Händen seinem Retter in die Arme fiel.

Wilhelm wurden von einem evangelischen Geistlichen ein paar Goldstücke in die Schweiz nachgeschickt, damit der arme Mensch seinen Gastgebern nicht auf der Tasche liegen mußte. In allen deutschen Gauen wurde für die Flüchtlinge gesammelt, Zeitungen veröffentlichten Spendelisten, ohne die Namen der Spender zu nennen: »Von einem Arbeitsmann 6 Groschen, von einem Kontoristen 24 Groschen.«

Louis wartete ungeduldig auf Nachrichten aus der Schweiz:

»Ich war ausserordentlich neugierig auf Wilhelms Brief, besonders da täglich in der Zeitung steht, die Flüchtlinge sollten ausgewiesen werden. Wohin könnte Wilhelm denn gehen als nach Amerika? Nach Eurem Brief habt Ihr noch keine Besorgnis, deswegen habe ich auch noch keine.«

Von der Mutter dieser sechs Kinder, auf der die Last des großen Haushaltes liegt, in dem jeder Pfennig umgedreht werden muß, liegt aus diesen Tagen einer ihrer seltenen Briefe vor. Sie schreibt an Louis nach Kaiserslautern:

»Es hat uns gefreut, dass du so viel Anteil an dem Schicksal Deines Bruders nimmst. Wilhelm wird sich gewiss recht freuen wieder einen neuen Beweis deiner Herzensgüte zu finden. Von dem Schicksal des lieben Wilhelm hängen unsere weiteren Entschlüsse ab. Vor einigen Tagen haben wir einen Brief von Pfarrer Miehlhauser aus Neuburg erhalten, worin er die herzlichste Theilnahme für den lieben Wilhelm beweist. [Dieser Pfarrer schickte die Goldstücke in die Schweiz und forderte die Korpsbrüder in Erlangen auf, ihn ebenfalls zu unterstützen, E. K.] Wie sehr sparsam wir sind, kannst du dir denken, wir tun es gern, um den lieben Wilhelm unterstützen zu können. Ich danke nur Gott, dass ihm das Leben geschenkt, ich würde in meinem Leben nicht mehr zufrieden geworden sein, wenn es ihn sein Leben gekostet hätte. Natürlich bekommt er die 200 Gulden von der Regierung nicht mehr. Aber seitdem wir Gewissheit über unsern lieben Lell haben, sind wir ganz glücklich und vergnügt.«

Ja, Wilhelm lebt, und nicht nur das, er ist schon nach ein paar Wochen wieder in Erlangen bei seiner Adele, das Netz der Polizei hatte große Löcher. Am 20. August kann Louis nach Neustadt schreiben:

»Gestern überraschte mich sehr angenehm Frau Weber aus Neustadt. Durch sie erfuhr ich folgendes: dass der liebe Wilhelm glücklich in Erlangen verliebt oder geliebt angekommen und jetzt ›verlobt‹ ist. Dass die Lina [eine Schwester, E. K.] nun auch mit nach Erlangen geht, um doch meine und ihre Schwägerin zu sehen. Dass es so schnell so weit kommen würde, dachte ich nicht, und so schnell eine Schwägerin, und ihr, liebe Ältern, eine Schwiegertochter bekommen würdet, das ist doch zu arg und am

Ende ohne Euren Willen. Ich weiss gar nicht, wo mir der Kopf steht durch diese Sachen. Soll ich mich freuen oder was? Von der Flucht zurück und sich gleich verloben, das kommt mir seltsam vor.«

Nicht nur Lina, die ganze Familie fährt nach Erlangen, um die Verlobung zu feiern. Eine Enkelin des großen Herder, des Freundes Goethes, vom bayerischen Kurfürsten 1801 geadelt, ein Stern erster Größe als Literat und Philosoph, als Schwiegertochter umarmen zu können, das war 1849, als die eigenen Kinder noch nicht kometenhaft aufgestiegen waren, für die pfälzischen Kubys eine Ehre.

Der Lehrling Louis bekam keinen Urlaub, lernte seine Schwägerin durch den Bericht des Vaters über die Erlanger Tage kennen:

»Die Herdersche Familie gefiel uns recht wohl. Adele ist ein liebenswürdiges, ganz natürliches Mädchen von sehr sorgfältiger Erziehung und Bildung. Sie spielt gut Clavier, versteht die französische und englische Sprache. Auch nimmt sie sich mehr als man glauben sollte der häuslichen Arbeiten an. Der Vater Herder liebt Wilhelm wie sein eigenes Kind. Er scheint nur Wilhelms gute Eigenschaften zu sehen. Trotz alledem hätte ich sehr gewünscht, dass Wilhelm den Schritt der Verlobung als unmündiger Jüngling nicht gethan hätte, am wenigsten in einer Zeit, wo jede Stunde die Thür des Kerkers sich für ihn öffnen könnte oder noch kann. Ich sage kann, denn gestern hörte ich hier, es sei ein Verhaftsbefehl gegen ihn erlassen. Da dieser aber schon drei Wochen erlassen ist, so scheint man anzunehmen, Wilhelm sei noch in der Schweiz oder anderwärts im Ausland. Von seinem Aufenthalt in Erlangen scheint man nichts zu wissen. Daher ist es nötig, darüber zu schweigen. Wenn jemand fragt, wo er sei, so antworte jeder ohne Ausnahme, er wisse es nicht. Wird nur noch kurze Zeit gewonnen, so erfolgt eine Amnestie, in die er ohne Zweifel eingeschlossen sein wird.«

Solche Sätze gewinnen, heute gelesen, etwas Märchenhaftes.

Die Sache Wilhelm Kuby wird im Sommer 1850 vom Gericht behandelt. Die Anklageschrift des ersten »Staatsprocurators« beschuldigt ihn,

»... dass er als Führer in der Volkswehr im Dienste der revolutionären Gewalt gestanden, die Waffen gegen den Staat getragen und insbesondere am 18. Juni in der Zeit als die gute Sache bereits verloren gegeben war, mit 17 Bewaffneten in die Gemeinde Berg kam, ausschellen liess, die junge Mannschaft müsse mitmarschieren, sonst käme eine Exekution von 300 Mann, und in dieser Gemeinde gewaltsam den Franz Müller zum Mitzuge unter seine Horde steckte, also gefangen hielt, ein Pferd raubte.«

Wilhelm wurde am 31. August 1850 des »Vergehens der unbefugten Einmischung in öffentliche Funktionen für überführt erachtet« und zu einer Gefängnisstrafe von sechs Wochen verurteilt. Der Vater mußte dem Eigentümer den Wert des Pferdes, das nicht mehr aufzufinden war, ersetzen.

Der berufliche Aufstieg des Mediziners Wilhelm Kuby war nur insofern ungewöhnlich, als er ihn bis zu einer Spitzenposition emportrug, aber er vollzog sich Schritt für Schritt sowohl in seiner Ausbildungszeit bis zur Zulassung als praktizierender Arzt als auch von da an bis zu seiner Pensionierung. Nichts daran hat etwas Sprunghaftes, sein ganzes Leben einschließlich seiner Ehe mit Herders Enkelin, deren Wohnungsbeschreibungen an Schondeckchen und Samtvorhänge denken lassen, macht seine Teilnahme an der Revolution zu einem Studentenulk, hinter dem ein eigentliches politisches Engagement nicht zu erkennen ist. Er war ein guter Arzt von hohem Verantwortungsbewußtsein und selbstverständlich ein Patriot. Erst in seinen letzten Lebensjahren, als er pensioniert war, vertrat er Ideen, die ihn heute zu den Grünen getrieben hätten: Nur die Natur, der Bauernstand, eigener Hände Arbeit auf dem Land gewähre Sicherheit. Schon das Gericht mußte erkannt haben, daß es keinen Revolutionär vor sich hatte, nannte es seine Aktionen doch »unbefugte Einmischung in öffentliche Funktionen«. Da hatte er Glück. In Rastatt aufgegriffen, wäre er mindestens für ein paar Jahre in einem Gefängnis verschwunden.

August-Louis' Start als Weinhändler war ein Stabhochsprung. In Neustadt machte er den Keller des elterlichen Hauses zum Weinlager für ein paar hundert Flaschen, und das Kapital, mit dem er anfing, betrug keine 1000 Gulden. Aber schon die Bilanz vom 31. Juli 1859 weist ein »Capital-Conto« von 3188.22 Gulden auf und ein »Waaren-Conto« von 1070.36 Gulden. In der »Cassa« sind 60.07 Gulden, und das »Gewinn & Verlust Conto« weist

August / Louis verlegte seine Weinhandlung von Neustadt ins nahe
Edenkoben, kaufte dieses Haus, das
sich noch im Besitz der Familie
befindet. Dort werden »Familientage« abgehalten.

jetzt im Haben 1270 Gulden aus. (Es verdient angemerkt zu werden, daß beide Bilanzen auf der Vorder- und Rückseite ein und
desselben Bogens stehen, der zur Wiederverwendung ein Jahr
lang aufgehoben worden ist.)

1862 verlegte er die Firma im fünften Jahr ihres Bestehens ins
nahe Edenkoben. Er hat nun schon so viel verdient, daß er
einem offenbar strafversetzten Forstmeister jenes Haus mit Garten und »Wingert« abkaufen kann, das sich noch nach 130 Jahren
im Eigentum der Familie befindet, nun von einem der Urenkel
bewohnt wird, Treffpunkt von »Familientagen« geworden ist.

In einer »beiläuffigen Beschreibung der Constitution des Her-
zogthums Zweybrücken« wird 1677 von Edenkoben gesagt: »Ist
sonsten ein guter Ort und hat köstlichen Weinwachs.« Die Festschrift »1200 Jahre Edenkoben« von 1969 bestätigt, daß der
Weinhändler zusammen mit seinem Bruder Ferdinand, dem
Oberlandesgerichtsrat − dessen sozialer Aufstieg sich bruchlos
und steil vollzog −, maßgeblichen Anteil daran hatte, daß das
Städtchen zu Füßen der Haardtberge etwas Weltläufigkeit gewann und in zunehmendem Maße vom Fremdenverkehr profi-
tieren konnte.

Als August Kuby nach Edenkoben zog, erlaubten ihm seine
Verhältnisse außer dem Kauf von Haus und Grundstück, ein
Fräulein Bertha Schmitt zu heiraten, »volljährige Tochter von
Herrn Conrad Schmitt, pensioniertem Pfarrer zu Mörzheim,
daselbst domizilierend«. So zu lesen in einem vierseitigen Ehe-
vertrag, der gesetzliche Gütergemeinschaft vorsah, jedoch bestimmte, nach erfolgter Auflösung der Ehe sei das eingebrachte
Gut der Ehefrau, woraus es auch bestehe, an diese zurückzuer-
statten. Eine Eheschließung war nicht nur bei Bauern auch eine
geschäftliche Transaktion:

»Rechnung für die Tochter Bertha Schmitt über das ihr zukommende Vermögen von ihrem Vater.«

Darin werden sechs Positionen aufgeführt, die Endsumme beträgt 11 235 Gulden.

»Vorstehende Rechnung über das ihr bis jetzt zukommende Vermögen erkennt Bertha als richtig... durch ihre Unterschrift an.

Obigen Betrag von elftausend, zweihundert dreißig fünf Gulden in baar u. in Wertgegenständen als Vermögen meiner Frau erhalten zu haben, bescheinigt, Edenkoben, den 7. Mai 1862 AugKuby.

In Natur ferner erhalten zu haben:

6 Servietten, taxiert zu G. 3.−

24 Servietten, zu G. 12.−

2 Tischtücher

24 Handtücher

1 Faß von 2500 L.

2 Faß von 2000 L.

1 Faß von 1600 L.

3 Faß von 500 L.«

Die Hochzeit wurde noch in Neustadt gefeiert, das Haus in Edenkoben hatte die Braut besichtigt, darüber an ihren Bruder, der ein Maler war, geschrieben:

»Aus Vaters Brief erfährst Du wahrscheinlich recht ausführlich Alles was sich in letzter Zeit bei uns zugetragen hat und freust Dich gewiß mit uns, daß wir jetzt ein Haus haben, das uns gefällt. Wir sind auch recht glücklich damit, da es so ziemlich das bietet, was wir brauchen. Freilich in Edenkoben zeitlebens wohnen zu müssen ist keine sehr erfreuliche Vorstellung, es ist da womöglich noch krähwinkliger und kleinstädtischer als hier in Neustadt, bietet mir aber den Vortheil nicht an einem Ort mit der Familie Kuby wohnen zu müssen, was mich bis jetzt mit allen etwaigen Mängeln Edenkobens ausgesöhnt hat. Unser Haus oder Häuschen ist recht nett, hat ein Gärtchen vorn und einen Weinberg dicht daneben... Es ist schade, daß wir dieses Jahr wenig Genuß mehr von den Annehmlichkeiten des Hauses haben werden, die jetzigen Bewohner ziehen erst im Juni aus, dann soll gebaut werden. Damit wird der Sommer hingehen. Wir müssen

wohl oder übel in das Durcheinander hineinziehen und unsern
Ehestand in einem sehr unbehaglichen Zustand beginnen. Es ist
schade, daß es einem nie in der Welt nach Wunsch geht. So habe
ich auch die Aussicht, daß Augusts Bruder Eduard, ein noch sehr
grüner Jüngling, unser Hausgenosse werden wird, was mich
schon manche Thräne gekostet hat, ohne daß ichs ändern kann.

Wenn Du kommst, werden wir längst aus der Schweiz
zurücksein.«

Bertha Schmitt ist 22 Jahre alt, der grüne Jüngling Eduard 18.
Er ist der einzige unter den Brüdern, der keinerlei sozialen Ehr-
geiz entwickelte. Er folgte August nicht nach Edenkoben, wurde
ein kleiner Weinhändler in Neustadt, der Traubenernten kaufte
und selbst kelterte. Er liebte es, vor seinem Kelterhaus zu stehen,
eine rote Nelke im Knopfloch, mit halb Neustadt auf du und du.
Man traf sich bei ihm zum Trinken und zum Singen, er verbreite-
te Fröhlichkeit, die um August nicht entstehen konnte, und
beherrschte nur eine Sprache, den lokalen Dialekt.

Daß die Pfarrerstochter vor ihrer Hochzeit mit ihrem künftigen
Mann eine Reise in die Schweiz unternommen hat, war nach da-
maliger Auffassung ein Bruch mit Sitte und Anstand. Diese erste
Frau von August Kuby, die erste von dreien, hielt von Konventionen nichts. Wie sie darüber dachte, daß ihr Mann, der Anfang
1862 noch keine 5000 Gulden in der Kasse hatte, an den Landtag
in München folgenden Brief schrieb, ist nicht überliefert:

»Hohe Kammer der Abgeordneten!
Die Nothwendigkeit politischer Reformen in Deutschland ist
allgemein anerkannt. Wenn die allseitige Lösung der Frage einer
späteren Zukunft vorbehalten zu sein scheint, sofern nicht ein
nationales Unglück als förderndes Mittel befürchtet werden soll,
so gibt es doch ein Übel, über welches alle Partheien bereits einig
sind, u. die Beseitigung dieses Übels dürfte daher von der Gegenwart ins Auge zu fassen sein: Die Machtstellung Deutschlands nach aussen. Das Gefühl der Sicherheit, das Vertrauen in
die Zukunft, beides Lebensbedingungen innerer Wohlfahrt, fehlt
dem deutschen Volke und insbesondere der isolierten Pfalz. Kraft
nach aussen ist, neben Freiheit im Innern, die Grundlage gedeih-
licher Entwicklung... Wenn diese fehlt, so drohen Umsturz
im Innern, Krieg von aussen. Deshalb halten wir, im Genusse

bürgerlicher Freiheit, vor Allem die militärische Reform für dringend geboten; eine Reform, welche die gesamte Wehrkraft Deutschlands einheitlich organisiert, welche eine deutsche Armee und Flotte schafft, unbhängig von dem guten Willen oder der augenblicklichen Lage der Einzelstaaten, fähig und verpflichtet, die Grenzen zu schützen, Ruhe zu gebieten, dem Deutschen Schutz und Ansehen im Ausland zu gewähren. – Dazu sind Opfer nötig: Die militärische Selbständigkeit der Einzelstaaten darf nicht festgehalten werden, sondern Fürsten und Völker müssen notwendig einen Teil ihrer Souveränität dem Gesammtvaterland übertragen. Ohne diese Opfer halten wir die glückliche Entwicklung der deutschen Frage nicht möglich, müssten vielmehr ernstlichen Besorgnissen für die Zukunft Raum geben. –

Die ehrerbietigst Unterzeichneten halten unter diesen Umständen für ihre Pflicht, der Landesvertretung unmittelbar ihre Wünsche und Besorgnisse auszudrücken und die Bitte zu stellen, die hohe Kammer wolle ihren Einfluss auf die Landesangelegenheiten benützen, um die Herstellung einer einheitlichen Organisation und Führung der deutschen Wehrkraft zu bewirken.«

Aus dem Text dieses historischen Dokuments geht hervor, daß der Verfasser Gesinnungsgenossen fand, die es mit ihm unterschrieben haben. Das allein widerlegt schon die naheliegende Vermutung, es sei das Produkt einer individualistischen Spinnerei gewesen. Sie läßt sich erst recht nicht aufrechterhalten, bedenkt man das Jahr seiner Entstehung, 1862. Es ist das Jahr, in dem König Wilhelm I. von Preußen, der nachmalige Kaiser des Reiches, den noch nicht vierzigjährigen Bismarck zum Ministerpräsidenten ernannt hat in der zutreffenden Erwartung, dieser erzreaktionäre Junker werde die Rechte der Krone gegen eine liberale Parlamentsmehrheit verteidigen, selbst wenn er dafür außerhalb der Legalität handeln müsse, um den Militärhaushalt in der Höhe durchzudrücken, wie es der Herrscher auf den Rat seiner Generäle hin für notwendig hielt.

Mit dem Geschäft geht es steil aufwärts. Anfang 1863 stehen den Passiva von rund 30 000 Gulden Aktiva von fast 45 000 Gulden gegenüber, wird das Nettovermögen mit 12 000 Gulden ausgewiesen. Eine Preisliste führte außer deutschen Weinen ein stattliches Sammelsurium von Malagatrauben, Sardines à l'huile, Princeßmandeln, Bordeauxpflaumen, Olivenöl, Sesamöl und Essig (etc., etc.) auf. Aus den »Maas- und Gewichtsverhältnissen« auf dem Angebot spiegelt sich die politische Landkarte jenes Deutschlands vor 1871 wider: 100 Liter sind z. B. gleich 93 1/2 bayerische »Maas«, 87 1/3 preußische Quart, 107 neue Dresdner Kannen, 22 englische Gallonen. Der Eingangszoll für Wein in Fässern aus dem Gebiet des Deutschen Zollvereins macht für 50 Liter 7 Gulden aus (»ohne Verbindlichkeit«).

Bertha geb. Schmitt gebar den Sohn Alfred, der einmal die Firma übernehmen wird, und starb im Kindbett. In zweiter Ehe heiratete August Fräulein Molenar. Von ihr weiß man so gut wie nichts, außer daß sie eine Tochter Bertha gebar (aus der eine fanatische Deutschnationale wurde) und ebenfalls an den Folgen der Geburt starb. Aus dieser Familie Molenar ging ein Onkel hervor, der eine Haftstrafe auf sich nahm, weil er sich weigerte, seine Kinder impfen zu lassen.

Die dritte Frau, meine Großmutter väterlicherseits, habe ich noch kurz vor ihrem Tode kennengelernt. Im Sommer 1873 war der Weinhändler nicht zum erstenmal zur Kur auf der Nordseeinsel Norderney. Im selben Hotel wohnte eine Familie Vidal aus Hamburg, elternlos aufwachsende Geschwister mit einer älteren Dame, die eine Art Mutterersatz zu sein schien. Zu ihnen gehörte eine junge Frau namens Malvina, 25 Jahre alt, die sich langweilte und mit dem 39jährigen Pfälzer Spaziergänge in die Dünen unternahm. Man hielt den offenbar gut situierten Kaufmann für einen freundlichen Onkel – sein Haar war schon angegraut –, der sein Geschäft in einem linksrheinischen Nest betrieb, von dem noch kein Vidal irgend etwas gehört hatte. Eines Tages kam er mit Malvina ins Hotel zurück, und beide verkündeten, sie hätten sich verlobt. Die Hochzeit wurde im November desselben Jahres in Hamburg gefeiert, die Hochzeitsreise mußte wegen eines Schwächeanfalls des Mannes abgebrochen werden. Malvina hatte einen Pflegefall geheiratet, die elternlose Frau einen zweiten Vater. Daß er, von Hamburg aus gesehen, am andern Ende des Reiches wohnte, bot ihr die sichere Gewähr, dem allzu maskulinen Klima ihres Clans entronnen zu sein. Sie aber brachte, unwandelbar von ihrer Herkunft bestimmt, Hamburg nach Edenkoben, ganz ohne Neigung, sich auf ihre pfälzische Verwandtschaft einzulassen. Die Kinder aus der ersten und der zweiten Ehe, Alfred und Bertha, machten es ihr leicht, sich auf ihren Mann und dann auf die eigenen Kinder, August II. – meinen Vater – und Olga, zu konzentrieren. Alfred dadurch, daß er zum Vater, der Vater zu ihm, kein herzliches Verhältnis fand, sich in sich verkapselte; Bertha hingegen dadurch, daß sie im Vater eine Lichtgestalt sah und wohl das einzige seiner Kinder blieb, die ihn liebte ohne Vorbehalt, ohne zu verlangen, daß er ihre Gefühle mit gleicher Intensität erwiderte. Die Liebe der Frau fand von Anfang an in der Sorge um seine Gesundheit Ausdruck, diese Sorge wurde ihr Lebensinhalt bis zu seinem Tod 1896.

Mit ihrem Tonfall, ihrer Strenge und Selbstdisziplin erschien sie den formlosen Pfälzern wie von einem anderen Stern herabgekommen – ein nicht ganz falscher Eindruck. Sogar der nicht mehr grüne Eduard, kam er gelegentlich von Neustadt herüber, verstummte in ihrer Gegenwart – eine Reaktion, die an ihm nicht einmal der leutselige Prinzregent Luitpold erlebt hatte, als er anläßlich eines Besuches des Hambacher Schlosses in Eduards Kelterhaus eingekehrt war.

Mit dem Prinzregenten sind die Wittelsbacher wieder nach Edenkoben gekommen, wo sich Ludwig II. nie hatte sehen lassen. Dessen Großvater, Ludwig I., in Italien vernarrt, war dennoch gern und oft in Edenkoben gewesen, schon als Kronprinz. Als er sein Landschloß »Ludwigshöhe« mit seinen 62 Zimmern 1852 einweihte, war er schon nicht mehr regierender König. Dennoch wurde für ihn aus diesem Anlaß an das Bahnhöfchen ein »Empfangssaal« angebaut. Durch ihn wurde das gebildete München auf Edenkoben aufmerksam, ein bescheidener, aber doch ganz einträglicher Urlaubstourismus entstand. Das meiste leisteten dafür die Brüder Ferdinand und August Kuby, über die in der erwähnten Stadtgeschichte der Satz steht: »Ohne die Kubys ging in Edenkoben nichts mehr.«

Zusammen mit ihrer Schwester Lina, einer streitbaren Frauenrechtlerin, Vorsitzende des »Frauenvereins«, gingen die Brüder mit des Weinhändlers Geld daran, aus dem Städtchen, »noch krähwinkliger und kleinstädtischer als Neustadt«, ein lebendiges, sich prächtig entwickelndes Gemeinwesen zu machen.

Der Weinkaufmann August Kuby wurde einer der Gründer der Volksbank in Edenkoben, in der Festschrift zum hundertsten Jubiläum ist ihm ein eigenes Kapitel gewidmet.

August gründete den Winzerverein, und auf sein Betreiben entstand die »Volksbank«, die anläßlich ihres hundertjährigen Bestehens eine Broschüre herausgab, in der ihm ein eigenes Kapitel gewidmet ist.

Er finanzierte in ihren Anfängen die Feuerwehr, eine städtische Volksbibliothek und hatte auch »als Mitglied des Stadtrates Gelegenheit, im öffentlichen Interesse zu wirken. Er war ein glühender Patriot, der jede Kirchturmpolitik verdammte; er gehörte zu den wenigen, die schon vor 1866 erkannten, daß eine Einigung Deutschlands nur unter Preußens Führung unter Ausschluß Österreichs erfolgen könne, ebenso zählte er zu den wenigen Liberalen, die Bismarcks Bedeutung erkannten. Im Krieg 1870/71 war er unermüdlich tätig, den Verwundeten und Kranken ihr Los zu erleichtern... Er hatte die Absicht, etwas Dauerndes, etwas Nachwirkendes zu schaffen. Er hielt es für seine heilige Pflicht, das Los der Nebenmenschen zu bessern und die sozialen Gegensätze zu mildern... Anläßlich des 90. Geburtstages Kaiser Wilhelm I. stiftete er ein größeres Kapital, aus dessen Zinsen Kindern unbemittelter Klassen eine Ausbildung gegeben werde... Dieses Kapital, im Sinne des Stifters... besteht heute noch« (Die Volksbank 1965). Mit den Zinsen einer anderen Stiftung sollten Knaben auf einen seemännischen Beruf vorbereitet werden. Mit einem Wort, jede für soziale Zwecke bestimmte Summe war für ihn zugleich eine patriotische Tat.

Die Bemühungen der Brüder August und Ferdinand Kuby, das Weinstädtchen Edenkoben zu Ansehen zu bringen, gipfelten im Bau dieses »Siegesund Friedensdenkmals«, zu dessen Einweihung am Sedanstag 1899 14000 Kriegervereinsmitglieder aus ganz Bayern sich versammelt hatten. Heute wandern Touristen in Scharen den Hügel hinauf.

Das patriotische Motiv tritt in den Aktivitäten des Juristen Ferdinand noch deutlicher hervor, der sich als Richter nach Edenkoben hatte versetzen lassen und dort als pensionierter Oberlandesgerichtspräsident nach dreißig in der Stadt verbrachten Jahren gestorben ist. Über Jahrzehnte war er Abgeordneter der liberalen Partei im bayerischen Landtag, hoch geachtet als Jurist, politisch wie nicht vorhanden.

Mit seiner Autorität als MdL vermochte er auch unpopuläre Beschlüsse in der Stadtverwaltung durchzusetzen, die allesamt nur einen Sinn und Zweck hatten: Edenkoben zu verschönern. Da es sich aber vorwiegend um Denkmäler und Gedenksteine handelte – zu denen Spazierwege angelegt wurden –, die an Personen und Ereignisse erinnerten, die in der nahen Vergangenheit mit ihren drei Kriegen eine Rolle gespielt hatten, so läßt sich von ihnen dasselbe sagen wie von des Bruders Stiftungen: Auch sie waren nationale, patriotische Taten.

Die in Edenkoben zu Stein und Marmor gewordene Reichs- und Schlachtengeschichte fand ihre Krönung in dem hoch über der Rheinebene errichteten »Sieges- und Friedensdenkmal«.

Ausgerechnet in Warschau schenkte mir ein Maler einen zerfledderten Band aus dem Jahr 1906: »Deutschlands Ruhm und Stolz, unsere hervorragendsten vaterländischen Denkmäler in Wort und Bild«. Darin fand ich die Fotografie des Denkmals, für das Großvater und Großonkel 100 000 Goldmark zusammengebracht hatten. Als ich dann eines Tages vor dem riesigen Ding stand, dachte ich, es sei würdiger und ernster als all die Hunderte von heroischen Zuckerbäckereien, die in dem Heldenband abgebildet sind. Am Sedanstag, selbstverständlich am Sedanstag, dem 1. September 1899, war es eingeweiht worden, 14 000 Kriegsvereinsmitglieder aus ganz Bayern waren zusammengeströmt, und ein Minister als Stellvertreter des Prinzregenten sprach kernige Worte:

»Alle Deutschen im Lande haben guten Grund, die großen Errungenschaften der Jahre 1870/71 durch Monumente zu feiern, aber in der Pfalz, der stets bedrohten, wiederholt vom Feind verwüsteten Grenzprovinz, bestand besonderer Anlaß zur Errichtung eines würdigen Sieges- und Friedensdenkmals, welches den künftigen Generationen in lebhafter Erinnerung hält, was sie ... den Siegestaten unserer Heere und der Wiedererrichtung des deutschen Reiches zu danken haben. Möge der Ölzweig, mit dem jener Jüngling von Erz die fruchtbaren Gefilde zu seinen Füßen grüßt, denselben noch lange Jahre die Segnungen des Friedens verkünden. Das walte Gott!«

Gott waltete es, wie wir wissen, nicht. Aber das Denkmal ist zu einem Touristenziel erster Ordnung in dieser Landschaft geworden, und im Städtchen hat sich merkwürdigerweise ein Kuby-Mythos erhalten. Pfarrer Alfred Hans Kuby, Urenkel des Weinkaufmanns, sagte zu mir:

»Ich bin doch wirklich keine Respekt einflößende Erscheinung, wie es dein Großvater gewesen ist, und reich sind wir weiß Gott auch nicht, aber meine Versuche, mit den hiesigen Sozialdemokraten in ein freundschaftliches Verhältnis zu kommen, sind fehlgeschlagen. Wir hiesige Kubys stehen noch immer in einem großbürgerlichen Geruch, und daß ich hier eine Art Lokalhistoriker geworden bin, mir auch im Rathaus ein gewisses Ansehen erworben habe, hat daran nichts geändert. Dieses pfälzische Städtchen vor den sieben Bergen ist eine Art Weckglas

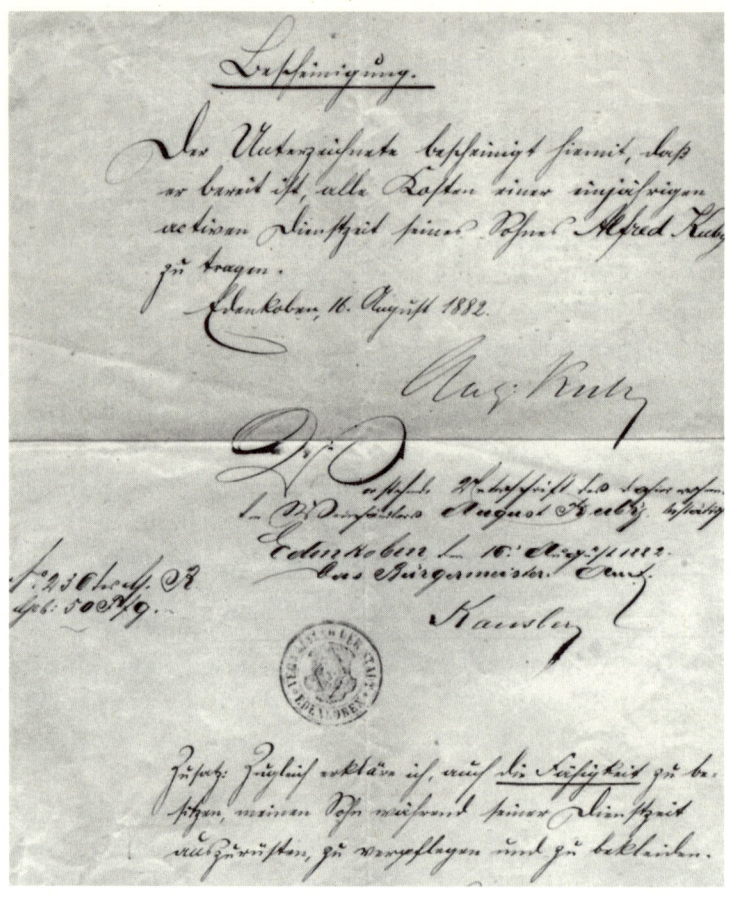

Die bayerische Armee kam dem Staat billiger, wenn der Vater die Kosten
der Dienstzeit seines Sohnes zu tragen hatte.

einer sonst gründlich verschwundenen Klassenstruktur. Nicht
wenige sind hier wirklich reich geworden, haben natürlich Einfluß auf die öffentlichen Angelegenheiten, aber ein Urenkel des
Firmengründers steht in höherem Ansehen.«

Diese demnach nicht restlos überwundene »Klassenstruktur«
spiegelt sich in einem Dokument wider, das entstanden ist, als
der älteste Sohn des Großvaters, Alfred, als Freiwilliger seinen
Militärdienst ableisten wollte:

»Bescheinigung

Der Unterzeichnete bescheinigt hiermit, daß er bereit ist, alle

Kosten einer einjährigen aktiven Dienstzeit seines Sohnes Alfred Kuby zu tragen.

Edenkoben, 16. August 1882

Aug. Kuby«

Es folgt die Bestätigung der Unterschrift des Weinhändlers, für die 50 Pf bezahlt werden mußten.

»Zusatz: Zugleich erkläre ich, auch *die Fähigkeit* zu besitzen, meinen Sohn während seiner Dienstzeit auszurüsten, zu verpflegen und zu bekleiden.«

Sein Dienstjahr beendete Alfred Kuby als »Landwehr-Premierleutnant«. Der örtliche Kriegerverein machte ihn zum Ehrenmitglied, sein Vater war es schon seit 1875, »weil er bei verschiedenen Gelegenheiten den Kämpfern von 1870/71 große Freude bereitete« – mit Geldspenden, ist anzunehmen. Bei »Kameradentreffen« hat er sich nicht sehen lassen.

1882 wohnte der Großvater noch in Edenkoben, soweit er nicht auf dem Rigi oder an der Nordsee Kuren machte in der Hoffnung, seine Arbeitskraft wiederherstellen zu können. Vergeblich. Seine Ärzte rieten ihm immer dringlicher, Edenkobens mildes Klima auf Dauer zu meiden. Seine Frau setzte durch, daß der Ratschlag befolgt wurde. An der Königinstraße in München, dem Englischen Garten nahe, wurde ein großes Mietshaus gekauft – von dem 1945 nur noch dachlose Mauern übriggeblieben waren – und darin eine Etage von sieben Zimmern bezogen.

Von München aus teilte er seinem Sohn Alfred anläßlich dessen 25. Geburtstages die Bedingungen der Geschäftsübergabe in einem Brief mit, dessen Ton den Empfänger nicht erfreut haben dürfte:

»Mit 21 ist man gesetzlich, mit 25 Jahren ist man wirklich volljährig. Wir gratulieren dir also zu einem wichtigen Lebensabschnitt, wichtig an sich, weil damit die Jugendentwicklung abschliesst, soweit eine bestimmte Grenze überhaupt besteht, wichtig aber auch für dich, weil du zugleich an der Pforte des ehelichen Lebens angelangt bist. Du bist jetzt ein selbständiges Wesen, ein Mann, der für sich selbst steht, und der nächstens auch für andere sorgen soll. Zu dieser persönlichen, inneren Selbständigkeit will ich dich in diesen Tagen auch äußerlich selbständiger stellen und gratuliere dir hierdurch mit Erhöhung deines Geschäfts-Antheiles bzw. deines bisherigen Gehaltes auf M. 3000 für das Jahr 1888/89.

Was die weitere Gestaltung deiner geschäftl. und materiellen Lebensverhältnisse verlangt, so darf ich vorerst meine Karten noch nicht ausspielen, weil diese Sache in Übereinstimmung mit deinem künftigen Schwiegervater geordnet werden muß. Es hängt von seiner Mitwirkung ab, ob du zu dem Antheil am Geschäft auch Haus und Hof, Gärten, Weinberge, Obstanlagen übernehmen kannst und sollst. Um dies klar zu stellen, werde ich im Laufe des Sommers mit Herrn M. [Meyer] in Unterhaltung treten müssen. Darüber wirst du dir klar sein, dass das Geschäft gemeinsames Familiengut ist, das ich geschaffen habe u. womit ich den Grund zu dem gemeinschaftlichen Vermögen legte. Das kann nicht ohne weiteres vollständig auf dich übergehen ohne die übrigen Kinder zu beeinträchtigen. Das Geschäft bringt bis M. 15 000 pro Jahr ein und das war auch im letzten Jahrzehnt meiner Krankheit genug, um den ganzen Haushalt zu decken. Alles übrige sind ausser dem eingebrachten Vermögen [von Malvina Vidal] Ersparnisse, welche weit über die Hälfte des Gesamtvermögens ausmachen, und welche jetzt zum guten Theil in Grundbesitz hier und in Wiesbaden angelegt sind. Die regelmässige Quelle des Einkommens war immer das Geschäft. Wollte ich es dir ganz übergeben, so wäre ich künftig mit der übrigen Familie auf Zinsen bzw. Grundrenten angewiesen. Eine so vollständige Verminderung der Grundlage möchte ich zunächst nicht riskieren. Freilich werde ich dafür sorgen, dass du nach deiner Verheiratung ohne Aufregung und stetig weiterarbeiten kannst. Im ganzen bist du jetzt schon weiter als alle deine Altersgenossen, gar nicht zu reden von meinem Anfang, als ich 23 Jahre alt war. Davon kannst du dir kein Bild machen.«

Dieser Brief ist schon nicht mehr in München geschrieben worden. Das Rentnerdasein, das er mehr erlitt als genoß, war ihm rasch unerträglich geworden. Er brauchte wieder eine Aufgabe. Sich mit Kulturkonsum zufriedenzugeben, als Mäzen sich Ansehen in Künstlerkreisen zu verschaffen, war ihm kein Ersatz für ein tätiges Leben. Da eine Rückkehr nach Edenkoben nicht in Frage kam, kaufte er in Oberbayern den größten nichtadeligen landwirtschaftlichen Betrieb, den »Fohlenhof« in

Sohn Alfred übernimmt an Stelle des erkrankten Gründers die Firma in Edenkoben.

In München malte Samberger meinen Großvater, der dessen Ausbildung an der Akademie zum Teil finanziert hatte. (Ausschnitt des großen Gemäldes)

Steingaden. Das war ein heruntergekommenes, säkularisiertes, vorübergehend als Remontedepot benütztes Anwesen mit 1200 Tagwerk (= 400 ha) und einem halben Dutzend kleiner idyllischer Seen. Steingaden hatte Ludwig II. meistens nachts mit berittenen Fackelträgern voran passiert, wenn er von München nach Hohenschwangau oder Neuschwanstein gefahren war. Es war noch nicht lange her. Steingaden passierte der gefangene König auch am 12. Juni 1886 in einer Kutsche mit abgeschraubten Türgriffen auf dem Wege nach Schloß Berg am Starnberger See, wo er seinen Arzt Dr. Gudden ermordete und sich selbst ertränkte.

Das Ehepaar Kuby und drei der Kinder, Bertha, August, Olga, bezogen den »Fohlenhof«, aus dem binnen drei Jahren ein Musterbetrieb mit einer Tagesleistung von tausend Litern Milch und preisgekröntem Vieh wurde. Für die Kinder wurde ein rot ausgeschlagenes Wägelchen, mit Messingknöpfen verziert, gekauft, von einem Esel gezogen. Darin kutschierten sie durchs Dorf. Bertha machte den Versuch, den Kindern der Bauern Stolz auf das herrliche Deutsche Reich einzuimpfen, stellte aber zu ihrem

Das Wohnhaus des »Fohlenhofes« in Steingaden

Entsetzen fest, daß sie noch eine lebhafte Vorstellung von ihrem »Kini« hatten, über dessen trauriges Ende sie nichts wußten, aber von einem deutschen Kaiser noch nie etwas gehört hatten.

Ein halbes Jahrhundert später hat Bertha Erinnerungen an den geliebten Vater aufgezeichnet. Über Steingaden schrieb sie: »Ich sehe ihn noch vor dem Torweg stehen, der durch das riesige Wohnhaus zu den Ställen und Scheunen führte. Es war Erntezeit, von den Feldern her bog ein Fuder Heu nach dem andern zu den Scheunen ein, sein leidgeprägtes Gesicht zeigte einen unbeschreiblichen Ausdruck von Glück, denn was er da sah, war sein Werk, und Arbeit war ihm immer mehr Hilfe als Aufgabe gewesen.«

In der Tat, für einige wenige Jahre hatte Steingaden Wunder gewirkt, die alte Energie schien in ihn zurückgekehrt zu sein, hielt aber nicht lange an. Er stellte einen Verwalter ein, der die Aufsicht über den großen Betrieb übernehmen sollte, aber einen, der zu seiner Zufriedenheit gearbeitet hätte, wäre in ganz Deutschland nicht zu finden gewesen. Sein Sohn August, mein Vater, der sich in der Ausbildung zum »Diplomlandwirt« befand, war für diese Aufgabe zu jung – jedenfalls in den Augen seines Vaters. So wurde der Verkauf beschlossen.

Am 24. April 1896 brachten die »Schongauer Nachrichten« die Meldung: »Das ehemalige Staatsgut, der Fohlenhof in Steingaden, ging durch Kauf aus den Händen des Herrn Kuby in den Besitz des Herrn Hauptmann Grafen von Dürkheim-Montmarin über.« Die Dürkheimer besaßen seit langem einen schloßartigen Besitz beim Dorf, sind noch heute dort ansässig.

Daß der Verkauf das Doppelte dessen einbrachte, was für den Ankauf hatte bezahlt werden müssen, gereichte dem kranken Mann nicht zum Trost. Er hatte ein Vermögen gemacht, aber Geld war nicht der Mittelpunkt seiner Interessen, seiner Existenz gewesen. Auf einem von Leo Samberger gemalten Bild des noch gar nicht so alten Großvaters – nicht so alt, wie man ihn darauf halten könnte – hat er die Würde eines Patriarchen, dem man weder den pfälzischen Weinhändler aus einer Kleinstadt noch den oberbayerischen Gutsbesitzer ansieht.

Nichts war ihm fremder als ein gesellschaftliches Geltendmachen seiner sozialen Stellung. Daß er für Edenkoben geradezu der Repräsentant der lokalen Oberklasse wurde, dafür konnte er nichts. Er war eine herrscherliche Natur. Wo er auftrat, wurde er zum Mittelpunkt, nicht zuletzt dank seiner physischen Erscheinung, war aber in seinem Understatement der Haltung seiner hamburgischen Frau ganz nah. Jede andere hätte vermutlich an der Seite des reichen Mannes wenigstens im bescheidenen Rahmen der Möglichkeiten Edenkobens eine gesellschaftliche Rolle spielen wollen und sich wie Bertha Schmitt an der »Krähwinkligkeit« des Provinzstädtchens gestoßen – Malvina nicht, Gewächs einer reichen Handelsstadt, in der Angeberei disqualifizierte.

Er war aus gänzlich anderem Holz geschnitzt als seine Schwester Lina, die gleich ihren Brüdern August und Ferdinand aus der Enge des väterlichen Schulhauses ausbrach. Sie war von einem gewissen Snobismus nicht frei, wovon sich bei den Brüdern keine Spur findet.

War ihre Nichte Bertha in ihrem Nationalismus nicht zu übertreffen, so lief ihr »Tante Lina« mit ihrer Bismarck-Verklärung den Rang ab. Lina ist unermüdlich in sozialen Hilfsorganisationen und Frauenverbänden tätig gewesen. Ihre dafür geschaffenen Verbindungen gingen über die Pfalz, ja über Bayern hinaus, und die Damen, die sie dafür einzuspannen wußte, wurden immer vornehmer und adeliger. Schließlich unterhielt sie einen regen Briefverkehr mit Bayerns Königin, der Mutter Ludwigs II., als Prinzessin von Preußen geboren, die ihren Schmuck hatte verkaufen wollen, um die Schulden ihres schlösserbauenden Sohnes zu bezahlen. Dazu hatte sie von einem Minister hören müssen, es wäre nur ein Tropfen auf einen heißen Stein. Sie überlebte Ludwig II. Im Herbst kamen mit Linas Briefen Trauben aus dem Kubyschen Wingert, in Watte und Silberpapier verpackt, in der Residenz an. In Protokollen der Stadtratssitzungen kommt sie häufig vor, macht kleinere Spenden als ihr Bruder August, z. B. »dem Hospital Ludwigsstift eine Tragbahre und einen Nachtstuhl zum Geschenk«.

Als der achtzigste Geburtstag des Fürsten Bismarck herannahte (1.4.1895), sah Lina eine Chance, sich ihrem Idol persönlich gewissermaßen zu Füßen zu legen. Sie mobilisierte drei Damen aus ihrem Freundinnenkreis, zwei davon mit einem »von« vor dem Namen, mit denen sie reichsweit Ergebenheitsadressen für Bismarck sammelte. Es kamen Zehntausende davon zusammen, für die im Gewerbemuseum von Kaiserslautern eine auf altdeutsch getrimmte Truhe angefertigt wurde, groß wie ein Sarg. Damit reisten die Damen nach Friedrichsruh und wurden dort auch empfangen.

Der im Schloß anwesende Protokollführer hat die Szene an Ort und Stelle zeichnen lassen.

Bismarck, der große Frauenhasser und -verächter (soweit es nicht um seine eigene Frau ging), dankte mit einer Stegreifrede, in der er sagte, dies sei einer der schönsten Tage seines Lebens; wenn der Reichsgedanke auch in den Seelen der Frauen Einzug gehalten habe, brauche ihm um die Zukunft seines Werkes nicht bange zu sein. Bei Tisch saß Lina neben dem Fürsten. So wurde es auch für sie der schönste Tag ihres Lebens, an den sie oft erinnerte, nicht ohne hinzuzusetzen, das Fleischgericht sei ordinärer Hackbraten und das ganze Essen doch sehr kümmerlich gewesen.

Kurz vor Bismarck starb am 6. November 1897 August Kuby. Der Tote wurde nach Edenkoben überführt und ist dort begraben. Am 8. November schrieb der Firmenerbe Alfred an seine Schwestern einen langen Brief. Er stellt ein krasses Beispiel seelischer Austrocknung und Hilflosigkeit dar, er macht nachträglich das gestörte Verhältnis zwischen Vater und Sohn verständlicher.

Frauendelegation bei Bismarck an seinem 80. Geburtstag. Dritte v. rechts: Lina Kuby (Initiatorin der Gratulation)

»Da er lebend nicht immer unter uns weilte, so ist die Lücke für uns nicht so fühlbar, zumal sonst im Hause alles seinen gewohnten Gang geht. Allein wenn morgen früh Mama und August kommen [zur Beerdigung], wenn dann der schaurige Totenwagen vorfährt mit dem Sarg, der das birgt, was uns mit das Liebste gewesen ist auf Erden; wenn all die vielen schwarzen, äusserlich und innerlich trauernden Menschen kommen und der schwere Gang auf den Friedhof geschehen muss, dann wird es mir erst in seiner ganzen fürchterlichen Wahrheit zum Bewusstsein kommen, dass ich wirklich nicht mehr in seine lieben Augen blicken darf, ich fürchte das schreckliche Erwachen ...

Ich schickte 70 Anzeigen an Fernerstehende weg, aber keine an Mamas Verwandtschaft.«

Die »Fernerstehenden« erfuhren von dem Hinscheiden des zum »Gutsbesitzer« gewordenen Weinhändlers aus öffentlichen Nachrufen in Zeitungen, wie diesem: »In München ist ein Mann dahingegangen, den die Pfalz mit Stolz unter die Besten ihrer Söhne zählen durfte ... Er war stets in erster Reihe zu finden, wenn es galt, schöne, ideale, patriotische Ziele zu fördern.«

In München hatte ich, dem Abitur nicht mehr fern, einen

etwas älteren Freund, der Maler werden wollte. Im Sommer 1926 verbrachte er mit Block und Aquarellfarben eine Woche in der herrlichen Landschaft rings um Steingaden. An einem Spätnachmittag saß er skizzierend am Rand einer von Wäldern umgrenzten Wiese. Ein alter Bauer lud Heu auf, der Wagen war mit einem Pferd in der Gabeldeichsel bespannt. Als er den Wiesbaum über der Ladung mit Stricken befestigt hatte, lenkte der Bauer, das Pferd am Halfter führend, zum Feldweg. Auf ihn einbiegend, stieß ein Vorderrad gegen einen Stein und brach. Der Wagen neigte sich, die Ladung rutschte herab. Mein Freund sprang auf, erbot sich zu helfen. Ach, sagte der alte Mann, des macht nix, der Kuby zahlt's ja. Das war zu einer stehenden Redensart im Dorf bei den alten Leuten geworden.

2
Die Vidals

Die hamburgische Familie der Mutter meines Vaters, die Vidals, waren Hugenotten, in Frankreich hatten sie dem Adel angehört. In Hamburg sich niederlassend, nunmehr bürgerlich, waren sie gleich vielen, die, als Protestanten verfolgt, aus Frankreich geflohen waren im 18. Jahrhundert, bald zu Vermögen und Ansehen gelangt. Sich ihrer noblen Herkunft bewußt, hatten die Vidals schon im 19. Jahrhundert angefangen, ihr nachzuforschen. Als sie herausgebracht hatten, daß ihre Vorfahren einem der vornehmsten und zuzeiten auch reichsten Adelsgeschlechter Frankreichs angehört hatten, wurde bei einigen Vidals Familiengeschichte zum Hobby. Familientage wurden gefeiert, Referate über neue Aktenfunde gehalten, aus alten Tagebüchern vorgelesen.

Davon öffentlich etwas herzumachen ist nicht hamburgischer Stil. Der Bürgermeister dieser Stadt ist kein Oberbürgermeister, kaiserliche Angebote von Adelsprädikaten wurden in aller Regel abgelehnt. Doch zur diskreten innerfamiliären Abstützung großbürgerlichen Selbstgefühles war es ganz angenehm, zu wissen, vom einst mächtigen Geschlecht der Montferrier abzustammen.

Der Mythos, es habe einen Urahn namens Vitaniza gegeben – Sohn des Vidalaric, geboren 472 n. Chr. –, wurde auf einem Familientag ironisch erwähnt, irgendein Beweis ließ sich dafür aber nicht finden. Nach diesem 5. Jahrhundert tat sich eine Informationslücke über fast ein halbes Jahrtausend auf.

Leider ist in der gedruckten Familiengeschichte zu lesen, die Vidals de Montferrier hätten zu den ersten Protestanten Frankreichs gehört, eine weiter nicht verwunderliche Tatsache, denn es sei ja erwiesen, »daß der Protestantismus durchweg die Teile des französischen Volkes ergriffen habe, die germanisches Blut in

Ein Vidal siegelte noch 1817 einen Pachtvertrag mit dem Wappen der hugenottischen Vorfahren in Frankreich.

ihren Adern trugen«. Dieser Satz wurde im 2. Jahr des »Dritten Reiches« auf einem Familientag gesprochen und dann gedruckt. Das rassistische Gift war sogar in einen Industrie-Clan eingedrungen, der sich mit seinem Geld von hitlerhörigen Gesinnungsbekundungen freikaufen konnte.

Um die Mitte des 16. Jahrhunderts hatte ein Sechstel der Bevölkerung Frankreichs die Lehre Luthers angenommen. Dieser kompakten Minorität war der aus der Schweiz entlehnte Name Hugenotten (deutsch »Eidgenossen«) angehängt worden, den sie nicht mehr los wurden und zu hohen Ehren brachten. Die Religionskriege zwischen ihnen und dem katholischen Lager, 1562 entbrannt, entschieden mit der »Bartholomäusnacht«, der in Paris und in der Provinz 22 000 Hugenotten zum Opfer fielen, daß Frankreich ein katholischer Staat blieb. Die Hugenotten wurden erst unter Napoleon gleichberechtigte Staatsbürger. Zuvor waren 200 000 aus Frankreich geflohen. Wo sie sich im Ausland niedergelassen hatten, wurden sie alsbald dank ihrer Tüchtigkeit, ihrer Intelligenz, ihres stark ausgebildeten Erwerbstriebes, den man auch Profitsucht nennen könnte, nicht zuletzt dank ihrer strikten Loyalität gegenüber den Regierungen ihrer Gastländer beliebt und geachtet. An ihren neuen Wohnorten erweckten sie den unzutreffenden Eindruck, mit ihnen hätte die ganze gesellschaftliche und kulturelle Oberschicht Frankreichs das Heimatland verlassen.

Aus dem Jahr 1680 stammt dieses
Portrait von Achil Vidal, das Ori-
ginal befindet sich im Besitz der
Hamburger Vidals.

Das zeitgenössische, naiv gemalte Porträt eines Achil Vidal von
1680 ist erhalten. Er dürfte der Großvater jenes Jean Pierre gewesen sein, der, in Anduze geboren und aufgewachsen, sich nach
Hamburg davongemacht hat und damit der Stammvater der
deutschen Vidals geworden ist, die durch einen Sack Erbsen hindurch mit allen Vidals, auch den amerikanischen, verwandt sind.
Einige Sätze im Testament Jean Pierres lassen zweifeln, ob er
Frankreich aus religiösen Gründen verlassen hat; eher ist anzunehmen, er habe sich mit seiner Familie überworfen. Er starb
1724 als wohlsituierter Weinhändler, der außerdem eine vielbe-
suchte Frühstücksstube betrieben hatte. Verheiratet war er mit
Margueritte, geb. Guillet, von ihm schon aus Frankreich mitgebracht.

Daß es dieser erste Hamburger Vidal rasch zu einem ansehn-
lichen Vermögen hatte bringen können, war nicht nur seiner
Tüchtigkeit zuzuschreiben. Hamburg, das schon in der Mitte des
17. Jahrhunderts 60 000 Einwohner zählte, um 1800 bereits
130 000 erreichte (während zum Beispiel Köln für lange Zeit bei
40 000 stagnierte), bot schon allein durch das Anwachsen seiner
Bevölkerung, mit dem es alle See- und Hansastädte weit über-
flügelte, denkbar günstige Voraussetzungen für kaufmännische
Neugründungen.

Im Jahr vor seinem Tod verfügte Jean Pierre testamentarisch
über sein Vermögen. Das Dokument umfaßt im Druck neun

Seiten. Zur notariellen Beglaubigung hatte der Erblasser sieben wohlhabende Bürger aus seinem Kundenkreis in sein Haus eingeladen. Dazu den Rechtsanwalt seiner Frau, einen Notar und dessen »Adjunkt«. Das Testament und der weitschweifige Kommentar des Notars illustrieren eine innige Vermengung des Privaten mit dem Zeitgeschichtlichen, bekunden eine strenge Einbindung in die gesellschaftliche Ordnung der Stadt. Der liebe Gott, angesprochen als die »Heilige Drei Einigkeit« Vater, Sohn und Heiliger Geist, war noch eine Instanz mit Autorität.

Friedrich II. ist noch nicht geboren, weit, weit weg von uns, zeitlich gesehen, hat der Immigrant Jean Pierre sein Geschäft in Hamburg aufgebaut, aber ebendies – und wie er damit umging in seinem Testament – können wir ohne weiteres ins Hier und Heute übertragen. Sein ökonomisches Sein war modern unter einem politischen und religiösen Dach, von dem nach 1789 auch in Deutschland nur noch Reste übrigbleiben sollten.

»Im Namen der sehr Heiligen Drei Einigkeit, Amen!

Wir Jean Pierre Vidal, gebürtig aus der Stadt Anduze im Languedoc nahe bei Sevennes, und Marguerite Guillet von Pousage im Poittou mit einander verheiratet, die wir wegen der Verfolgung für die Religion aus Frankreich ausgewandert sind, und nichts irgend welcher Art mitgenommen haben, haben alle Güter, welche wir jetzt besitzen und welche es seiner göttlichen Güte gefallen hat uns zu geben, durch seinen Segen und unsere gemeinsame Arbeit erworben, so daß wir die Freiheit haben darüber nach unserem Wollen und gutem und freiem Willen zu verfügen ... Da es dem Allmächtigen gefallen hat, uns während unserer Ehe mit einer Tochter zu segnen, welche er in ihrer Jugend wieder zu sich genommen hat, so daß wir jetzt ohne Kinder sind, haben uns gütlich und in freundschaftlicher Weise in folgenden Beschlüssen geeinigt, von denen wir wollen, daß sie nach dem Tode eines von uns beiden, sowie nach dem Tode des zuletzt Lebenden beachtet werden ... Der Überlebende soll den zuerst Verstorbenen beerdigen lassen, wo es ihm gut erscheint, vorausgesetzt, daß es wohl anständig ist, aber mit den wenigsten Kosten und der größten Bescheidenheit, die sich einrichten läßt.«

Die Vermutung, nicht religiöse Verfolgung, sondern Streit

mit nächsten Angehörigen habe ihn außer Landes getrieben, stützt sich auf einen Passus im Testament, in dem Jean Pierre beklagt, man habe ihn mittellos ziehen lassen, ihn später um sein französisches Erbe betrogen. Sein Bruder Charles habe sich »aller Güter bemächtigt, ohne mir irgend eine Abrechnung über den Anteil zu geben, der mir zugekommen wäre«. Charles sei im vergangenen Jahr am 27. Juli gestorben, »wieder ohne mir irgend eine Abrechnung aufzumachen, wie oben gesagt ist«.

Die Benennung von Nachbarn läßt bereits erkennen, was dann durch das ganze 19. Jahrhundert das familiäre Netzwerk der Vidals unübersichtlich machen wird: Es wurde immer wieder kreuz und quer geheiratet. Nicht selten war die Verwandtschaft zwischen den Ehepaaren enger, als es heutige Standesbeamte durchgehen ließen. Je reicher die Familie wurde, desto größer scheint ihre Furcht geworden zu sein, von einheiratenden männlichen oder weiblichen Fremden majorisiert oder betrogen zu werden. Man rückte so eng wie möglich zusammen. Die Heirat meines Urgroßvaters Vidal mit einer Engländerin hätte vermutlich nicht stattgefunden, wäre sie nicht eine Verwandte gewesen und nicht schon zuvor von einem englischen Vetter auf dessen Initiative hin eine familiäre und geschäftliche Brücke von London nach Hamburg geschlagen worden.

Bevor ich hier weitergehe, sei das Statement des Notars zum Testament Jean Pierres in voller Länge wiedergegeben, denn nur so läßt sich der Abdruck rechtfertigen – nämlich mit seinem Stil, seiner Sprache, seiner Umständlichkeit, und vor allem mit der Dithyrambe auf den römisch-deutschen Kaiser Karl VI. (geb. in Wien 1685, dort gest. 1740). Mit ihm ist der Mannesstamm der Habsburger ausgestorben. Seine einzige folgenreiche Leistung hat er im Bett vollbracht, er zeugte Maria Theresia.

Aus diesem letzten Habsburger, einem mittelmäßigen, überängstlichen Herrscher, wird beim Notar der »Mehrer des Reiches« von Deutschland bis Indien:

»Im Namen der höchst Heiligen Dreieinigkeit, Amen!

Es sei kund und zu wissen gegeben, allen die es angeht, daß im Jahre der Geburt unseres Herrn Jesus Christus tausendsiebenhundertdreiundzwanzig, während der Regierung des sehr erlauchten, sehr mächtigen und unbesiegbaren Monarchen und

Fürsten des Herrn Carl des sechsten dieses Namens, erwählter römischer Kaiser, zu allen Zeiten Mehrer des Reiches in Deutschland, Ungarn, Böhmen, Spanien und Indien, Dalmatien, Kroatien, Salvonien, König und Großherzog von Oesterreich, Herzog von Burgund, Braband, Stairmark, Kärnten, Krain, Limburg, Luxemburg und Geldern Württemberg, Ober- und Nieder-Schlesien, Fürst von Schwaben, Burgau, Mähren, Ober- und Nieder-Lausitz, Fürst und Graf von Habsburg, Tirol, Fürth, Kiburg und Goertz, Landgraf in Elsaß, Herr der Mark der Vandalen, Portenau, p. p. p. unseres sehr huldreichen Kaisers und Herrn. Im elften Jahre der Regierung seiner Kaiserlich Römischen Majestät, im zwanzigsten der Regierung von Spanien und Indien, im elften Jahre der Regierung in Ungarn und Böhmen, am Sonnabend nachmittag am elften September wurde ich Vincent Böhme, beglaubigter Notar seiner kaiserlichen Majestät und öffentlicher Rechtsanwalt, eingesetzt vom ehrbaren Senat dieser Stadt Hamburg, mit meinem untengenannten Amtsgehilfen von Herrn Jean Pierre Vidal nach seinem Hause Nummer sechszehn in der St. Johannisstraße gebeten, wo, nachdem ich mich mit dem genannten Gehilfen in dem Erdgeschoßzimmer zu rechter Hand vom Eingang niedergelassen hatte, in dem gleichfalls versammelt waren, Herr Pierre Deshons, eingesetzter Curator der genannten Frau Vidal, sowie auch die hierfür angeforderten sieben Zeugen ... haben uns, nachdem wir die Sitze eingenommen hatten, genannter Herr Jean Pierre Vidal sowie auch die genannte Frau Margueritte Vidal geborene Guillet unter Beistand des genannten Curators, ihr gegenseitiges Testament vorgeführt, das ich in den vorhergehenden Tagen auf ihr Ersuchen aufgesetzt hatte.«

Daß dieser Schwächling auf dem deutsch-römischen Thron, der ohne die Siege seines Feldherrn Prinz Eugen gegen die Türken sogar seine Hauptstadt fluchtartig hätte verlassen müssen, in der notariellen Urkunde mit allen seinen Titeln, die nur Flittergold waren, gefeiert wird, wäre mit der Eitelkeit des Notars, der sich mit dem Kaiser eine Pfauenfeder auf den Hut steckte, nur unzureichend erklärt. Es kann nicht sein, daß dieses erstaunliche Dokument erst im Zimmer »zu rechter Hand vom Eingang« entstanden ist, die Litanei der kaiserlichen Würden konnte der

Notar nicht im Kopf haben; zusammen mit dem Testament war es in den vorhergehenden Tagen formuliert worden. Den Weinhändler aus Anduze im Languedoc mit dem Kaiser in Wien sozusagen in einem Atem zu nennen war kein spontaner Einfall, Herr Vincent Böhme wird die hochtrabende Präambel routinemäßig bei seiner Klientel verwendet haben, die daran Gefallen fand.

Ein bereits in Jean Pierres Testament benannter Onkel gründete zusammen mit einem aus Frankreich einwandernden Neffen um 1713 die Handelsfirma Urbain Vidal & Co. Durch diese Verbindung verdoppelte sich das Kapital. Urbain wurde der erste Im- und Exportkaufmann in der Familie. Er nahm noch seinen Bruder Louis und seinen Sohn Jean Pierre II. in die Firma auf. Binnen einem halben Jahrhundert nach Jean Pierres Immigration war dem Vidal-Clan ein Kornfeld auf der flachen Hand gewachsen.

Was die deutsche Wirtschaft mit erheblicher Verzögerung gegenüber England nach oben trug, hat in der Geschichte den Namen industrielle Revolution bekommen. In der ersten Hälfte des 19. Jahrhunderts entwickelte sie auf dem Kontinent ihre volle Kraft, löste den einer Eruption gleichenden Boom des Hochkapitalismus aus. Seine stärksten Antriebskräfte waren die Maschinenbauindustrie, der Bergbau und der Ausbau des westeuropäischen Eisenbahnnetzes. Dieses hob den Kontinent auf eine neue Stufe der Produktivität, indem es den Personen- und Warenverkehr auf eine bis dahin unvorstellbare Weise beschleunigte und verbilligte. Um die Mitte des vorigen Jahrhunderts waren fünf Prozent der nicht in der Landwirtschaft tätigen Bevölkerung beim Bahnbau beschäftigt. Die Bahninvestitionen ließen sich bald aus den Zinsen der Gewinne finanzieren, sie beliefen sich im Deutschen Reich bis 1913 auf 32 Milliarden, ein Betrag, der heute in Billionen ausgedrückt werden müßte.

Fabriken entstanden mit Tausenden von Arbeitern, in riesigen Hallen an langen Reihen gleicher Maschinen tätig, Vorläufer der Fließbänder. Es bedurfte einer straffen Organisation der Arbeit innerhalb der Betriebe. Sie unterwarf die Belegschaften einem quasimilitärischen Drill, der viel zur politischen Mobilisierung des Proletariats beigetragen hat, das per Anschauung die Macht seiner Masse begriff. Nicht von ungefähr entstand der Ausdruck »Arbeiterheere«. Sie formierten sich zunächst im Ruhrgebiet und in Sachsen.

»Regulation« wurden Zwangsmaßnahmen genannt zur Aufrechterhaltung oder Wiederherstellung der marktgesellschaftlichen Ordnung. Dazu gehörte auch die »Bauernbefreiung« von der Leibeigenschaft, sie stürzte einen Teil der Landbevölkerung durch Verschuldung in ein noch größeres Elend.

Das aber war die Kehrseite dieser ökonomischen Explosion: In einem Jahrhundert sind 60 Millionen Deutsche außer Landes getrieben worden von nackter Not, und nur eine Minderheit flüchtete, weil sie unter den Terrorregimen ihrer Fürsten, Könige, Kardinäle nicht länger leben wollte. Drei Viertel der Auswanderer erreichten unter grauenhaften Bedingungen der Schiffspassage die »Neue Welt«: Amerika, Kanada, Argentinien.

In dem aus dem 19. Jahrhundert vorliegenden dokumentarischen Material über die Vidals findet sich kein Hinweis, sie hätten das Elend vor ihrer Haustür bemerkt. Ihr soziales Gewissen, über das sie zweifellos verfügten, befahl ihnen, nur für die Leute zu sorgen, die für sie arbeiteten. Gehörten nun die Vidals zu den bevorrechteten Nutznießern der »industriellen Revolution«, saßen sie auf privilegierten Sitzen in dem Lift des Wirtschaftsbooms, verdankten sie ihm ihren rasanten Aufstieg ins einheimische Patriarchat der »großen Familien«, das Wachsen ihres Wohlstandes zum Reichtum? Die Antwort ist ein »Jein«, das der Erklärung durch den Sonderweg bedarf, den Hamburg bis ans Ende des 19. Jahrhunderts in bewußter Abgrenzung gegen die Entwicklung zur Reichsherrlichkeit eingeschlagen hat. Diese alte Hansestadt hatte am Ende des 17. Jahrhunderts mit Lübeck und Bremen zu den letzten drei deutschen Handelsstädten gehört, die sich noch der großen Tradition der Hanse verpflichtet fühlten. Sich mit dem Rücken zum späteren Deutschland entwickelnd, konnte Hamburg um die Jahrhundertwende ohne Übertreibung eine deutsche Agentur Londons genannt werden.

Die Stadt, das heißt ihre Bewohner, wurde von dem nationalistischen Aufschwung, von dem schwer zu sagen ist, ob Bismarck ihn verursachte oder nur benutzte, nicht erfaßt. Sie reagierte bereits auf die französische Besetzung unter Napoleon anders als Preußen, hatte unter ihr auch weniger zu leiden, verlor nicht, wie Preußen, die Hälfte ihres Staatsgebiets und ihrer Bevölkerung durch den Diktatfrieden von Tilsit. Hamburg arrangierte sich mit seiner Besatzung, nahm es geduldig hin, von 1810 bis 1814 sogar staatsrechtlich zu Frankreich geschlagen zu werden.

Nur eine Minderheit des politisch einflußreichen Patriziats, im »Hanseatischen Direktorium« zusammengefaßt, erlag nationalen Ideen. Es setzte nur gegen starken Widerstand durch, daß die Stadt 1815 dem Deutschen Bund beitrat; dem »Zollverein« beizutreten, der 1834 bereits von Königsberg bis an den Bodensee Zollschranken abgebaut hatte, weigerte sich Hamburg bis 1888(!). Auch als des Reiches bedeutendste Welthandelszentrale wollte es noch die Kontrolle über seine kontinentalen Geschäfte in der Hand behalten. Der Hafen war das Herz der Stadt, seine Werften das Kernstück seines Anteils an der Industrialisierung, aber Werften sind keine Fabriken, auch dann nicht, wenn sie Tausende beschäftigen.

Die Vidals, die Kaufleute waren und nichts anderes sein wollten, hatten sich, wie gesagt, die richtige Stadt für ihre Emigration ausgesucht, das deutsche Zentrum des Welthandels. Sie begriffen frühzeitig, daß sich der Gewinn aus den überseeischen Ex- und Importverbindungen gewaltig steigern ließ, wenn sie für den Warentransport über die Weltmeere nicht die Frachtkosten bezahlen mußten, sondern über eigene Schiffe verfügten. Sie ließen ihre Frachtsegler auf eigenen Werften bauen und betrieben als Reeder das weltweite Transportgeschäft auch auf fremde Rechnung. Fürs eigene Geschäft errichteten sie Filialen in Ländern, die wir heute zur »dritten Welt« zählen.

Ihre wichtigste, von Familienangehörigen an Ort und Stelle überwachte Filiale hatten sie im indonesischen Batavia errichtet, damals von den Holländern beherrscht, die an Brutalität gegen die einheimische Bevölkerung, ihre Könige und Stammesfürsten die Engländer noch weit übertrafen. Seit 1950 heißt Batavia als indonesischer Regierungssitz Jakarta oder Djakarta, eine Stadt, die sich heute von Dallas wenig unterscheidet, es sei denn durch einen Marktplatz von einem Quadratkilometer Fläche.

Der Import von Gewürzen, für die Batavia die zentrale Sammelstelle war, brachte das meiste Geld. Um zu verhindern, daß sich andere daran bereicherten, holzten die Holländer die Gewürzwälder ab, die sie nicht selbst bewirtschafteten. Damit verlor die einheimische Bevölkerung ihre Existenzgrundlage. Mit dem Monopol im Gewürzhandel konnte die Kolonialmacht die Ausfuhr nach Belieben drosseln und damit die Verkaufspreise in Europa in die Höhe treiben.

Es war ein ebenso schwieriges wie einträgliches Geschäft, in das die Vidals über Batavia mehr als Lieferanten europäischer denn als Exporteure kolonialer Waren einstiegen. Sich dergestalt in Batavia zu installieren war im Rahmen ihres von Argentinien bis Australien ausgespannten Netzes für Im- und Export keine Pioniertat. Sie legten sich in ein gemachtes, wenn auch nicht gerade bequemes Bett, das allerdings ein paar tausend Seemeilen von Hamburg entfernt war. Sie mit Segelschiffen hinter sich zu bringen dauerte Monate. Noch gefährlicher als Stürme waren die Seeräuber, die Mafia jener Zeit, glänzend organisiert und schwer bewaffnet. Von ihnen ist in den Tagebüchern die Rede, die Charles Louis Vidal auf drei zwischen 1827 und 1836 unternommenen Batavia-Reisen geführt hat. Auf einer war seine Schwester Sophie (1795–1839) mit ihrem Baby dabei, zu dessen Geburt sie nach Hamburg gekommen war.

Charles Louis scheint ein Bruder Leichtfuß gewesen zu sein. Als Kaufmann stand er in der Familie nicht in hohen Ehren, dagegen wußte er sich als ein leidlicher Geigen- und Gitarrenspieler beliebt zu machen. Auf der ersten Reise war er 34 Jahre alt, seine Schwester Sophie zwei Jahre jünger. Seine Aufzeichnungen füllen Bände, auf Familientagen wurde noch nach hundert Jahren daraus vorgelesen. Sie sind in einem Deutsch geschrieben, darin englische Brocken herumschwimmen. War es nach Batavia weit, nach London war es ein Katzensprung. Aus England hat sein jüngerer Bruder Adolph Eduard Vidal (1800–1865) nicht nur seine Frau, Malvina Roß, geholt, mit der er verwandt war, von dort kam auch sein Vetter Eduard Daniel Roß, der sein Kompagnon wurde. Die Firma Roß-Vidal wurde zwar nicht das größte Hamburger Reeder- und Handelshaus, hätte es aber damals schon Rangstatistiken in der Wirtschaft gegeben, wäre ihr Platz wohl unter den ersten fünf oder sechs Unternehmen gewesen.

Als Charles Louis zum drittenmal nach Batavia segelte, war Bruder Adolph Eduard mit 32 Jahren schon in die Leitung der Firma eingetreten.

Am 16. Dezember 1827 machte sich der Frachtsegler »Sophie« auf die große Reise, die erste von den dreien, über die Charles Louis Tagebuch führte.

»12. Dezember 1827
Unser Schiff ging den Fluss hinunter, konnte aber mit dem Fuss nicht über den Blankeneser Sand u. ging vor Anker. In einer Nacht heftigen Frostes ward plötzlich der Fluss mit Treibeis gefüllt. Um sich zu retten, ward das Schiff bis Heitmanns Werft hinaufgearbeitet & dort in eine günstige Lage auf den Sand gelegt.

23. Dezember
An Bord war alles sehr uncomfortabel & in confusion. Das kalte nasse Wetter hatte die ganze equipage sehr abgemattet & verdriesslich gemacht – es ist ein sehr hübsches Schiffsvolk, 17 Mann stark.

27. Dezember
1 Meile oberhalb Glückstadt, bei Wewelsfleet, gingen wir an Land & brachten einen vergnügten Abend zu. Mit der niedlichen Margarete Wilkens ward etwas charmirt. Wir konnten nicht vor dem 28. abkommen – kauften einen halben Ochsen schönes Fleisch.«

Anfang Februar 1828, auf der Höhe der Azoren, geriet das Schiff in eine lang anhaltende Flaute (»wir wurden bekalmt«) und wurde schließlich von Seeräubern bedrängt (»Barbaresken«). »Glücklicherweise kam eine ›Breeze‹ auf, und mit allen Segeln jagten wir mit 8, 9 Knoten durchs Wasser«.

Die Seeräuber operierten von Marokko aus. Erst in der Mitte des Jahrhunderts gelang es, ihnen das oft blutige Handwerk zu legen. Die »Sophie« hatte Gewehre und ausreichend Munition an Bord. Charles Louis beklagt den ganz unzureichenden Schutz für die deutsche Handelsschiffahrt:

»Die Idee, welche den ganzen Morgen uns am meisten beschäftigte, war der große Nutzen, den ein Handelsstaat daraus ziehen muss, dass tausend Hans Ärsche mit bunten Decken in der Stadt herum schlängeln, wo die halbe Bundesausgabe hinreichend wäre, einige bewaffnete Schiffe im Meere zu halten, um

Auf den langen und gefahrvollen Reisen von Charles Louis nach Batavia wurde auf Sankt Helena vor Jamestown geankert und Proviant aufgenommen.

den Handel und das Wohl der braven Seeleute zu beschützen und dem Stande respectabilität zu verschaffen. – Früher gab es in den Hansestädten kräftige Männer, die sich kühn wehrten – jetzt jagd ein lumpiger kleiner Raubstaat sie alle ins bokshorn! Es ward beschlossen, die Sache bei der ersten Gelegenheit lebhaft zur Sprache zu bringen.

Mitbürger – durch die Schnelligkeit & kräftige Ausrüstung unseres Schiffes sind wir mit genauer Noth der Gefahr entronnen, berbereskischen Kreutzern zur Beute zu fallen – manchem braven Seemann eurer Städte steht das scheusliche Schicksal der Sklaverei bevor! – Bedenkt dieses, bedenkt eure Schuldigkeit, Leben und Gut eurer Mitbürger zu schützen.

Rüstet ein halbes Dutz Fregatten aus – an braven Seeleuten fehlt es nicht, gebt euren Soldaten Gelegenheit, dem Staate wirklich zu nutzen, hebt vereinigt die hanseatische Flagge empor & und lasst euch durch dieses Symbol vorigen Ruhmes zu kräftigen Maasregeln & männlichen Thaten aufbiethen. –

Aus Mutterbrust habt ihr Freiheit eingesogen – sie ist euer angeborenes Recht – Mitbürger bietet für sie alle Kräfte auf, tretet kühn hervor – nur der Feige unterliegt ohne Kampf.«

Napoleon lag seit 1821 noch auf
Sankt Helena in seinem schlichten
Grab, das zur Pilgerstätte seiner
Soldaten geworden war.

Alle Schiffe, die von Europa nach Ostasien segelten, ankerten
unterwegs vor Jamestown, der einzigen Stadt auf Sankt Helena.
Die Insel war 1650 von der britischen Ostindischen Kompanie
erworben worden, 1834 wurde sie britische Kolonie. Napoleon,
1815 nach Sankt Helena verbannt, dort 1821 gestorben, ruhte
noch in seinem einfachen Grab, als die »Sophie« und später andere Vidalsche Schiffe dort Wasser und Proviant aufnahmen. Für
das Neugeborene gab es sogar frische Milch.

Napoleon, den Charles Louis als Kind noch als Europas Herrscher erlebt hatte, der in Hamburg vorübergehend sein Landes-
herr war, für ihn und seine Generation noch Zeitgenosse, wurde
erst 1840 nach Frankreich überführt und mit allem Pomp im In-
validendom beigesetzt.

Den Besuch des Grabes genehmigte der englische Gouver-
neur. Charles Louis und seine Schwester standen vor einem einfachen Grabstein, von einem eisernen Gitter eingefaßt. Ein paar
alte Invaliden, die schon den italienischen Feldzug ihres Idols
mitgemacht hatten, versahen den Wächterdienst. Ein Besucher-
buch lag auf einem Tischchen neben dem Grab.

»In dem Buche worin alle Fremde ihre Namen eintragen, wa-
ren drei Tage vor uns die Namen von 100 Grenadieren der alten
Garde eingeschrieben worden. Die Ceremonie ist ganz einfach
gewesen, sie haben mit bloßem Säbel vor der Leiche ihres alten
Anführers gekniet. Daß es für alte Soldaten ein sehr rührender
Augenblick gewesen sein muß, läßt sich leicht denken.«

In einem langen Brief zum Geburtstag der Mutter schreibt
Charles Louis an Bord:

»Mein haupt Studium ist jetzt Göthe [der noch lebt, E. K.], ich will doch wenigstens versuchen ein Verehrer zu werden, obgleich ich es nicht erwarte – mit vielem Vergnügen habe ich seinen Benvenuto Cellini gelesen – doch das ist übersezt – gleichfalls übersezt ist der Diapolog von Rameaus Neffe, ein einziges Product, welches mit ausserordentlichen Kenntnissen die Verworfenheit vieler Menschen darthut. – Dem Wilhelm Meister, Wahlverwandtschafen, Aus meinem Leben, kann ich keinen Geschmack abgewinnen – der einzige Don Carlos von unserem göttlichen Schiller, hat für mich mehr werth als der ganze Kram! Götz von Berlichingen ist dagegen nach wie vor mein großes Lieblingsstück, das scheint mir auch durchaus abgesondert von allen anderen Schreibereien Göthes zu stehen – Den bewunderten Werther kann ich nicht ausstehn – überhaupt ist mir die ganze moralische Tendenz seiner Werke zuwider.«

Von Hamburg aus betrachtet, war der Weimarer Hof eine frivole, sittenlose Gesellschaft, ein Ruf, an dem Goethe und sein Herzog ihren Anteil hatten. Umgekehrt war das protestantische bigotte Hamburg für die Weimarer Hofgesellschaft Gegenstand für Hohn und Spott. Als Goethe von seinem Freund Sulpiz Boisserée hörte, er habe zwei Jahre in Hamburg verbracht, sagte er: »Nun, da gehört doch eine gute Natur dazu, das überlebt zu haben.«

Nicht nur mit Goethe versucht Charles Louis die Langeweile zu vertreiben; er bekämpft sie auch mit einer Biographie Kaiser Karls V., die ihm vor Augen führt, daß »Karl, Franz, Heinrich VIII., Moritz von Sachsen recht ehrlose Schurken gewesen sind«, von denen aber »das Glück und der Wohlstand der Welt abhängig gewesen sei«. Das »nämliche verfluchte System« dauere in Europa fort, hingegen zeige Amerika, wie »ein aufgewecktes und kräftiges Volk« sich selbst regieren könne. Die Deutschen seien durch ihre eigene Uneinigkeit »von jedem miserablen Feind über den Haufen geworfen worden, wie Hunde zusammengepeitscht«. Darüber brauche man sich nicht zu wundern, würden doch »selbst in kleinen Familien durch Mutwillen und Bosheit die nachteiligsten Spaltungen hervorgebracht«.

Die Tagebücher lassen nicht erkennen, was speziell der Sinn und Zweck dieser mühsamen Reisen gewesen ist. Die bis heute unter reichen Leuten obwaltende Diskretion hinsichtlich ihrer materiellen Verhältnisse – sofern das Prahlen mit Millionen oder, wie jetzt üblich, mit Milliarden nicht der Werbung dient – war allen Vidals bis zum heutigen Tag eigen. Nur einmal, bei einem Zwischenaufenthalt in Singapur – kurz zuvor eine britische Handelsniederlassung geworden, inzwischen eine Millionenstadt –, erwähnt er ein mißlungenes Geschäft mit Zucker:

»Die Aussicht war daß wir unsern Zucker sehr teuer anbringen würden, in dem lange alle Zufuhr gefehlt, wir beeilten uns also eine Havarie anzudienen und die Erlaubnis zu erlangen zu unseren Reparaturen Waaren zu verkaufen, solches ward zugestanden und Dienstag uns zum Auctionstag bestimmt, das Wetter klarte auf & am Sonnabend waren wir so glücklich unsre Güter troken an Land zu bringen, so weit alles nach Wunsch aber am Sonntag muß die Schwerenoth ein Schiff mit einer vollen Ladung Zucker herein zaubern; mein Markt war also wieder verdorben & dieses wird den Super klugen Hamburgern wieder ein Beweis sein daß ich ein einfältiger Mensch bin! meinetwegen!«

Von der zweiten Batavia-Reise zurückkehrend, hat Charles Louis »ein unverhofftes Glück, ein alter besoffener engl. Pilote hat mir zwei alte Zeitungen abgestanden, die ich nicht um 10 Thaler hätte missen wollen – wir wussten von nichts«. Aus diesen Zeitungen erfährt er von dem »heldenmuthigen« Widerstand der Polen – »möge Glück, Sieg, Ehre und Unsterblichkeit ihre Waffen krönen«. Er liest erste Berichte über die Julirevolution in Frankreich (»Frankreich unter Volksregierung!«) und von den Siegen der italienischen »Karbonari«, die im Süden und in Piemont die Anerkennung von Verfassungen durchgesetzt haben (»Italien im Aufstreben, alles herrlich & kräftig«).

»Das die deutschen Bajonette wieder hergegeben werden um gegen Freiheit & Ehre zu kämpfen ist freilich dabei leider eine wenig erfreuliche Nachricht für einen Deutschen, indeß sollten die Samojeden & Cosaken & Lapländer mit der Zeit sich frei machen, so werden wir guten Deutschen auch nachher an die Reihe kommen, bis dann laß uns alles recht geduldig tragen. Wir haben Kartoffeln und frisches Brod bekommen ist das wenig für den Geist so ists doch lecker für den Magen & damit holla!

Auch eine Thräne für den edlen Bolivar. Ich selbst habe in

einem Augenblick an der Redlichkeit des herrlichen Helden gezweifelt – wenn treue Gesinnungen in die andre Welt übergehen können, so bringe ich ihm oder seiner Seele hier meinen ergebenen Tribut.«

Simón Bolívar war durch seinen Kampf gegen die spanische Vorherrschaft zum südamerikanischen Freiheitshelden geworden. Charles Louis hatte den englischen Zeitungen entnommen, Bolívar sei gestorben.

Auf die Leitung der Familienfirma hatte Charles Louis keinen Einfluß. Sie lag in den Händen von Adolph Eduard Vidal und Edgar Daniel Roß. Edgar war die bedeutendere Persönlichkeit. Seine Interessen beschränkten sich nicht auf das Geschäft. Er gehörte dem Vorparlament in Frankfurt an (Paulskirchen-Versammlung), arbeitete an einer neuen Verfassung Hamburgs in den fünfziger Jahren mit, wurde im Deutschen Bund und ab 1871 im Reichstag Abgeordneter. Die Entwicklung des Unternehmens zu internationalem Ansehen geht insofern auf ihn zurück, als er die treibende Kraft hinter den Firmeninteressen im Fernen Osten, in China, Singapur und Niederländisch-Indien war.

Sein Partner Vidal konzentrierte sich auf Hamburg, gehörte der Commerz-Deputation als Präses an, war Mitgründer der Hamburgischen Bank. Im Winter wohnten die Vidals an der Deichstraße über den Geschäfts- und Lagerräumen, im Sommer zogen sie »aufs Land«, das heißt ans Elbufer, wo in Othmarschen in einem großen Park eine Villa gebaut worden war. Schon damals mußten für Grundstücke in dieser Lage fünfstellige Summen aufgewendet werden.

Sieben Kinder hat Malvina Vidal geboren. Der Haushalt in der Deichstraße umfaßte mit dem Personal, zu dem ein Kutscher und ein Diener gehörten, 13 oder 14 Personen. Er vergrößerte sich noch durch eine »Hausdame«. Sie hieß Auguste Werlich und kam mit 22 Jahren ins Haus, das sie erst als ältere Frau, von allen geliebt und verehrt, wieder verlassen sollte. Die gebildete, sprachenkundige, treue, sich im Unglück bewährende »Tante Auguste« wurde zum Zentrum der Familie und hat in der Erziehung der Kinder eine wichtigere Rolle gespielt als die Eltern.

Um 1860 ließ sich Adolph Eduard Vidal mit 5 seiner sieben Kinder fotografieren, v.l.: Hugo, Adolph, Carl, Malvina (meine Großmutter, die lieber ein Junge geworden wäre), Oscar.

In dem Theologen Karl Johann Philipp Spitta (1801–1859), Superintendent in Niedersachsen, Verfasser der geistlichen Lieder »Psalter und Harfe«, die sie durch ihr ganzes Leben begleiteten, hatte sie ihren Führer zu Gott gewählt. Aus seinen Schriften schöpfte sie Trost, Seelenstärke und die Zuversicht, Gott werde es mit ihr schon richtig machen.

Sie sah darin, daß sie ihre Mahlzeiten nicht am Familientisch einnahm – auf großen Reisen war es anders –, keine Deklassierung. Frau Vidal blieb in den Tagebüchern »Madame«, und von beiden Seiten war Intimität ausgeschlossen. Dieser soziale Damm brach auch nicht, als »Madame« im Sterben lag und sie »Tante Auguste« ihre Kinder überantwortete. Daß unter diesen Umständen Herr Vidal für diese zweite Mutter seiner Kinderschar Herr Vidal blieb, sie für ihn Fräulein Auguste (das Wort »Tante« verwendete er ihr gegenüber nicht) – und das über Jahrzehnte –, ist selbst für die damalige Zeit so selbstverständlich nicht. Manche Witwer haben das Kindermädchen geheiratet, es war die bequemste Lösung.

Die treue Auguste Werlich, mit
22 Jahren als Stütze der Hausfrau
in die Familie gekommen, nach
deren Tod zur Ersatzmutter für
Jahrzehnte geworden. Ihre Reise-
tagebücher erschienen als Kultur-
dokument 1974 in Hamburg.

Gleich der Hausdame aßen auch die Kinder nicht mit den Eltern. Mit »Sie« angesprochen zu werden, in höheren Ständen
noch gang und gäbe – dafür waren die Vidals doch zu weltläufig.
Der Umgangston in der Familie war von der englischen Mutter
bestimmt, die Standeshochmut nicht kannte, wenn auch Standesbewußtsein zelebrierte. Vor Gästen hatten die Kinder ihre
kurzen Demonstrationsauftritte, frisch gebügelt von »Tante Auguste« in den Salon geführt. Sie genossen den Wohlstand, ohne
ihn als Privileg zu erkennen. Armut blieb ihnen fremd. Sie bewegten sich, von Privatlehrern unterrichtet, in einer geschlossenen Gesellschaft, in der die Vorstellung, ein Ladengeschäft zu
betreiben, etwa der entsprach, vom Straßenbettel zu leben.

In diese Festung sozialer Sicherheit und Respektabilität, deren
Mauern mit Geld gebaut waren, brachen um 1851 die Krankheiten ein, von denen die Mutter und die älteste Tochter Alma befallen wurden. Almas Krankheit, Lungenschwindsucht, ist vermutlich zutreffend diagnostiziert worden. Ein paar Jahrzehnte
später hätte sie Heilung in einem hochgelegenen »Zauberberg«-
Sanatorium der Schweiz gesucht. Ob der Lungenkrebs der Mutter erkannt worden ist, bleibt fraglich. In beiden Fällen kam der
Ratschlag der Mediziner, das milde Klima Italiens aufzusuchen,
einem Todesurteil gleich. Besten Wissens und Gewissens gegeben, wurde er befolgt.

Die Reisegesellschaft bestand aus elf Personen. Auguste Werlich, die ich hinfort so nennen will, wie sie von den Kindern genannt wurde: Tante Auguste, schrieb:»Wo wir auftraten, bildeten wir eine Karawane.« Zu ihr gehörte auch ein Baby. Hier die Liste der Italienfahrer: Vater Adolph Eduard (51), Mutter Malvina, geb. Roß (42), Alma (19), Olga Cecilia (15), Oscar (13), Carl (10), Hugo (8), Malvina (3), Adolph (1). Dazu die »Hausdame« (29) und das Dienstmädchen Doris aus Lüneburg, mutmaßlich 25 Jahre alt, das über seine Heimatstadt noch nie hinausgekommen war, bevor es sich bei den Vidals verdingt hatte.

Das Unternehmen, mehr eine Expedition als eine Erholungsreise, wurde am 18. November 1851 begonnen und am 9. Oktober 1852 beendet. Daß wir es Tag für Tag verfolgen können, verdanken wir Tante Augustens Reisechronik.

Noch ist Westeuropas Eisenbahnnetz Stückwerk. Um von Hamburg nach Neapel zu gelangen, dem ersten Reiseziel, mußte von der Eisenbahn auf einen Flußdampfer, dann wieder auf die Eisenbahn umgestiegen werden, bis ein bequemes Dampfschiff die »Karawane« von Marseille über Genua und Livorno am 12. Dezember nach Neapel brachte. Das große Gepäck wurde von Trägern zu den Zügen und Schiffen gebracht. Es blieb genug Handgepäck übrig, die »unumgänglichen Anhängsel von Schirmpaketen, Decken, Reisetaschen. Die drei roten wollenen Decken trugen Oscar, Carl und Hugo wie Soldatenmäntel zusammengerollt über der Schulter. Oscar hatte auf das Luftkissen seiner Mama und die Mappe mit der portativen Bibliothek zu achten, Carl trug die sogenannte Spieltasche, Hugo die unentbehrliche Provianttasche für Adolpho.«

Adolpho, im Taufregister schlicht Adolph genannt, wurde vermutlich von Doris getragen. Ein Kinderwagen wird nicht erwähnt, wie denn überhaupt von den beiden Jüngsten in den Aufzeichnungen nahezu nichts berichtet wird. Aus der dreijährigen Malvina wird eine meiner Großmütter werden, von der überliefert ist, sie wäre lieber ein Junge geworden. Die in Neapel, in Rom, in Venedig angemieteten Wohnungen werden zu Bühnen eines familiären Trauerspiels. Es belastet die Tagebuchschreiberin so sehr, daß wir dieses von der Industrialisierung noch gänzlich unberührte Italien nur wie durch einen Schleier wahrnehmen.

»Dienstag, 18. 11. 1851

Diesen Mittag um ein Uhr sagten wir dem lieben Othmarschen Lebewohl. Bereits auf der Fähre nach Harburg war unter den Kindern die freudigste Stimmung. Die Knaben strahlten im Bewußtsein, den ersten Schritt in die Welt hinaus getan zu haben. Malvina ließ das kleine Buch, in das sie sich ihre Reiseerlebnisse eintragen lassen will, nicht aus den Händen und erklärte, als man sie fragte, ob so ein kleines Mädchen schon reisen wolle: ›Ja, dies ist meine zweite Reise. Einmal bin ich schon nach Friedrichsruh gereist, und jetzt reise ich nach Palermo.‹ Um 3 1/2 Uhr fuhren wir vom Harburger Bahnhof ab, um 9 1/2 Uhr trafen wir in Hannover ein.

So ist denn der Aufbruch geschehen,
Es geht in die Fremde hinaus,
Zurück jetzt noch einmal wir sehen
Nach dem nun verödeten Haus.

Gib, Gott, zu dem Auszuge Segen
Und einst zu der Wiederkehr Glück!
Es füge Dein gnädiger Wille,
Der auch in der Fremde regiert,
Daß dort sich die Hoffnung erfülle,
Die jetzt aus der Heimat uns führt.

Mittwoch, 19. 11.

Mit den anderen begrüßte ich voll Entzücken den Rhein, der sich mir heute im Sternenlicht mit seinen schneebedeckten Ufern zeigte.«

Der Dombau in Köln war 1560 eingestellt worden. Auf Betreiben Wilhelms IV., des Romantikers auf dem preußischen Thron, war seine Vollendung 1841 in Angriff genommen worden. Als die Vidals den Rhein überquerten, sahen sie den riesigen Kran auf der Mauerkrone des Domes, ein Anblick, der auf vielen zeitgenössischen Zeichnungen festgehalten worden ist.

Am 21. November wurde Paris erreicht. Dort zeigte sich, daß auch in Hamburg, das, wie gesagt, keineswegs eine Pflegestätte deutschnationaler Ideen gewesen ist, die Kinder einer Familie, in der mehr von Batavia als vom nahen Bremen gesprochen wurde, im patriotischen Geist erzogen worden sind.

»Bereits um 4 1/2 Uhr wurden alle geweckt. Nach dem Frühstück fuhren wir im Omnibus zum Bahnhof. ›Heute, Kinder, kommt ihr nach der großen Stadt Paris‹, sagte Madame Vidal. ›Ja, und zu den Franzosen‹, sagte Oscar und schüttelte sich: ›Wären wir nur erst durch Frankreich!‹

Sonnabend, 22.11.

Nach dem Frühstück führte unser Weg nach der Ville de Paris, einem sehr großartigen Etablissement, wo Madame Vidal Einkäufe zu machen hatte. Sie hatte Recht in der Voraussetzung, daß auch mich der Besuch dieses Magazins interessieren würde. Mir schienen die weitläufigen Räume gar kein Ende zu nehmen, es war mir kaum denkbar, daß dieses alles nur ein Laden sei.«

Am 25. November erreichte die »Karawane« Chalon-sur-Saône und bestieg dort den Flußdampfer »Hirondelle«, der sie auf der Rhône nach Avignon brachte, durch eine der anmutigsten Landschaften Frankreichs. Das Schiffchen war überfüllt, für Madame »ein saurer Tag. Ich beobachtete sie mit heimlicher Sorge, in der beklommenen Luft der Kajüte konnte ihr nicht wohl sein. Wir verbrachten die Nacht in Lyon. Wo wir einrücken, groß und klein bepackt, von den Trägern eskortiert, werden wir gewöhnlich mit halb bewundernden, halb teilnehmenden Blicken belächelt.«

Avignon war mit Marseille schon durch eine Eisenbahn verbunden. Im größten Mittelmeerhafen Frankreichs angekommen, wurden die Hamburger Augenzeugen historischer Ereignisse, die sie vom Hotelfenster aus beobachten konnten. Sie wurden Zeugen der Geburtswehen, aus denen ein zweiter französischer Kaiser hervorgehen sollte.

»Mittwoch, 3. Dezember

Heute sind telegraphische Nachrichten aus Paris gekommen [vom Staatsstreich Napoleons, E. K.], die grosse Aufregung hervorgerufen haben. Soldaten marschierten in grosser Zahl in der Canebière auf und hielten unser Hotel so besetzt, daß wir den größten Teil des Tages gefangen waren.

Donnerstag, 4. Dezember

Die Truppen manövrieren fortwährend in Erwartung eines Aufruhrs, und der Volksauflauf bildet sich wohl nur darum, weil jeder einzelne in Erwartung ist zu sehen, ob nicht etwas vorfällt. Man erzählt, der Präsident solle viel Energie gezeigt und 200 Deputierte nach Vincennes geschickt haben.

Freitag, 5. Dezember

Wir sehen vom Fenster aus in ein Kriegslager, selbst des Nachts bleiben die Truppen im Gange, und die vielen Wachtfeuer geben der Canebière ein ganz eigentümliches Ansehen. Man erzählt, daß das Volk sich in den Straßen von Paris schlägt. Bei einigen unter uns ist die Furcht vorherrschend, andere wünschen im stillen die Gelegenheit, ein klein wenig Revolution zu sehen. Sobald sich der Lärm der lebhaften Straße ein wenig über das Gewöhnliche mehrt, fliegt alles erwartungsvoll an das Fenster. Ein General wurde fast vom Pferd gerissen, das war die einzige bedeutende Szene, die sich der Schaulust der Knaben bot. Zuweilen wurde von einem höheren Offizier vorgelesen, und die Soldaten beantworteten dies dann mit lautem Geschrei, aus dem der eine ›A bas le président‹, der andere ›Vive l'empereur‹ heraushörte.«

In Marseille normalisierten sich die Verhältnisse wieder, Paris war weit weg. Nach zehn Tagen des Wartens fuhr die »Capri« nach Neapel ab, auf der »Herr Vidal eine allerliebste Privatkajüte gemietet hatte, wo wir sämtlich, er selbst ausgenommen, Platz finden. Zwei Fenster geben Luft und Helligkeit.«

Auf dem Hinterdeck kampieren Soldaten, Deutsche und Schweizer, mehrere hundert, die sich für vier Jahre Dienst in Neapel verpflichtet haben. Sie singen ihre heimatlichen Lieder, und auf dem Mittelmeer »Schleswig Holstein stammverwandt« zu hören macht auf die Tagebuchschreiberin »einen ganz eigentümlichen Eindruck«.

Am 12. Dezember, früh um fünf Uhr, ankert die »Capri« in der Bucht von Neapel, die Kinder stehen auf Deck und rufen: Wo ist der Vesuv? Die Zollkontrolle ist unangenehm scharf, am eifrigsten werden die Koffer nach Büchern durchsucht, die Einfuhr von Bibeln ist strikt verboten. »Alma und ich trugen die unsrigen vom kleinsten Format in eigens dazu fabrizierten Taschen unter den Kleidern.«

Im Hotel »Victoria« mit Blick auf die Bucht werden zunächst sechs Zimmer gemietet, die Kinder und natürlich Doris haben das Gefühl, auf einen anderen Erdteil ausgewandert zu sein. Vor dem Hotel produzieren sich Tanzgruppen und Clowns. Priester und Mönche sind derart zahlreich, daß das Dienstmädchen Doris ein übers andere Mal ausruft: »Mein Gott, wie viele Pastoren!« Diese armseligen Diener des Herrn, die vom Betteln lebten, hatte vor Doris noch niemand Pastoren genannt.

Frau Vidal und Alma geht es so schlecht, daß sie das Bett nicht verlassen können. Am 15. Dezember erkrankt auch das Baby. Die Kinder langweilen sich. Wenige Tage vor Weihnachten stellt Tante Auguste einen Unterrichtsplan auf. Die ersten Stunden liegen noch vor dem Frühstück, zu dem sich alle gegen halb neun einfinden. Um vier Uhr wird gegessen, es bleibt der Vormittag »für das Aufsuchen der Sehenswürdigkeiten«.

»Donnerstag, 25. Dezember

Erster Weihnachtstag! Das Schiessen hat die ganze Nacht angehalten, Madame Vidal sieht verwacht und angegriffen aus. Um Mitternacht ist in allen Kirchen Messe gewesen, ich wäre gern hingegangen. Olga und ich gingen diesen Morgen in mehrere Kirchen zur Messe, aber die Art des Gottesdienstes nahm mir alle Andacht. Die Gemeinde saß plaudernd, gleichgültig und zerstreut wie in einem Konzertsaal – Der Priester stand summend und sich wunderlich gebärdend am Altar, ganz von der Gemeinde abgewendet, als hätte seine Verrichtung nichts mit ihr zu tun. Durch eine halboffene Tür sah ich in die Sakristei, wo viele Priester eine rechte Schulbubenjachterei trieben, sich mit ihren weißen Überwürfen schlugen, mit den Rauchfässern schwenkend hintereinander herjagten und lachten, doch plötzlich ganz ehrbar wurden, als sie bemerkten, daß die Tür offenstehe.

Sonnabend, 27. Dezember

Es ist echtes norddeutsches Schmuddelwetter, Schnee mit Regen vermischt. Als ich mich erkundigte, ob solches Wetter von Dauer zu sein pflege, erhielt ich die Antwort: ›Ah, avec le temps ce n'est jamais sûr‹. Täglich wird eine Ziege morgens und abends vor das Haus getrieben und im Beisein von Doris für Adolpho gemolken. Auf diese Art Milch zu kaufen ist hier sehr gewöhnlich, sonst bekommt man sie sehr verdünnt und schlecht.

Sonntag, 28. Dezember

Doris kann sich noch gar nicht von dem Entsetzen erholen, welches der adamitische Aufzug einiger Bettler in ihr erregt hat. Es ist förmlich schauderhaft, wie man von dem Bettelvolk verfolgt und umlagert wird. Hält der Wagen einen Augenblick, gleich werden hundert Hände hineingereicht und ›moja di fame‹ klingt von jeder Lippe. Ist man in einen Laden getreten, so wartet draussen eine ganze Schar, bis man herauskommt. Der gestrige Sturm hat eine Apfelsinenschute umgeworfen. Als wir auf den Molo gingen, sahen wir zum großen Spaß der Kinder die Masse goldgelber Früchte im Hafen schwimmen; niemand hält es der Mühe wert, sie aufzufischen. Trauben und Apfelsinen ist hier unser täglicher Genuß.«

Mitte Januar wird die Villa Ruffo gemietet, in der die Familie bis April wohnen wird.

»Sonntag, 11. Januar 1852

Die Villa Ruffo übertraf meine Erwartungen bedeutend. Zwischen Orangen- und Citronenbäumen gingen wir durch den großen Garten hinauf bis an das Haus, das schloßartig stattlich aussieht. Alles ist im größten Stil angelegt, allein durch die Armut des jetzigen Besitzers sehr in Verfall. Ausser den Stallgebäuden, Gärtnerwohnungen und Treibhäusern finden sich zwei Hauptgebäude auf der Besitzung, nämlich der eigentliche Palast des Besitzers, den wir mit einer englischen Familie teilen, und das sogenannte gotische Haus, das angeblich unbewohnt ist. Das grüne Laub der Bäume läßt uns den Januar ganz vergessen. Palmen, hohe Lorbeerbäume, riesenhafte Kakteen, Magnabäume und vor allem die schlanke Pinie erinnern uns daran, daß wir unter einem fremden Himmel sind. An den Rosenhecken steht alles in Blüte. Der Marquis hat den ganzen Garten verpachtet, und Herr Vidal hat von dem Gärtner eine Reihe reichbeladener Apfelsinen- und Citronenbäume gekauft, damit die Kinder den Genuß des Pflückens haben.

In Hinsicht des Raumes sind wir sehr reich bedacht und können uns bestens ausbreiten: fünf Zimmer und ein ungeheurer Billardsaal unten, und eine Treppe hoch noch sieben Stuben.

Die arme Doris quält Heimweh. Mit der übrigen Bedienung kann sie nicht verkehren. Das Dienstpersonal besteht aus einem

Koch, einem Küchenjungen, einem Diener, einem Kutscher und einer Frau zum Reinmachen. Madame Vidal sträubte sich anfangs gegen den Küchenjungen; aber es hilft nichts, der Koch, der die Einkäufe zu machen hat, ist zu vornehm, um dieselben nach Hause zu tragen, und muß also einen dienstbaren Geist unter sich haben.«

Antonio, der Koch, ist der schönste Mann, den Tante Auguste je gesehen hat, alle verlieben sich in ihn. Der Diener Bordino, »ein rechtes Gegenstück«, sieht hochfahrend aus, hat früher in fürstlichem Dienst gestanden und läßt die Fremden spüren, daß ihm hier im Hause, immerhin ein Palast, alles viel zu plebejisch ist. Die Scheuerfrau, deren Arbeit alles, was sie angeblich gereinigt, »mit dick anklebender Seife überzog, hat um drei Uhr genug geleistet und muß nach Hause, um sich auszuruhen«.

Für den Arzt, der in der Stadt einen bedeutenden Ruf genießt, liegt Hamburg in Österreich. Was ihm vom Winter und Schnee erzählt wird, will er nicht glauben. Ein guter Sprachlehrer wurde gefunden, für einen Monat Unterricht nahm er zehn Piaster. Er brachte »I promessi sposi« (»Die Verlobten«) mit. Der berühmte Roman von Alessandro Manzoni war in seiner ersten Fassung 1827 erschienen. Satz für Satz ging der Lehrer mit Tante Auguste das Werk durch, nachdem er sich zuvor bei Herrn Vidal erkundigt hatte, ob er der jungen deutschen Dame eine gewisse Freizügigkeit im Erotischen zumuten dürfe. Von Alma, die sich schon in Hamburg Elementarkenntnisse im Italienischen angeeignet hatte, bekam er zu hören, deutsche Frauen sorgten selbst für ihre Moral. Der Lehrer hieß Tancredi. Er hatte eine päpstliche Erlaubnis, Bücher kaufen zu dürfen, die dem allgemeinen Publikum vorenthalten blieben.

Oft war darüber gesprochen worden, den Vesuv zu besteigen, doch mit Rücksicht auf die kranken Frauen war es bisher unterblieben. Den Vesuv »zu machen« gehörte zum Standardprogramm englischer Touristen – sie bildeten im 19. Jahrhundert mit Abstand das größte Kontingent reisender Ausländer. Herr Vidal entschied, es sei unmöglich, in Neapel, aber nicht auf dem Vesuv gewesen zu sein.

In zwei Wagen geht es nach Resina, wo Führer und Pferde bereitstehen. Nur Doris und der kleine Adolpho bleiben zurück.

Die Kranken fahren bis an den Fuß des Berges, den sie in seiner ganzen Majestät mit einer Rauchwolke über dem Doppelgipfel vor sich haben. Die anderen besteigen die von den Führern am Halfter gehaltenen Pferde. Sie machen Tante Auguste und Olga angst und bang. Aus der langen Beschreibung der Gipfelbesteigung bis an den Rand des Kraters gewinnt man den Eindruck einer überaus mühseligen Unternehmung, die wenig Vergnügen bereitet haben kann. Aus Rissen und Löchern in der erkalteten Lava drang Rauch wie aus Schornsteinen, häufig war der Schwefeldunst so stark, daß das Atmen beschwerlich wurde. Auf der Heimfahrt von diesem Ausflug, noch im Wagen, bekam Alma einen Hustenanfall und spuckte zum erstenmal Blut. Es wurde vor den Geschwistern geheimgehalten. Am Abend vor dem Aufbruch nach Rom versammelte sich die Familie um Almas Bett. Im Tagebuch steht darüber:

»Alma meinte, wie ungern geht man doch von einem Ort fort, wo man solch eine reiche Zeit verlebt hat! Madame Vidal warf ein, daß die Erinnerung an Villa Ruffo doch auch ihre bedeutenden Schatten habe, weil die Krankheiten fortwährend gestört hätten. ›Aber wenn sie nicht gewesen wären, Mama‹, entgegnete Alma, ›so hätten wir uns vielmehr unter die Bekannten begeben. Nun sind wir immer so glücklich miteinander gewesen, und die Krankheiten waren es doch eigentlich, die uns zusammengehalten haben‹!«

Für die nicht ungefährliche Reise nach Rom durch die Täler und Schluchten des Apennin wurde ein touristisches Unternehmen in Anspruch genommen, das sich »Pericoli & Riparo« (»Gefahr und Schutz«) nannte. Es vermietete Pferdekutschen und einen Troß von Dienern, die für Nachtquartiere und Beköstigung sorgten. Für das Vidalsche Gepäck war ein eigener Lastwagen nötig. Die nun wirklich zur »Karawane« gewordene Reisegesellschaft war bis Rom vier Tage unterwegs. Die Kosten waren enorm, aber »Pericoli & Riparo« erwies sich als ungemein zuverlässig, die Diener bewährten sich auch als Krankenpfleger. Alma war so geschwächt, daß sie zu ihrem Bett getragen werden mußte. Ob der Vater wirklich noch nicht begriffen hatte, daß er sich einem Grab näherte, in dem seine älteste Tochter liegen würde, oder ob er Ahnungslosigkeit nur vorspielte, um die Erkenntnis bevorstehenden Unglücks hinauszuzögern? Was Tante Auguste in diesen Wochen aufschrieb, läßt beide Deutungen zu, aber kommentarlos notiert sie, noch unterwegs habe Herr Vidal verkündet, in Rom dürfe kein Tag verloren werden. Angekommen, machte er sich wieder auf die Suche nach einer geeigneten Wohnung, während er für die Familie, die für einige Tage in einem Hotel untergebracht wird, einen Stadtführer anheuert, der Tante Auguste und die älteren Kinder auf einer Stadtrundfahrt begleitet, während die Mutter, Alma, Adolph, jetzt zwei Jahre alt, und Doris im Hotel bleiben.

Die erste Besichtigungsfahrt endet, wo sonst?, in der Peterskirche, in der der strenge Protestantismus Tante Augustes sie daran hindert, die goldene Pracht des Tempels gebührend zu bewundern. Sie verliert darüber kein Wort. Was jedoch Rom im ganzen betrifft, »kann ich es gar nicht fassen, daß wir mit dieser Stadt in vier Wochen fertig sein sollen. Diese Fahrt versetzte mich in eine ganz eigentümliche feierliche Stimmung. Mir ist zuweilen, als träume ich nur, daß ich in Rom bin.«

Die Wohnung wird in der Via Sistina oberhalb der Spanischen Treppe gefunden, dafür eingerichtet, an Ausländer teuer vermietet zu werden. Das Haus, eher eine Villa zu nennen, steht, wie es stand, noch nach fast 150 Jahren.

An einem Sonnabend, auf dem Rückweg von der Villa Borghese in die Via Sistina, begegnete Tante Auguste, die mit den Kindern – ohne Alma und Adolpho – unterwegs gewesen war, einer Prozession, angeführt von einem greisen Kardinal, dessen erhobene Hände eine Reliquie umfaßten. Alt und jung, vornehme Damen nicht anders als Ladenmädchen, die auf die Straße getreten waren, sanken in die Knie. Wer in einem Wagen vorbeikam, kniete darin nieder, der Kutscher hielt an, nahm den Hut ab, schlug das Kreuz gleich allen anderen.

»Ich bin so durch und durch protestantisch, dass ich das Erhebende nicht herauszufinden weiss, in dem katholischen Gottesdienst nur das Interesse der Neugier empfinde. So ging es mir auch heute bei dem eigentümlichen Anblick, als junge Damen in weltlich schneeweisser Toilette neben braunen Bettelmönchen, geschniegelte Stutzer neben zerlumpten Weibern auf dem Wege im Staub lagen.«

Am 12. Juni begriff Olga, wie nah ihre Schwester dem Tod war, und suchte bei der Mutter Trost. »Sieh, mein Kind, wenn ER sie uns nimmt, so tut ER es, weil ER sie lieb hat. Ich will mich darein ergeben, und Du musst es auch tun.«

»Sonntag, 18. Juli

Eine Nacht wie die verflossene prägt sich unauslöschlich in das Gedächtnis ein. Der letzte Kampf ist jetzt vorüber. Ich bin, so wie ich es gewünscht, bis zum letzten Augenblick bei der geliebten Leidenden gewesen, die in ihres Vaters Armen und bei seinen zärtlich beschwichtigenden Worten hinübergeschlummert ist. Beim Eintritt des Todeskampfes hatte ich Herrn Vidal geweckt; sein Name ist Almas letztes Wort gewesen. Madame Vidals edle Fassung bewährte sich auch in der Sterbestunde ihres Kindes: ›Sie hat keinen Kummer gekannt und hat uns nur Freude gemacht‹, mit diesen Worten, in denen ein einziger Dank mit tiefem Schmerz zusammenklang, unterbrach die Mutter das lange Schweigen. In einem schlichten schwarzen Sarg, dessen einziger Schmuck aus einem Kreuz auf dem Deckel und einem Namensschild aus Metall bestand, wurde Alma Vidal am 20. Juli in aller Frühe auf dem protestantischen Friedhof in Rom beigesetzt.«

Es kostete den Friedhofswärter nur Minuten, mir in einem alten Registerband die Eintragung des Begräbnistages von Alma Vidal aufzublättern. Das Grab selbst gibt es nicht mehr.

Begannen unmittelbar nach der Beerdigung die Vorbereitungen für die Heimreise? Es geht nach Venedig! Beim Auszug sah sich Herr Vidal der Forderung des Hausverwalters ausgesetzt, die Zimmer, in denen sich die Kranke aufgehalten hatte – nicht nur jenes, in dem sie starb –, renovieren zu lassen und Almas Bett durch ein neues zu ersetzen. Das alte wurde verbrannt.

Am 24. Juli verließ die Reisegesellschaft um fünf Uhr früh Rom in einer »Diligence«, in der alle Platz fanden. Sie brauchte sieben Stunden nach Civitavecchia. Nach einer Hotelnacht ging es mit dem französischen Dampfer »Bosphore« nach Livorno, von dort per Bahn nach Florenz für eine Woche. Wieder mußte das Gebirge durchquert werden. Ein touristisches Transportunternehmen lieferte seine Kunden in Padua ab. Hier konnte ein Zug nach Venedig benützt werden. Am Canal Grande wurde das Hotel de Ville bezogen.

»Freitag, 13. August

Madame Vidal hatte gewünscht, daß Herr Vidal diesen Morgen an der Wasserfahrt teilnehmen möchte ... Ich merkte mit klopfendem Herzen ihre Absicht, mit mir allein zu sein ... Sie redete von ihrem nahen Ende und von ihren Wünschen ... mit derselben Fassung und Ruhe, die sie an Almas Krankenbett bewährt hat.«

In diesem Gespräch zweier Frauen unter vier Augen setzt Madame Vidal die ehemalige »Hausdame« zu ihrer Nachfolgerin ein. Am 28. August sprach sie wieder »von der Zeit, wo sie nicht mehr unter den Kindern sein werde. Ich konnte ihr nicht widersprechen.«

Alle Wintersachen waren schon nach Hamburg geschickt worden, aber es zeigt sich, daß die kleinen Kinder bei Gondelfahrten warme Jacken für die kühlen Abende brauchten. Sie werden gekauft. »Nehmen Sie kein Grau, sondern Schwarz«, sagte Herr Vidal.

Das Venedig von 1852 ist dasselbe, das Goethe 1786 so beschrieben hat, als sei er von einer Weimarer Zeitung beauftragt gewesen, eine Reportage zu liefern. Als er die erste Gondel bestiegen hatte, erinnerte er sich, als Kind mit einem Gondelmodell gespielt zu haben, das sein Vater aus Venedig mitgebracht hatte. Es unterschied sich nicht von dem, welches meine Großmutter um 1896 in Venedig gekauft hat. Die Gondel war ein Tintenfaß, das Dach des Häuschens abhebbar. Es gibt sie noch in ein paar altmodischen, versteckten Läden zu kaufen. Alles in allem ist das Venedig, wo ich jetzt am Schreibtisch sitze, noch immer das goethische, nur ist es jetzt viel sauberer. Goethe hat sich über den Schmutz bitter beklagt. Fahre ich in der einen oder anderen Richtung um die Stadt herum, so habe ich von den Fondamente Nuove aus die Insel San Michele vor mir, Venedigs Friedhof, auf dem meine Urgroßmutter Vidal zwei Monate nach dem Tod ihrer ältesten Tochter beerdigt worden ist. Damals hieß die Insel San Cristoforo.

»Donnerstag den 23. September

Es ist alles vorüber! – Diesen Nachmittag um vier Uhr ist Madame Vidal zu ihrer Alma hinübergegangen. Seit vielen Tagen galt mein einziges Wünschen ihrer Erlösung, und nun, da Gott das Flehen erhört hat, fließen die Tränen doch so heiß. Die Kinder, die ich so lieb habe, haben ihr Bestes verloren, und ich selbst, ich möchte die Augen vor der Zukunft schließen, wenn ich an die unendliche Lücke denke, deren Ausfüllung wenigstens zum Teil von mir erwartet wird. Gott wird helfen! An einem Tage wie heute fühle ich nur meine Schwäche.«

Zum zweitenmal muß Herr Vidal ein Zimmer in Italien neu streichen und mit Stuckdekorationen in den vorigen Zustand versetzen lassen. Wieder muß ein neues Bett gekauft werden. Der Direktor des Hotels inspizierte die Renovierung, befand, sie stimme mit der des nächsten, durch eine Doppeltür verbundenen Zimmers nicht überein, auch dieses müsse zwar nicht aus hygienischen, aber aus ästhetischen Gründen erneuert werden. Herr Vidal wandte sich an den hamburgischen Konsul, aber da war nichts zu wollen. Zu der überteuerten Hotelrechnung von 4000 Franken kam noch einmal dieselbe Summe.

Am 28. September 1852 wird die Heimreise angetreten. Der Dampfer »Principe Stirby« brauchte fast zehn Stunden nach Triest. Dann Postkutsche, Eisenbahn, Postkutsche, Eisenbahn, ab Prag nur noch die Eisenbahn über Dresden und Berlin. Am 9. Oktober Ankunft in Hamburg.

»In stiller Angst sah ich die Meilenzahl abnehmen. Herr Vidal saß trübe unter den harmlos plaudernden Kindern. Als die Gegend bekannter wurde, mehrte sich bei ihnen die Lebhaftigkeit, sowie bei den Erwachsenen die Beklemmung ... Jene sorglosen Tage sind für immer dahin, und in dem beklemmenden Bewußtsein, daß mit der Rückkehr ein neuer Lebensabschnitt für mich beginnt, schließe ich unter Tränen mein Reisetagebuch.«

Die beiden Toten wurden nicht vergessen. An den Jahrestagen ihres Hinscheidens holte Tante Auguste die Kinder zusammen zu einer Art Gedächtnisgottesdienst ohne Pfarrer, aber mit einer Lesung aus den Schriften Spittas. Was Haushaltsführung und Erziehung betraf, brauchte sich der Vater um nichts zu kümmern. Die Kinder sahen in ihr eine zweite Mutter, das Personal die Vorgesetzte.

Wenn sie im letzten Satz der Aufzeichnungen über die Italienreise davon spricht, es beginne für sie ein »neuer Lebensabschnitt«, so denkt sie nur an die neuen Pflichten, denen sie sich gewachsen fühlen muß und denen sie auf bewunderungswürdige Weise gewachsen gewesen ist. Deren Erfüllung, die aus der »Hausdame«, die »Madame« zu ihren Einkäufen begleitet hatte, Tante Auguste werden ließ, war zum Inhalt ihres Lebens geworden.

Am 31. Oktober 1854 ging Vater Vidal mit den Kindern, Tante Auguste und Anna aus Ottensen, die Doris aus Lüneburg ersetzt hatte, wieder auf eine lange Reise. Sie bestiegen zu später Stunde den Dampfer »Countesse of Losdale«. Der Mond schien, Adolpho rief, wir nehmen den Mond mit, hier können sie sich einen neuen besorgen. Eine Dame aus der näheren Bekanntschaft, Juliane Wilmans, Frau eines in Bremen geborenen Auslandskaufmanns, der schon in Batavia mit der Vidalschen Agentur verbunden gewesen war, machte die Reise nach Madeira mit. Der Hinweis auf sie deutet bereits an, was sie von der Italienreise unterscheidet, abgesehen davon, daß niemand unterwegs starb: Sie dauerte neun Monate, wurde an einem Ort, eben in Funchal, der größten Stadt der Insel, verbracht in der heiteren, sorglosen Geselligkeit einer ganzen Kolonie reicher, befreundeter Familien. Sie alle waren irgendwie verwandt mit Bürgermeistern und Senatoren oder selbst mit dem politischen Machtzentrum Hamburgs verbunden wie auch die Vidals. Die engste Beziehung bestand zu den Hasches. George Hasche war Konsul in Funchal gewesen, hatte Maria de Cairos geheiratet, auf Madeira geboren, gleich allen ihren Kindern.

Es ist dieser gesellschaftliche Hintergrund, zu dem gehört, daß die Verbindung zwischen Madeira und Hamburg mit firmeneigenen Schiffen unterhalten wurde, der mich veranlaßt, auch aus diesem zweiten Reisetagebuch Auguste Werlichs zu zitieren. In ihm hat sich der Ton, in dem die Verfasserin schrieb, verändert. Aus dem vollständigen Text, vielleicht nicht so deutlich aus den folgenden Zitaten, geht hervor, daß nicht mehr eine Angestellte, sondern eine selbständig disponierende Verwalterin und Erzieherin die Feder führt. Was sie aufzeichnet, hat auf eine allgemeinere Weise als die Aufzeichnungen aus Italien den Charakter eines Kulturdokumentes.

Der Dampfer, der die Vidals von London nach Madeira bringt,

»ist so geräumig, daß man auf dem großen Vorplatz, von dessen beiden Seiten die Kajüten-Appartements abgehen, ganz vergißt, daß man auf einem Schiff ist. Unsere vier Kajüten sind wie eine kleine abgeschlossene Etage. Sie liegen zu beiden Seiten des Ganges, der durch eine Tür von dem Hauptvorplatz getrennt ist. Anna und ich werden mit Adolpho zusammen wohnen, Malvina und Olga uns gegenüber.«

In Funchal mietet Herr Vidal wieder eine luxuriös eingerichtete Villa hoch über Stadt und Hafen, die »Quinta dos Santos«. Frau Werlich wird von Enheimischen angeredet, die auf eine Anstellung hoffen.

Ein Tagesplan wird aufgestellt, mit festen Unterrichtsstunden für die Kinder. Der Sprachlehrer Rodrigues Cascalho, der geläufig Französisch spricht, wird engagiert und erkundigt sich, »ob wir nur oberflächlich das Nötigste für den täglichen Gebrauch lernen oder uns gründlicher mit der Sprache beschäftigen wollten. Ich erkläre mich selbstverständlich für das Letztere.«

Man erwartet im Januar die »Daniel Roß« auf der Fahrt nach Australien. Für die Proviantierung des Schiffes kauft der Eigner einen ganzen Ochsen, vier Dutzend Hühner, 150 Pfund Fleisch, Gemüse, Früchte, Brot, alles in allem für 150 Dollar, »aber das verschlägt wenig für die vielen Menschen an Bord. Täglich muss Kapitän Kessel 160 Pfund Fleisch für die Zwischendeckpassagiere auswiegen lassen.« Ende April kehrt ein anderer Segler der Vidalschen Reederei, die Brigg »Elisabeth Roß«, von einer Mittelmeerreise nach Hamburg zurück, wo sie »nach Herrn Vidals Anweisungen« eingerichtet wird, um die Familie abzuholen. Am 31. Mai wirft die Brigg vor Madeira Anker.

Sie bringt einen Sack voll Post, darunter einen Artikel aus der Zeitung »Der Freischütz«, in dem vom Schiff geschrieben wird, es sei aus Mahagoni und habe silberne Beschläge. Da Herr Vidal das Stampfen der Maschinen auf einem Dampfer nicht vertrüge, lasse er sich jetzt nach einer Reise von drei Jahren mit seinen elf Kindern von der »Elisabeth Roß« abholen, um nun auch noch alle wichtigen Mittelmeerhäfen zu besuchen. Der Artikel macht bei den Hamburgern die Runde, der amüsierte Vater wird gefragt, wo er die bisher unterschlagenen fünf Kinder so lange versteckt habe.

Er hatte veranlaßt, daß das Schiff eine Kiste mit Spielsachen für die Kinder der Hasches mitbrachte. Sie wurde vom Hafen auf einer »Schleife« den Berg hinaufgeschleppt, einem schlitten-artigen, räderlosen Gefährt, mit dem in den steilen Straßen alle Lasten transportiert wurden. Im Hause der Hasches bat Herr Vidal, ihm den »Saal« für eine Viertelstunde zu überlassen. Mit Tante Auguste baute er die Geschenke auf, und auf ein Klingel-zeichen durften die Kinder eintreten.

»Für Georgine und Emma stand da eine sehr große, vollstän-dig eingerichtete Küche nebst einem großen wunderschönen Kochherd mit Kupfergeschirr, für Hans ein Omnibus mit vier Schimmeln und dem Namen ›Hans Hasche Pico St. Jao‹ in gol-denen Buchstaben, für Oscar ein Schaukelpferdchen und eine Tanzpuppe. Das war ein Jubel! . . .

Am Freitag, dem 1. Juni ließen wir uns gegen 10 Uhr an Bord rufen. Die noble Einrichtung mit Möbeln aus der Villa in Oth-marschen frappierte mich nicht wenig. Die etwa 180 Tonnen grosse Brigg fährt Ballast. Der ganze Innenraum ist zu einer hüb-schen, freundlichen Wohnung für die Familie eingerichtet wor-den. Der Salon hat eine halbe Tapete, die niedlichen Schlafzim-mer kann man nicht Kajüten nennen.

Der Stewart führte uns in die Speisekammer, wo Würste und Schinken lockend hingen, Blechbüchsen, Kasten, Krüge, Töpfe zahllos aufgestellt waren.

Um fünf Uhr wurden die Anker aufgewunden, es war so windstill, dass von keiner Seekrankheit bei uns die Rede sein konnte. In den Kommoden fanden sich für Olga und Malvina angefangene Stramin- und Häkelarbeiten, Bücher für gross und klein in Menge, Gesellschaftsspiele, Bilderbogen zum Aus-schneiden und ein grosses Buch mit blauem Papier, um das Aus-geschnittene einzukleben. Auch der Gummi war nicht verges-sen. In der Speisekammer fand sich eine Riesentorte, in der allerlei Geschenke verborgen waren.«

Die Rückreise dauerte mit mehreren Zwischenaufenthalten eineinhalb Monate. Im Hafen von Cádiz blieb die »Elisabeth Roß« fünf Tage liegen; mit einem Dampfer wurde Sevilla be-sucht, dort Spaniens größte Tabakfabrik besichtigt, in der angeb-lich das Urbild der Carmen gearbeitet haben soll. Nächst dem

Escorial bei Madrid, für den Philipp II. 1563 den Bauauftrag erteilt hatte, war die Tabakfabrik das größte Gebäude Spaniens und ist es noch immer. Hier wurde das Geld verdient, in Madrid wurde es ausgegeben. Seinerzeit war das ganze Areal mitten in der Stadt von tiefen Gräben umgeben, um die Kontrolle der Arbeiter zu erleichtern, zusammen mit vier Meter hohen Eisengittern. Für die Vidals war es auf beiden Reisen, in Italien und nach Madeira, die einzige Berührung mit der Arbeitswelt.

»Sonnabend, 16.6.

Die Tabakfabrik ist Regierungseigentum. Hier, wie auf Madeira, hat sich die Regierung das Tabakmonopol vorbehalten. Das ist der Grund, weshalb keine gute Ware geliefert wird. Die echten Raucher sehen sich nach Contrebande um. Die Fabrik kam mir wie ein Ameisenhaufen vor; sie beschäftigt 5000 Personen, darunter 4000 Frauen.

In den unteren Räumen arbeiten die Männer; Pferde gehen in Stampfmühlen, Maschinen hacken den Schnupftabak oder schneiden den Tabak für die Papierzigarren. Männer klauben die Stempel aus oder machen den Rolltabak; kurz, es ist eine Atmosphäre zum Umkommen. Dabei flog uns der Rapp in die Nase; wir mußten beständig räuspern, niesen und husten. Was aber war das gegen die Strapaze des ohrenerschütternden Gesausters, welches uns in der oberen Etage empfing, wo 4000 weibliche Arbeiterinnen Tabak rollten. In dieser erstickenden Tabaksluft waren viele hundert kleine Kinder von dem zartesten Alter, die teils schlafend neben den arbeitenden Müttern lagen, teils um sie herumkrabbelten. Der ganze Hausstand scheint in die Fabrik übergesiedelt zu sein. Die etwas grösseren Kinder erhalten gelegentlich Anweisung im Zigarrendrehen. Die Arbeitszeit ist von sieben Uhr morgens bis sechs Uhr abends, die Mahlzeiten werden hastig dazwischen eingenommen. Die Bezahlung geht stückweise; manche Männer bringen es täglich auf 1200 Stück. Abends beim Austritt aus der Fabrik muß jeder Arbeiter, jede Arbeiterin und jedes Kind sich entkleiden, um sich genau untersuchen zu lassen.«

Auch Tanger wurde besucht. So ganz unrecht hatte der »Freischütz« nicht, wenn er schrieb, Herr Vidal wolle wichtige Mittelmeerhäfen besuchen. »Die Kinder lernen stückweise eine

Nächst dem Escorial ist die ehemalige Tabakfabrik in Sevilla,
heute Universität, Spaniens größter
Profanbau. Die Carmen der Oper
soll hier Arbeiterin gewesen sein.

nichtdeutsche Welt kennen, in der sie sich als Erwachsene werden zurechtfinden müssen«, notierte Tante Auguste. Der Atlan-
tik und der Kanal meinten es gnädig, größere Stürme hatte die
Brigg nicht zu bestehen. Am 17. Juli segelte sie elbeaufwärts.
»Sie bewährte sich, wir kamen vielen Schiffen zuvor und sau-
sten den Strom hinauf. Das war ein Gefühl, als wir vom Verdeck
nach den lieben, bekannten Ufern hinüberblickten! Bei Blanke-
nese, bei Nienstedten, Teufelsbrück und Othmarschen ließ Herr
Vidal Kanonen lösen, um seinen Verwandten seine Ankunft zu
verkünden. Um viereinhalb Uhr warfen wir im Angesichte des
Vidalschen Hauses Anker, aber da unsere Betten noch an Bord
sind und überdies erst der Besuch der Zolloffizianten abgewartet
werden muß, ehe wir die Bagage befördern dürfen, so wurde
beschlossen, die Nacht auf dem Schiffe zuzubringen. Es kam
aber sogleich viel Besuch.
Doch nun ist alles totenstill auf dem Schiffe. Ein eigenes Gefühl, die Heimat vor sich zu haben und doch nicht unter ihrem
Dache zu sein. An diesem Abend konnte eine rechte Jubelfreude
bei der Heimkehr nicht in mir aufkommen, denn die Nacht ist
vor mir, in welcher ich vor drei Jahren in Rom am Sterbebette
unserer geliebten Alma stand. Herr Vidal hat das Datum ebenso-
wenig vergessen wie ich, aber an die wehmütigen Gefühle
schließt sich doch auch um so lebhafter der Dank dafür, daß der
himmlische Führer uns diesmal die Fremde hat heiterer sein lassen und jetzt eine glückliche Heimkehr geschenkt hat.«
Nicht nur geschäftliche Interessen, eine angeborene Reiselust
trieb Adolph Eduard Vidal kreuz und quer durch Europa. Der
Firma hat es nicht geschadet. 1861 brechen der Vater, die Söhne
Carl und Adolph, Tochter Malvina, wie immer von Frau Werlich
begleitet, zu einer halbjährigen Reise in die Schweiz, nach
Frankreich und Belgien auf. Adolph ist jetzt elf Jahre alt, führt

sein eigenes Tagebuch, in das er Stahlstiche einklebt, auf denen er die Hotels, Stadtansichten, Kirchen, Denkmäler, die er gesehen hat, einklebt. Dazu gehören auch das Straßburger Münster und der Kölner Dom. »Im Laden von Jean Maria Farina, wo wir Eau de Cologne kauften, sahen wir das Modell des vollendeten Domes.« In Paris fährt Napoleon III. in einem einfachen Zweispanner an ihnen vorüber. »Er war ungefähr gekleidet wie Papa und fuhr selbst. Als wir die Hüte abnahmen, erwiderte er den Gruss sehr freundlich.« Auf dem Père-Lachaise zeigt ihnen der Friedhofswärter das Grab eines Vidals, der »durch Handel mit altem Kupfer und Eisen reich geworden ist«.

Adolph stirbt mit 29 Jahren, der Vater hat nach dieser Reise nur noch vier Jahre vor sich.

Nach dem Tod Adolph Eduards wurde dessen Sohn Oscar Teilhaber der Firma Roß-Vidal. Sie machte weiterhin gute Geschäfte, die Werft wurde eingestellt, die Zeit der Segelschiffe war vorbei. Um 1880 unternahm Oscar mit seiner Frau eine längere Reise, die Lust dazu schien er vom Vater geerbt zu haben. Geschäftlichen Zwecken diente sie nicht. In diesen Monaten ließ sich der bisher klug operierende Daniel Roß auf ein Spekulationsgeschäft mit Kaffee ein, das schiefging. Der Verlust war so groß, daß die Chefs nach Oscars Rückkehr beschlossen, die Firma zu liquidieren. Eine Bankrotterklärung konnte vermieden werden, die Privatvermögen überdauerten das Ende des Roß-Vidal-Unternehmens.

In dieser Situation bewährte sich Oscar. Mit radikaler Sparsamkeit baute er die Kohlenhandelsfirma O. Vidal auf. Im internationalen Im- und Export spielte die Familie keine Rolle mehr. Zu den bereits vor der Liquidation ausbezahlten Kindern der beiden Familien gehörten Malvina Vidal und Jeanette Roß. Jene heiratete, wie schon erwähnt, meinen Großvater Kuby, diese errichtete, unverheiratet geblieben, eine Familienstiftung, der sie ein Jahr vor ihrem Tod die endgültige Form in einem gedruckten »Statut« gab. Ihre Ehelosigkeit, worauf immer sie zurückzuführen gewesen sein mag, hatte sie bestimmt, Maßnahmen für die Versorgung von künftig unverheiratet bleibenden Töchtern aus den Familien Roß und Vidal zu treffen. Ihnen sollte die Stiftung zugute kommen »rücksichtlich ihrer Respectabilität und

Moral«. Außerdem verfügte die Stifterin: Würde das Kapital mit Zins und Zinseszinsen über zwei Millionen Mark anwachsen, so dürften auch »tugendhafte Jungfrauen der höheren Stände«, die nicht zu einer der beiden Familien gehörten, mit Zuwendungen von 300 bis 700 Mark monatlich bedacht werden.

Es hat nicht sollen sein, daß sich die zwei Millionen Goldmark in ein paar hundert Millionen DM verwandelten. Die Stiftung überstand den Zweiten Weltkrieg nicht.

3

Die Süßkinds

Zu Dobel, einem Örtchen in Württemberg, besaß der Großvater meiner Großmutter mütterlicherseits das Gasthaus »Sonne«. Er steht im Gemeinderegister als der Sonnenwirt Johann Heinrich Zeltmann. Sein Sohn Johann Friedrich, im April 1796 geboren, wurde in Cannstadt Pächter des Adlerwirts, dessen Tochter Katharina Weissert er 1824 heiratete. Von den 13 Kindern aus dieser Ehe starben neun im ersten Lebensjahr, mit dem letzten verlor er 1840 auch seine Frau. Noch im selben Jahr ging er eine zweite Ehe mit Justine Friederike Rosine Ruff ein. Mit ihr hatte er zwei Kinder, die Tochter Elise, meine Großmutter, am 6. Dezember 1841 geboren, und drei Jahre später den Sohn Theodor. Beide sind noch in Cannstadt zur Welt gekommen. In einem nicht genau feststellbaren Jahr ist die Familie nach Stuttgart umgezogen – wie denn überhaupt über die Zeltmanns aus der ersten Hälfte des 19. Jahrhunderts außer Namen, Daten und Wohnorten private schriftliche Zeugnisse fehlen.

Das ändert sich mit der Konfirmation der 15jährigen Elise in Stuttgart, an die ein gedichteter »Confirmations-Wunsch« erinnert.

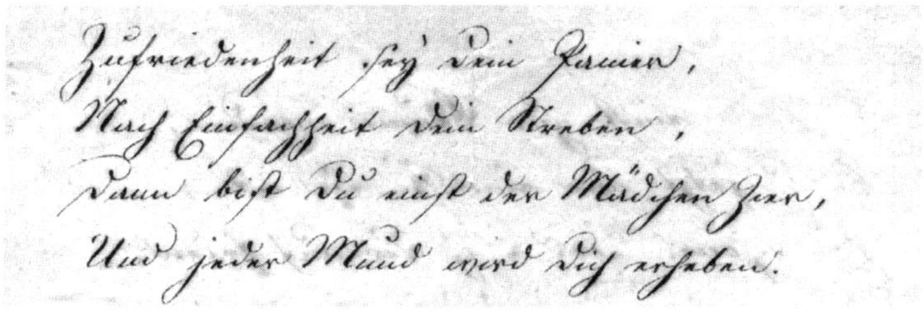

Als Elise 24 Jahre alt war, lernte sie in Nürtingen Louis Süßkind kennen, mit dem sie sich verlobte. Über seine berufliche Laufbahn vor seiner Verheiratung gibt es aus dem Jahr 1888 einen Hinweis im Text einer Bewerbung um eine Stellung. Er gab darin an, er habe eine Banklehrzeit in Augsburg bestanden, sei drei Jahre als Bankangestellter in Italien gewesen, habe anschließend das Angebot angenommen, in Paris in das angesehene Bankinstitut Strauß & Co als Prokurist einzutreten. Als solcher lernte er während einer Urlaubsreise Elise kennen.

Sommer 1866 sollte Hochzeit sein, aber wie die Heirat Adele von Herders hatte aufgeschoben werden müssen, weil der Bräutigam für ein paar Wochen in der Revolution von 1849 verschwand, so wurde der vorgesehene Heiratstermin meiner schwäbischen Großeltern durch Bismarcks Krieg, gegen Österreich, in Frage gestellt.

In großer Aufregung schrieb Elise nach Paris: »Dein Jahrgang wird aufgerufen, du musst kommen und dich melden.« Wäre er diesem Ruf gefolgt, hätte er als Württemberger auf Österreichs Seite in den Krieg ziehen müssen. Er dachte gar nicht daran und schrieb zurück: »Ich melde mich unter keinen Umständen.« Nationale Emotionen waren dem Bankkaufmann fremd. Für Machtinteressen Krieg zu führen, hielt er für kostspieligen Unsinn. Ließe sich nicht alles mit Geld regeln? Daß ihn dann Bismarcks dritter Krieg, gegen Frankreich, die schöne Position in Paris kostete, war erst recht nicht geeignet, in ihm patriotische Gefühle zu entzünden. Die Reichsgründung hat er hingenommen wie Regenwetter.

Die Antwort des Bräutigams hatte Elise in noch größere Unruhe versetzt als der Kriegsausbruch. Sie fürchtete, ein Leben in der Emigration führen zu müssen. Sie schrieb: »Wenn du dich nicht meldest, wirst du als Fahnenflüchtiger angesehen und kannst nie mehr zurück.« So heiß wurde der Brei nicht gegessen. Elise erfuhr, Verheiratete würden nicht eingezogen. Sie telegrafierte: »Komme sofort, wir heiraten.«

»Mein lieber teurer Louis!

Mein Telegramm wird dich noch im Büro angetroffen haben. Ich will dir, mein Guter, mit diesem nur bestätigen, dass unsere Papiere nun alle in Ordnung sind. Um 4 Uhr gestern kam ich vom Dekan zurück, der mir die Versicherung gab, dass gegen die dreimalige [gemeint ist: die dritte, E. K.] Proclamation am nächsten Sonntag kein Hindernis mehr vorläge, und so konnte ich dir also sofort die Nachricht zugehen lassen. Seit gestern bin ich schon sehr beruhigt u. wieder heiter und lebensfroh. Niemand glaubt, dass bis Sonntag der Aufruf deines Jahrganges schon erfolgen werde. Sollte er aber dennoch Samstag Abend unerwartet erfolgen, so würde ich dir augenblicklich telegrafieren, damit du die Reise nicht umsonst machen würdest. Gehe also zur Vorsicht am Samstag zwischen 7 und 8 Uhr noch einmal ins Geschäft u. wenn bis dahin kein Telegramm angekommen ist, so reise beruhigt ab.

Morgen erwartet man den Aufruf weiterer Jahrgänge, aber von viel jüngeren als du.

Die Trauung wird natürlich ohne jemand sonst als gerade die erforderlichen Zeugen vorgenommen werden, und wollen wir unseren Verwandten erst nach derselben die Anzeige machen.

Ich habe sehr Eile, nur noch wenige Minuten bis zur Bahn. Lebe wohl, mein theurer, theurer Louis, sei aufs innigste geküsst von

Deiner Elise.«

Die resolute Elise war 25 Jahre alt. Am 24. Juni 1866 wurde in Stuttgart geheiratet. Kaum getraut, fuhr das Ehepaar nach Paris. Daß ein Krieg im Gange war, scheint es nicht bemerkt zu haben. Die Chefs der Bank gaben dem jungen Paar ein Festessen. Louis hatte bereits eine standesgemäße Wohnung gemietet. Sie gehörte dem Bankier James Mayer de Rothschild, Haupt der Dynastie. Das vorgedruckte, numerierte Formular des Mietvertrages läßt erkennen, daß der Vermieter viele Wohnungen und Häuser in Paris besessen haben muß. Auch der kaiserliche Stempel

Entre les Soussignés:

M^e le Baron James Mayer De Rothschild, Banquier, demeurant à Paris, rue Laffitte, N° 21.

Et Me Louis Süsskind [...] de la maison [...] et Cie, demeurant à Paris [...] Provence N° 29,

a été dit et convenu ce qui suit:

M. le Baron De Rothschild loue par ces présentes à Me Süsskind [...]

Der Mietvertrag, den Louis Süßkind in Paris 1866 mit Baron Rothschild abgeschlossen hat.

(Timbre Imperial) war vorgedruckt, wofür Süßkind 1 F zu bezahlen hatte.

Die Jahresmiete betrug 1000 ffrs, erst ein Vierteljahr nach Einzug in das Haus Bvd. Magenta Nr. 190 waren 250 ffrs fällig. Mit monatlicher Frist konnte der Mieter kündigen oder gekündigt werden. Im Winter durfte Schmutzwasser nicht in die Abflußröhren gegossen werden, weil Gefahr bestand, sie würden einfrieren. Der Diener hatte es in Eimern über die drei Treppen

Louis Süßkind mit seiner ältesten Tochter Agnes, und seine Frau Elise, geb. Zeltman, noch in Paris aufgenommen, bevor die Familie wegen Bismarcks 3. Krieg Frankreich verlassen mußte.

auf die Straße zu tragen und erst dort auszugießen. Ein »animal malfaisant« durfte nicht gehalten werden, und im ganzen hatte sich der Mieter »bourgeoisement« zu benehmen. In zweifacher Ausfertigung unterschrieben, »le Douze avril huit-cent-soixante-six«.

Was den Nachwuchs betraf, wurde keine Zeit verloren. Agnes, die älteste Tochter, kam in Paris am 22. August 1867 zur Welt, Olga am 19. Januar 1870. Agnes war drei, Olga noch ein Baby, als die Familie, über Nacht durch Bismarcks Krieg Nr. 3 zu feindlichen Ausländern geworden, Frankreich verlassen mußte. Bei der Ausweisung ging es human zu. Der Hausrat und alle Vermögenswerte durften mitgenommen werden, auf der Reise über Straßburg nach Stuttgart sahen sich die Süßkinds keinen Belästigungen in Frankreich ausgesetzt. Sie verließen Paris ungern.

Diese »Flüchtlinge« nisteten sich über Jahre bei Verwandten ein, der Familienvater konnte es sich leisten, ohne Stellung und regelmäßiges Einkommen zu sein. Mit Börsengeschäften, schon in Paris auf eigene Rechnung betrieben, hatte er gut verdient.

Er bewarb sich um einige ausgeschriebene Stellungen, aber seine Forderungen hinsichtlich Gehalt, Gewinnbeteiligung und Vollmachten waren so hoch, daß er erst 1874 einen neuen Vertrag schloß. In Erlangen, dem Universitätsstädtchen, in dem der Medizinstudent Wilhelm Kuby zu seiner Frau gekommen war, wurde er kaufmännischer Direktor der Henningschen Export-Brauerei. Er wechselte die Branche, kehrte ins Bankgeschäft nie mehr zurück, wurde nebenbei sozusagen Chef seiner eigenen Bank, betrieb An- und Verkauf seiner Aktien mit Briefen an seine Hausbank, zu der er das grundsolide, erzkonservative Bankhaus Merck, Finck & Co in München machte. Es hat seinen Namen und Ruf unbeschädigt durch Inflationen und Kriege bewahren können. Die Korrespondenz Süßkinds mit seiner Bank liegt lückenlos vor dank des Umstandes, daß sein »Copir-Buch« noch vorhanden ist. Es besteht aus tausend numerierten Seiten saugfähigen Papiers. Heute spucken elektronische Geräte binnen Minuten tausend Kopien aus, das »Copir-Buch« lieferte im Handbetrieb nur eine, aber auch das war ein enormer Fortschritt im Bürobetrieb.

Das Original, mit Tinte geschrieben, wurde unter ein angefeuchtetes Blatt im »Copir-Buch« gelegt, dieses in einer Handpresse leichtem Druck ausgesetzt. Positiv, nicht spiegelbildlich, hielt das Saugpapier die Tintenschrift fest.

Mit Wilhelm Finck unterhielt Süßkind eine persönliche Beziehung, er war ein ebenso angesehener wie schwieriger Kunde. Die Bank war eng liiert mit der »Münchner Rückversicherung«. Süßkind gehörte zu den Gründungsmitgliedern; Aktien der »Münchner Rück« bildeten den Grundstock seines Vermögens und gehörten im Erbe seiner vier Töchter zu den wenigen Werten, die mit der ersten Inflation in den zwanziger Jahren nicht verschwunden sind.

Der Herr Direktor ließ sich die Butter nicht vom Brot nehmen. Am 10. April 1884 schrieb er seiner Bank, er habe »mit Bestürzung die Ausführung über den Courswerth der Antheile der Reichsbank im Hinblick auf deren Verstaatlichung gelesen. Ich habe nun als Antheilseigner erhebliche Bedenken hinsichtlich der Werthminderung dieser Capitalanlage.« Schon sei der Kurs seit längerer Zeit abgebröckelt. Ob ihm die Bank nicht eine Ersatzanlage vorschlagen könne.

»Ich hatte bislang die Auffassung, dass Sie gewissermaßen die Depotbestände ihrer Clientele auch ihrer jeweiligen Werthbeschaffenheit nach im Auge behalten und wenigstens bezüglich jener Papiere, die auf Ihre spezielle Empfehlung hin erworben wurden, eine Art Werthkontrolle führten. Sollte ich mich getäuscht haben!! Ich erbitte Ihre gefl. Rückäußerung.«

Die Bank versuchte ihn zu beruhigen, der Kurseinbruch sei nur als ein vorübergehender anzusehen. Süßkind gab sich damit nicht zufrieden, er schrieb am 28. April:

»Ich gelangte jetzt in den Besitz Ihres Geehrten vom 12. d. Mt. und habe Ihre eingehende Erörterung über Reichsbankantheile mit Interesse gelesen.

Es soll mir lieb sein, wenn sich Ihre Ansicht, dass für dieselben auch wieder bessere Zeiten kommen müssen, verwirklichen wird. Noch lieber aber wäre es mir, wenn sich Gelegenheiten bieten würden, durch vortheilhafte Tauschtransactionen meinen derzeitigen Verlust zu vermindern & werde ich es daher dankbarst anerkennen, wenn Sie mir bei günstiger Conjunctur entsprechende Vorschläge machen wollen.«

Beharrlich reitet er darauf herum, die Bank hätte ihn vor dem Verlust mit den Reichsbank-Anteilen bewahren können, »wenn Sie mir rechtzeitig eine Ersatzanlage vorgeschlagen hätten, die allmählich den Coursverlust auf die Antheile wieder ausgeglichen hätte, die ich auf Ihre mündliche Empfehlung im Januar 1860 erworben habe und dafür den höchsten Cours, der meines Wissens überhaupt je notiert wurde, nämlich 163 3/4, dafür habe anlegen müssen«.

Seine Chefin, Frau Helbig, war die Großzügigkeit in Person und überhäufte die Familie jeweils zu Weihnachten mit kostbaren Geschenken. Darunter befand sich noch im Haushalt meiner Mutter ein Kasten aus rotem Leder, der 24fach Silberbestecke enthielt. Dennoch kam sich Süßkind nach wenigen Jahren als unterbezahlt vor. Ab 1880 machte er sich zunehmend kritischere Gedanken über seine berufliche Situation. An Elises Bruder Theodor, der es in Frankfurt schon weit gebracht hat – mit ihm spricht er am offensten über seine finanziellen Probleme –, schreibt er, er wolle seinen Vertrag geändert haben und »eine Participation am Geschäft mit 1/6tel am Gewinn erreichen, warte aber im Augenblick ruhig ab, weil eventuell eine schriftliche Kündigung durch Frau Helbig erfolgen muß. Da jene sich nie herbeilassen wird, mir zu kündigen, so könnte es sehr leicht der Fall sein, dass ich mich für weitere drei Jahre ganz auf der bisherigen Basis gebunden sehe.«

Nicht nur für drei, für sieben Jahre blieb er mit einem zu seinen Gunsten erheblich modifizierten Vertrag Brauereidirektor in Erlangen. Bei Werner Sombart ist nachzulesen, 1895 habe »die Kerntruppe der Bourgeoisie«, zu der man Louis Süßkind wohl zählen muß, rund 60 000 Personen im Reich umfaßt und 1901 habe es höchstens 90 000 gegeben, die im Jahr mehr als 12 500 Mark verdienten. Etwa drei bis fünf Prozent der Bevölkerung seien Ende des 19. Jahrhunderts der besitzbürgerlichen Klasse zuzurechnen gewesen.

Als er sich um eine in der »Frankfurter Zeitung« ausgeschriebene Stelle bewarb, beanspruchte er »für meinen weiteren Wirkungskreis ein Gehalt von mindestens 10 000 p. a. nebst Tantiemenbezug. Am Fuße dieses finden Sie meine Referenzen zu Ihrer Bedienung.«

Außer mit seinem Schwager Theodor steht er mit seiner Schwester Pauline in einer regen Korrespondenz. Ein an sie gerichteter Brief von Ende 1887 zeigt, daß ein wacher Geschäftsmann in der Provinz, der mehr als die Lokalzeitung las, die Gefahr eines neuen Krieges heraufdämmern sehen konnte, fast dreißig Jahre bevor er ausbrach. Süßkind schrieb:

»In politischer Beziehung sieht es bei uns scheinbar friedlich aus, aber ich für meine Person traue der Sache nur halb. Zunächst beunruhigt die Krankheit des Kronprinzen alle Gemüter [der 1888 nach hundert Tagen auf dem Thron an Kehlkopfkrebs stirbt, sein Nachfolger ist Wilhelm II., E. K.]. Wird er wieder gesund, wird er sterben? That's the question. Sein Tod wäre für das deutsche Reich ein kaum ersetzbarer Verlust, da die anderen Leiter des Reiches, der greise Kaiser, Bismarck, Moltke nach menschlicher Berechnung keine grosse Spanne Zeit vor sich haben. Deutschland, das im Westen und Osten von feindlich gesinnten Ländern umgeben ist, muss auf der Hut sein, dass es nicht eines Tages von den Feinden überrumpelt wird; dass dies früher oder später sein wird, darauf deuten die sich überall steigernden Kriegsrüstungen hin. Ja, es sollte mich gar nicht wundern, wenn der gefürchtete grosse europäische Krieg nächstes Jahr zum Ausbruch käme, was aber Gott verhüten möge!!«

In einem solchen Text, ein politisches Unikat unter den Briefen Süßkinds, tritt einmal mehr der unschuldig schuldige Patriot in seiner Vermischung von Klarsicht und Blindheit vor uns hin. Das Vaterland ist in Gefahr, warum? Ein böser Feind bedroht es! Daß dieser Brief ein Jahr vor der Thronbesteigung Wilhelms II. und vor der Entlassung Bismarcks geschrieben werden konnte, zeigt überdies, daß die Beschwichtigungspolitik des ersten Reichskanzlers schon ins Leere griff und die innenpolitischen Entwicklungen das Klima für eine chauvinistische Reichspolitik nach außen bereits vorbereiteten.

Um die Sicherheit seiner materiellen Verhältnisse brauchte sich der Brauereidirektor keine Sorgen zu machen. Einnahmen und Ausgaben blieben im Jahresdurchschnitt beinahe auf Mark und Pfennig stabil, desgleichen die Zinsen für das angesparte Kapital in Aktien, unter denen ein holländisches Kolonialpapier die höchsten Dividenden brachte. Der treusorgende Familienvater hatte begonnen, auf großen Bogen die privaten Ausgaben eines Jahres zusammenzuschreiben. Die Rubriken waren: Haushalt/ Lohn/Wein/Holz/Kohlen/Gas/Miete und Steuern/Papa(Taschengeld, Garderobe, Cigarren)/Mama/Agnes/Olga/Ella/Geschenke und Almosen/Reisen/Schulgeld und Stunden/Theater/Concerte/Vergnügungen/Diverses(Anschaffungen)/Arzt/ Reparaturen/Schreibmaterial/Porti. Haushalt, Getränke, Löhne: 3968.75 Mark; Miete 1900 Mark; Stunden der Töchter (Violine, Klavier, Gesang): 731 Mark. Die Aufzeichnungen liegen für zwölf Jahre vor, in keinem Jahr überstieg die Endsumme 13000 Mark. Unter »Anschaffungen« bleibt der Ankauf eines Landhauses in Ambach am Starnberger See unerwähnt, er wurde aus dem Vermögen bezahlt, nicht aus dem Gehalt und den Tantiemen.

Zur Anschaulichkeit der privaten Haushaltsführung kann auch ein Inserat beitragen, mit dem Elise Süßkind ein Hausmädchen suchte, als die Familie noch in Erlangen wohnte:

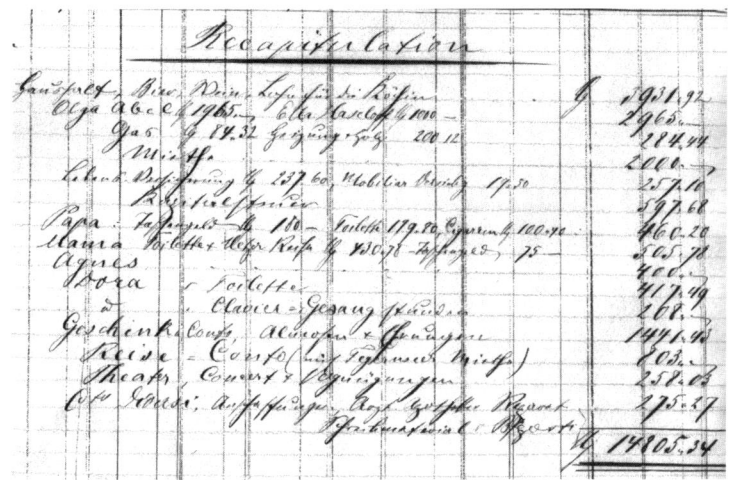

Auf großen Bogen hielt Louis Süßkind handschriftlich seine Jahresausgaben, geordnet nach ihrem Verwendungszweck fest, die 12 000 Goldmark nicht überstiegen. Die Zusammenfassung (»Recapitulation«) nennt die Summen von 1894.

»Für unseren Haushalt sind 2 Mädchen zu viel. Ich brauche somit ein Mädchen, das sich willig jeder Arbeit unterzieht, aber doch ein solches Aussehen hat, dass es auch in den Zimmern verwendet werden kann. Das Mädchen hat in der Woche 3 – 4 mal selbständig zu kochen, die anderen Male meine Töchter, überhaupt wird jede Arbeit miteinander getan. Meine Familie besteht aus meinem Mann, mir und 4 Töchtern, und der Lehrerin für die beiden Jüngsten. Wir bewohnen ein Haus allein und es gibt schon ziemlich zu thun, doch keine schwere Arbeit. Zum Fegen hat das Mädchen Hilfe. 1 Tag in der Woche wird gewaschen. Vor allem sehe ich darauf, dass das Mädchen willig und gehorsam ist. Gute Behandlung und guter Lohn bei Brauchbarkeit wird zugesichert, ebenso Reise frei.«

Die 731 Mark für den Privatunterricht der Töchter erklären sich aus den Erziehungsprinzipien der Mutter. Beide, Louis wie Elise, stammten aus einer unteren Mittelschicht, waren durch das Talent des Mannes, Geld zu machen, emporgestiegen ins Bildungs- und Besitzbürgertum, und nichts weniger wollten sie, als um des Geldes wegen als Neureiche angesehen zu werden. Sie integrierten sich kulturell in der Schicht, in die sie aufgestiegen waren. Für Louis war das weiter nicht schwierig. Als Prokurist eines angesehenen Bankhauses, als Direktor einer bedeutenden Brauerei, hochintelligent, mehrerer Sprachen kundig, genoß er ein soziales Ansehen, dessen Voraussetzung zwar sein Wohlstand war – von Reichtum zu sprechen wie bei den Vidals wäre übertrieben –, aber nicht die alleinige Legitimation seiner gesellschaftlichen Stellung. Den »hochwohlgeborenen Herrn Direktor« fragte niemand, wo er herkomme.

Für die Frau bedeuteten zwar die Ehe mit diesem Bürger comme il faut und ihre Persönlichkeit, die sozusagen ihr Heiratsgut gewesen war, die Garantie, gesellschaftlich als diejenige angesehen zu werden, zu der sie bereits in Paris geworden war, also eine Madame, aber sie war sich darüber klar, daß die Anerkennung ihres sozialen Status der Absicherung durch den ihrer Kinder bedurfte, die sich in ihrem gehobenen sozialen Milieu bewegen sollten wie der Fisch im Wasser.

Wozu Elise vier Söhne gezwungen hätte, um nicht zu sagen verurteilt, darf als sicher angenommen werden: Abitur, Studium in verschiedenen Disziplinen, Staatsexamen für den einen oder anderen, eine Karriere als Beamter oder in der Diplomatie. Mit weniger hätte sich Elise nicht zufriedengegeben. Diese Söhne hatten das Glück, nicht geboren worden zu sein von dieser Mutter. Statt dessen vier Töchter, die, mit einer stattlichen Mitgift ausgestattet, auch dann von karrierebewußten Männern geheiratet worden wären, wenn sie nichts weiter gekonnt hätten als ein bißchen Französisch oder Englisch, ein bißchen Malen oder Klavierspielen, gut kochen und den Haushalt führen. Ja, es sollte sich erweisen, daß es leichter gewesen wäre, sie angemessen zu verheiraten, hätten sie nur die Standardfrauenerziehung jener Zeit genossen für Küche und Kinder. Auf Kirche wurde bereits weniger Wert gelegt, im Hause Süßkind überhaupt keiner. Die Töchter wurden konfirmiert, das gehörte sich so, unwahrscheinlich, daß sie hernach noch jemals eine Kirche betreten haben, sei denn in Italien zwecks Kunstgenuß.

Das Heranzüchten von dummen Gänsen lag Elise Süßkind fern. Die Töchter sollten nicht erst durch ihre Heiraten und dank ihrer Herkunft zur »gnädigen Frau« werden, sondern als gleichberechtigte Partner in ihre Ehen gehen. Insoweit war die Mutter eine Frauenrechtlerin, geradezu verbissen in die Vorstellung, aus ihren Töchtern müsse sie geistig-kulturelle Musterexemplare machen. Gleichzeitig hielt sie an dem Frauenbild fest, das sie selbst verkörperte: Es schloß eine selbständige berufliche Lebensgestaltung als nicht standesgemäß aus, bedeutete letztlich doch die Reduktion auf Küche und Kinder, auch wenn im Salon ein Flügel stand und hinter Glas eine Bibliothek. Auf die Frage, wofür denn ihre Töchter all das lernen mußten, wozu sie sie zwang, hätte sie keine Antwort gewußt, denn die einzig ehrliche wäre ihr nicht über die Lippen gekommen: zur Befriedigung ihres eigenen gesellschaftlichen Ehrgeizes. Diese Töchter hätten nur etwas Besseres als ihre Mutter werden können durch eine berufliche Verwertung der ihnen anerzogenen Kenntnisse und Fähigkeiten. Weil aber diese Mutter ihren Töchtern keine Perspektive zeigte, die ihrer Erziehung einen konkreten, als Beruf sozial zu verwirklichenden Sinn gegeben hätte, mußte die Ausbildung zur Dressur werden. Die Töchter unterwarfen sich ihrem Diktat, weil ihnen nichts anderes übrigblieb, und wurden damit zunehmend schwerer auf dem Heiratsmarkt verkäuflich.

Das aber war das Programm: am Montag englisch, am Dienstag französisch, am Mittwoch italienisch sprechen, und wer an diesen Tagen ins Deutsche verfiel, hatte Strafe zu gewärtigen. Die Lehrerinnen kamen ins Haus. Ferner: Jede Tochter hatte sich musikalisch bis zur Konzertreife auszubilden: Agnes Klavier, Olga Geige, Dora Gesang. Nur Ella verweigerte in diesem Punkt rundheraus den Gehorsam. In der Musik konnte dieses Ziel nur mit den besten Lehrern erreicht werden. Agnes wurde für ein ganzes Jahr an das Stuttgarter Konservatorium geschickt, weil dort der ebenso angesehene wie bei seinen Schülern verhaßte Professor Lebert die Klavier-Meisterklasse unter sich hatte.

1883 beginnt Agnes ihr privates Tagebuch-Protokoll, führt es mit Unterbrechungen bis 1888 fort, also zwischen ihrem 16. und 21. Lebensjahr. Nachdem sie sich in Stuttgart auch Stenographie angeeignet hatte, fing sie an, Worte wie Liebe, Herz, Heirat, Verzweiflung zu stenographieren.

Auf Hunderten von Seiten toben Stürme im Wasserglas, wird

die tyrannische Mutter, »die der Vater gegen mich aufhetzte«, mal geliebt, mal gehaßt.

»Abends zehn Uhr. Im Garten warf ich einen Blick zum wundervollen Sternenhimmel und bat: ach lieber Gott, wenn Du ihn mir schenken willst, dann laß eine Sternschnuppe fallen. In diesem Augenblick schoss eine solche in großem Bogen von Osten nach Westen, prachtvoll, hell, groß und glänzend, ließ sie einen leuchtenden Streifen hinter sich wie ein Comet. Es ist lächerlich, dass ich diesen Aberglauben habe, aber er ist ein so schöner, kindlicher.«

14 Tage später:

»Und nun, und nun? Schon wieder Geburtstag [22.8.], und ich bin nicht enttäuscht worden. Ich habe seine liebe Gratulation in Händen: Tausend Dank, mein Hermann, ach dürfte ich Dir sagen, wie ich mich gefreut habe, aber das darf ich nicht, wenigstens jetzt nicht – sicher aber später. Das Helldunkel, in dem ich meine Zukunft vor mir sehe, ist schön und anziehend. Noch lange diese Ungewissheit, wo es mir noch vergönnt ist zu träumen.«

Zwei Monate später:

»Nun bin ich so unsäglich unglücklich. Er meidet unser Haus absichtlich, das merkt man gut. Ach, sie sind doch alle gleich schlecht, diese Männer, diesmal glaubte ich eine Ausnahme gefunden zu haben, nein, der schändliche Mensch. Oh wäre ich ein Mann, mir stünde die ganze Welt offen. Oder hätte ich als Mädchen nicht das Herz, das ich habe, es bringt mich um.«

Sieben Monate später (10. Juli 1886):

»Für mich ist Jugend, Hoffnung und Frohsinn für immer vorbei. Es war ein kurzer, kurzer Traum. Wenn ich vielleicht vergangenen Winter etwas übermütig war, so bin ich jetzt bitter und schrecklich bestraft.«

Das in Stuttgart begonnene Tagebuch endet mit diesen Zeilen. Das nächste, Geschenk einer Freundin, wird erst 1887 in Paris begonnen. Dort wohnte Agnes bei den Fischers, reichen Verwandten, die ein großes Haus führten. In Begleitung ihrer Vettern genoß sie die Stadt. Auch im darauffolgenden Jahr reiste sie wieder nach Paris. Ihr Bericht von einem Junisonntag, von einem Ausflug nach Vincennes:

»Ungeheure Menschenmassen, ouvriers & Bourgeois, Kind und Kegel, ja fast schien es mit der halben Haushaltung; sie lagen im Grünen, machten Spiele oder schliefen in der Sonne. Alles wurde so ungeniert betrieben als wären sie in ihren eigenen 4 Wänden. Mir hat diese Art, den Sonntag zu geniessen, ausgezeichnet gefallen. Wo kennt man ähnliches in unserem nüchternen Deutschland? Wer weiss, ob es nicht besser um die niederen Klassen der Bevölkerung bei uns stünde, wenn sie an einem derartigen Sonntagsvergnügen mit der ganzen Familie, jung und alt, Geschmack fänden, anstatt dass der Mann sein Geld im Wirtshaus vertrinkt und Weib und Kind zu Hause sitzen lässt, ängstlich der Stunde wartend, wo jener, wie gewöhnlich betrunken und seiner Sinne nicht mehr mächtig, zurückkommen wird!«

Agnes genießt das Leben in der Metropole, die ihr von ihrer luxuriösen Schauseite her präsentiert wird. Für Opernbesuche mietet Herr Fischer teure Logen.

In Erlangen nehmen die Mißhelligkeiten zu, die Mutter hält sie für störrisch und erkennt nicht, warum sich immer wieder einer der schmucken Verehrer ihrer ältesten Tochter davonmacht. Trugen sie mit ihrer Reserveleutnantsuniform auch den Schutzanzug ihrer abenteuerlichen Unwissenheit, dank der diese dressierten Gimpel im Stechschritt Verdun zumarschierten, so begriffen sie doch immerhin, daß ein Leben mit dieser von den Verheißungen der anbrechenden Moderne vergifteten jungen Frau, die Beethovens op. III spielen konnte und Nietzsche las, allzu mühsam werden würde. Sie sahen eine Häuslichkeit vor sich, in der sie sich degradiert vorgekommen wären. Wohingegen Agnes ein Leben von tödlicher Langeweile vor sich sah. Sie war zu gescheit, um anzunehmen, Verliebtheit sei ein solides Fundament für eine Lebensgemeinschaft. Agnes feierte ihren zwanzigsten Geburtstag, und der Herr Brauereidirektor machte sich zunehmend sorgenvolle Gedanken, wie er dieses schwierigste seiner Kinder an den Mann bringen könne. Mit vier Töchtern war zu viel Ware hereingekommen, und gerade deshalb, weil sie ausnehmend gebildete Geschöpfe waren, blieben die Heiratsanträge aus.

Agnes war von ihrem zweiten Paris-Aufenthalt seit einigen Monaten wieder in Erlangen zurück – das bald zu verlassen und mit München zu vertauschen schon beschlossene Sache war –, als der Vater in der »Kölnischen Zeitung« (Abendausgabe) vom Dienstag, dem 22. November nicht nur »Vorschläge zur Abänderung des Gesetzes betreffend die Krankenversicherung der Arbeiter vom 15. Juni 1883« las; nicht nur: »Herzog Johann Albrecht von Mecklenburg und Gemahlin sind zum Besuch des Großherzogs von Weimar eingetroffen« – er überflog auch die Anzeigen, überlegte wieder, ob er sich eine neue Stellung suchen solle (das wird er nicht tun), und blieb an folgendem Inserat hängen:

Das Inserat übte eine suggestive Wirkung auf ihn aus. Vor Überraschungen sicher, schrieb er in seinem Büro unter »D 76 an

die Expedition d. Bl.« folgenden Brief. Dessen vorliegende Abschrift von des Verfassers Hand ist es wert, in voller Länge zitiert zu werden als ein Kondensat bürgerlicher Befindlichkeit im 19. Jahrhundert:

»Als dieser Tage mein Blick zufällig auf Ihr Inserat in Nr. 324 der Köln. Zeitung fiel und ich dasselbe gelesen, musste ich mich unwillkürlich fragen, geziemt es sich für den gebildeten und gut situierten Vater einer heiratsfähigen Tochter einer Fremdwerbung dieser Art Beachtung zu schenken. Und doch, wenn ich die Schwierigkeiten ins Auge fasse, welchen man heutzutage begegnet um eine angemessene, ausserhalb des engen Rahmens einer kl. Provinzstadt liegende Familienverbindung anzuknüpfen, so kann ich mir nicht verhehlen, dass Ihr Inserat etwas Bestechendes hat, wofern aufrichtig gemeint, mag dasselbe immerhin als Entschuldigung für mein Vorgehen dienen.

Doch zur Sache: ich werde mich und meine Familie Ihnen zunächst vorzustellen haben. Meine Frau stammt aus Schwaben und ist evangelisch. Wir haben 4 Kinder, nur Töchter, wovon die älteste im verflossenen Sommer das 20. Jahr erreichte und diese ist es auch, welche für Ihren Neffen in Betracht käme.

Wir waren bis 1870 in Paris ansässig, wo auch meine beiden ältesten Töchter geboren sind. Nach dem Krieg habe ich mich hier niedergelassen und stand 15 Jahre an der Spitze eines industriellen Unternehmens. Unsere verwandtschaftlichen Beziehungen reichen nach Württemberg, Frankfurt und Cöln, unterhalten wir namentlich mit frankfurter Verwandten regen Verkehr, die in glänzenden Verhältnissen leben. Gottseidank erfreuen sich unsere Kinder der besten Gesundheit.

Was nun meine älteste Tochter anbelangt – diese muss Sie vorzugsweise interessieren – so ist dieselbe eine lebhafte, ziemlich hübsche Brünette mit blauen Augen, von mittlerer Grösse, grazieller Figur, die einem Mann wohl zu gefallen mag. Allein mit ihren inneren Vorzügen treten die körperlichen Reize in den Hintergrund. Ich darf ohne zu übertreiben wohl behaupten, dass man weit und breit suchen kann, bis man ein Mädchen ihresgleichen findet. Wie sie als kleines Mädchen stets die erste in ihrer Klasse war, so ist sie auch heute noch bestrebt, ihre hervorragenden Geistesgaben und Talente zur Geltung zu bringen.

Ich habe das Glück eine ausgezeichnete Frau zu besitzen, die unseren Töchtern in allem als treffliches Vorbild dienen konnte. Eine gediegene sorgfältige Erziehung der Töchter ist zu jeder Zeit ihre Hauptsorge gewesen.

Die Älteste spricht geläufig französisch und englisch, besitzt eine gar nicht gewöhnliche musikalische Ausbildung und verfügt über eine vorangeschrittene Technik auf dem Klavier. Dabei hat meine Frau auch dafür Sorge getragen, dass neben Musik und

Sprachen der Haushalt und was sonst eine praktische deutsche Hausfrau verstehen muss, nicht vernachlässigt wurde. Wenn es Noth thut, so bindet meine Älteste die Küchenschürze um und weiss ein ebenso delikates Mahl wie leckere Torten – worin die schwäbische Hausfrau bekanntlich excelliert – zu bereiten wie die beste Köchin. Sie ist sparsamen häuslichen Sinnes und nicht übertrieben putzsüchtig, wie junge Mädchen oft weit über ihre Verhältnisse sind. Kurz, meine Älteste würde ebensogut als einfache bürgerliche Hausfrau ihren Platz ausfüllen wie sie auch dem feinsten Salon zur Zierde gereichen würde.

Über die Höhe der Mitgift möchte ich vorerst keine ziffernmässigen Angaben machen, glaube aber, dass die pekuniäre Frage, wie Sie im Inserat durchblicken lassen, keine Hauptrolle spielt, und wir uns in diesem Punkt voraussichtlich leicht einigen würden. Sind Sie, oder vielmehr ist Ihr Neffe auf diese vorläufigen Mitteilungen hin geneigt, mit mir in Correspondenz zu treten, so bitte ich um eine ebenso eingehende Darlegung der jenseitigen Verhältnisse. Ich muss noch betonen, dass meine Damen keine Ahnung von diesem Schritt haben, und sollte klar geworden sein, den Plan einer Familienverbindung ernstlich zu betreiben, so müsste die persönliche Bekanntschaft als eine ganz zufällige inszeniert werden. Wie dies zu ermöglichen wäre, darüber lässt sich wohl eine Vereinbarung treffen. Aber auch dann sind noch nicht alle Schwierigkeiten beseitigt, denn da muss sich erst zeigen, ob gegenseitige Neigung vorhanden ist. Die Versicherung kann ich übrigens geben, dass bei meinen Töchtern noch keinerlei Herzenswünsche bestehen, was also immerhin Chancen bietet.

Ich erwarte Ihre gefällige Rückäusserung bis spätestens Sonnabend unter Ziffer I S 20 postlagernd Erlangen. Es dürfte, falls Ihnen weitere Correspondenz angezeigt erschiene, ein Austausch der beiden Photographien am Platze sein. Discretion in jedem Falle ist Ehrensache!«

Die Antwort des inserierenden Onkels scheint nicht aufbewahrt worden zu sein, der Vater dürfte befürchtet haben, sie könnte in die falschen Hände kommen.

In Agnes' Tagebuch sind elf Seiten leer geblieben, erst 1888 vertraute sie sich ihm wieder an. Ein junger Wissenschaftler, der sich in Königsberg habilitieren will, machte endlich den von den Eltern ersehnten Heiratsantrag. Die große Liebe auf den ersten Blick war es nicht.

»Eben habe ich mich mit Dr. Behrends verlobt. Nun steht es hier schwarz auf weiss und sieht mich ganz komisch an. Und doch ist es wahr. Wer mir das gestern früh gesagt hätte! Dass er mich gern hat, habe ich schon den ganzen Winter gemerkt, aber dass er so schnell und plötzlich vorgehen würde, hätte ich mir nicht träumen lassen. Ich dachte, er würde vor seiner Abreise an Weihnachten etwas sagen – und nun kam er auf einmal gestern um zwölf Uhr und bat Mama um eine Unterredung, worin er sie frug, ob sie erlaube, dass er mit mir spreche, er könne die Ungewissheit nicht mehr aushalten, er müsse wissen, woran er sei. Mama forderte ihn auf, heute um 11 Uhr zu kommen und sich selbst die Antwort bei mir zu holen. Dann sagte sie es mir und Papa. Ich wusste gleich, was ich zu tun hatte, aber Papa war zuerst sehr böse, er wollte nichts davon wissen, weil er noch keine Stellung hat und es auch noch einige Zeit dauern kann. Da habe ich erst recht wieder den Segen empfunden, den wir an Mama haben, wie hat sie es wieder verstanden, Papa nach und nach zum guten zu reden, sodass ich ziemlich ruhig Dr. B.s Besuch heute entgegensehen konnte. Was er mir dann unter vier Augen sagte, brauche ich nicht zu schreiben, so etwas vergisst man ein Leben lang nicht.

Eine derartige Zuneigung ist vielleicht vielversprechender und dauerhafter als die grösste Leidenschaftlichkeit. Und er, nun, er betet mich einfach an, ich hätte es nie und nimmer für möglich gehalten, ein solches Gefühl wecken zu können. Er ist so lieb und gut – wie danke ich dir, du lieber Gott!«

Was so beginnt, eine Tragödie zu nennen wäre übertrieben, eher wurde es eine Tragikomödie. Binnen Jahresfrist werden Dr. Gerhard Behrends und Agnes Süßkind getraut und ziehen ins ferne Königsberg. Er ist Zoologe, sein Spezialgebiet sind Fische. Mit Agnes' Geld wird eine standesgemäße Wohnung eingerichtet. Dank ihres Temperaments, ihrer Weltläufigkeit, ihres Klavierspiels – mit dem sie sich in Konzerten öffentlich hätte hören lassen können, aber nicht hören ließ – wird die in Paris geborene Wahlbayerin mit württembergischen Eltern (die die lange Reise scheuten und sich in Ostpreußen nie haben sehen lassen) im sterbenslangweiligen Königsberg rasch zum umschwärmten Mittelpunkt eines akademischen Freundeskreises, in dem Ärzte und Professoren der Universität den Ton angeben. Zwei Jahre lang schien alles in Ordnung zu sein.

Es sind die einzigen im Leben dieser Frau, die 82 Jahre alt geworden ist, von denen angenommen werden darf, sie habe das Bett mit einem Mann geteilt. Es ist zu vermuten, sie sei auch darin die Bestimmende gewesen. Bekundungen darüber ihrerseits gibt es nicht. War dem so, so ist aus ihrer Lebensführung nach Königsberg zu schließen, sie sei zwar eine Virtuosin in Sachen Freundschaft gewesen, der intellektuellen, vorwiegend literarischen Kontakte, aber den Freuden des Sex wenig zugetan. Aber daran ist diese Ehe nicht gescheitert.

Behrends verlor seine Stellung am Fischerei-Institut, seine Habilitationsschrift wurde nicht angenommen. Ob er allein damit seine Frau verloren hätte, bleibe dahingestellt. Er verlor sie, weil er nicht den Mut hatte, ihr seine Niederlagen einzugestehen, und er konnte sich dazu nicht durchringen aus Angst, sie zu verlieren. Daß er dem Beispiel seiner Vorgänger nicht gefolgt war und rechtzeitig Fersengeld gegeben hatte, erklärt sich aus den Umständen des Scheiterns seiner Ehe: Er brauchte eine starke Frau neben sich, um überhaupt ein bürgerliches Leben führen zu können. Ihn hatte seine Schwäche nicht von ihr fort-, sie hat ihn zu ihr hingetrieben. Indem er sie vergötterte, vor ihr kniete, hoffte er, sie halten zu können, und tatsächlich hatte er sie damit sowohl gewonnen wie unabsichtlich getäuscht. Eine Frau hatte zu heiraten, so dachte Agnes, als sie sich verlobte, und so dachten die Eltern. Dieses schwierige Kind war endlich unter die Haube gebracht worden, an einen Mann, der nicht davonlief.

War Behrends nach seiner Kündigung zur gewohnten Zeit aus dem Haus gegangen, so nur, um sich ziellos stundenlang herumzudrücken, den Eindruck erweckend, er habe die Zeit am Schreibtisch und im Labor des Instituts verbracht. Das konnte im kleinen Königsberg nicht lange verborgen bleiben. Die Täuschung ließ sich nur ein paar Wochen aufrechterhalten. Wie Agnes reagierte, als ihr von einem Bekannten die Augen geöffnet wurden, macht es unwahrscheinlich, der Bedauernswerte hätte seine Ehe mit einem aufrichtigen Bekenntnis noch retten können. Ohne Abschied verschwand sie, als einziges Gepäck ein Handkoffer, via Berlin nach München.

Sie ersparte ihm jeden Vorwurf, indem sie verstummte. Wie sie aus seinem Leben, so verschwand er aus Königsberg, nachdem er in die leere Wohnung zurückgekehrt war und begriffen hatte, daß er verlassen worden war. Man fing an, nach ihm zu suchen. Das erste Lebenszeichen des Flüchtenden erreichte seinen Bruder. Dem sozialen Zusammenbruch folgte der psychische. Behrends wurde in eine »Kaltwasseranstalt«, das heißt in eine psychiatrische Klinik, für mehrere Monate eingewiesen. Eine Woche lang glaubte seine Mutter, er habe Selbstmord begangen.

Die Auflösung der Wohnung zog sich über Monate hin. Agnes überließ die Mühen den Freunden. Zwischen München und Königsberg und vice versa entwickelte sich zunächst ein lebhafter Telegramm-, sodann ein nicht minder intensiver Briefwechsel. Agnes wurde bedauert, aber man ließ sie auch fühlen, daß man ihr rigoroses Verhalten nicht billigte.

»Königsberg, 10. August 1892

Sehr habe ich Sie bedauert, aber ich möchte Sie auch bitten, Mitleid mit Ihrem Mann zu haben. Bedenken Sie, dass eine Schwäche keine Schlechtigkeit ist. Wir haben Ihren Mann als Freund ebenso wie Sie geschätzt. Eine Habilitation aus freier Hand ist auch keine leichte Sache. Wie deprimierend muss es für einen verheirateten Mann sein, wenn er etwas werden soll, was er nicht ist.

Lassen Sie Ihrem Mann ein wenig Ruhe, er wird dann gewiss gesund und ich hoffe, dass Sie wie bisher glücklich mit ihm leben können.

Beste Grüsse von meiner Frau durch Ihren

J. Franz [Professor an der Universität Königsberg, E. K.]«

Zu ihrem Geburtstag am 20. August 1892 gratulierte der Verstoßene. Eine Antwort bekam er nicht.

Auch nach der Scheidung zeichnete sie bis zu ihrer zweiten Ehe mit dem Doppelnamen Behrends-Süßkind. Das steht im Widerspruch zu der Tatsache, daß die Behrends-Affäre von der ganzen Familie vor jedermann verschwiegen wurde.

Die geschiedene Agnes in München in ihrer glücklichsten Zeit.

4

Agnes im Glück

Die Süßkinds verließen Erlangen, bezogen in München-Schwabing, Rambergstraße 2, eine Acht-Zimmer-Wohnung. 1893 mietete die Witwe des Konsuls und Senators Thomas Johann Heinrich Mann, Julia, geb. da Silva-Bruhns, im selben Haus eine Wohnung gleicher Größe und gleichen Grundrisses, bezog sie mit ihren Söhnen Heinrich (22) und Thomas (18). Ein Verkehr zwischen den beiden Familien von Etage zu Etage bahnte sich noch nicht an.

Agnes mietete in der Barerstraße 61 im vierten Stock eine Wohnung. Bis in die Rambergstraße hätte sie nur zehn Minuten Weg zu Fuß gehabt, aber sie legte ihn selten zurück. Aus den zwei geräumigen Zimmern, zu denen Küche, Abstellkammer,

Agnes richtete sich eine Wohnung in München ein.

Waschraum und Klo gehörten, machte sie mit Straußen- und Pfauenfedern, Palmenzweigen, mit von der Decke herabhängenden durchsichtigen Vorhängen aus Seide eine Bühnendekoration. Als geschiedene, vom Ehemann befreite Frau mit eigener Wohnung und Geld, das sie nicht verdienen mußte, genoß Agnes, 25 Jahre alt, einen Freiraum für Selbstentwicklung und Lebensgestaltung, wie ihn sich im letzten Jahrzehnt des vorigen Jahrhunderts nur wenige Frauen hatten erobern können. Ihr war er geschenkt worden. Sie muß in dem Augenblick, in dem ihr hinterbracht worden war, ihr Mann sei ein Versager, sogleich als unschätzbaren Gewinn erkannt haben, was ihrer Königsberger Umwelt ein bitterer Verlust zu sein schien. Diese Umwelt, hochgebildete Männer und ihre geistesverwandten Frauen, befangen in den Konventionen bürgerlicher Achtbarkeit, konnten sich nur vorstellen, Agnes müsse es ein Bedürfnis sein, die Scherben ihrer Ehe zu kitten. Mit einer jungen, ihres männlichen Schutzes beraubten Frau aus gutem Hause verbanden sie einen Begriff von Freiheit, der ein anderes Wort für Freiwild war. Es kommt hinzu, daß sie in ihrem lieben Königsberg nicht das Städtchen zu sehen vermochten, das hinter den sieben Bergen bei den sieben Zwergen lag, und nicht nur in Ostpreußen.

Agnes wurde als »Dame beim Mokka« von Gulbransson gezeichnet.

Dieses München, in das Agnes Behrends-Süßkind wie in ein höchst angenehm temperiertes, parfümiertes Bad eintauchte, war ein stockkatholisches, trotzdem oder vielleicht gerade deshalb höchst tolerantes Gemeinwesen, in dem jeder nach seiner Fasson selig werden oder sündigen durfte, zumal es gegen das Sündigen das probate Antiseptikum der Ohrenbeichte gab. Nach der Beichte und den Sühnegebeten am Wochenende war die jeweils nächste Woche nagelneu und sündenfrei.

Mochte Prinzregent Luitpold, der bis 1912 regierte, auch ein Spießbürger sein – übrigens einer, der »seine« Künstler in ihren Ateliers besuchte –, als stellvertretender Inhaber königlicher Gewalt verkörperte er die Gegenposition zu dem von ihm verabscheuten Wilhelm II. in Berlin, der alles besser wußte und im Kasinoton über andere gekrönte Häupter, sozialistische Politiker, Künstler und Schriftsteller herfiel, kurz über alle, die nicht vor ihm krochen. In München war der »Vogelhäuselstil« der Maximilianstraße verwirklicht worden, komisch, aber liebenswürdig; eine »Siegesallee« war der Stadt erspart geblieben.

Eine Klassengesellschaft gab es in Bayern insofern, als sich der Adel in seinen Stadtresidenzen und auf seinen Schlössern im

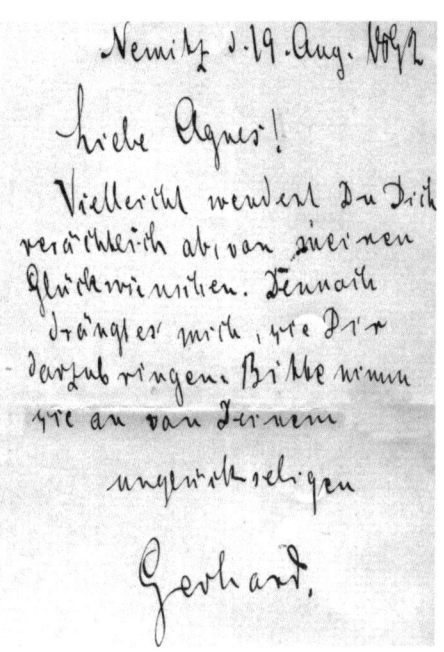

Der verlassene und gedemütigte Gerhard Behrends schickte noch einen
Geburtstagsgruß an Agnes, die Verschwundene.

Umland gegen die Bürgerstadt abschirmte. Zwischen ihr und
dieser Aristokratie mit Lodenkostüm, Jägerhut und einem Salon-
dialekt war seit Ludwig I. in Schüben die »Kunststadt« entstanden mit ihrem Verdienstadel, den »Malerfürsten« und ihrem
Troß: Franz von Stuck, Friedrich August von Kaulbach, Fritz
von Uhde, Eduard von Grützner, Franz von Defregger und ihrer
aller ungekrönter König mit seinem Palast bei den Propyläen,
Franz von Lenbach, der aus Koketterie den Dialekt der Bierkut-
scher sprach und sich gleich Stuck eine Hofhaltung schuf, die
von bildschönen Frauen repräsentiert wurde. In Wagner hatte
das künstlerische München seinen nunmehr unangefochtenen
Gott, das Volk in Ludwig II. seinen »Märchenkönig«.

Agnes wurde die Intellektuelle in der Familie. Zum Blau-
strumpf wurde sie nicht, Besserwisserei fand sie widerwärtig. Ihr
Klavierspiel war kein Spiel, war harte Arbeit. Wie darin, blieb sie
in allem eine Lernende. Drei Töchter hatten die Musikalität von
ihrer Mutter geerbt, Ella nicht. Gleich ihr waren Agnes und

Elise Süßkind zur Zeit, als sie den
Nachruf auf Ibsen dichtete.

meine Mutter Dora, die Älteste und die Jüngste, Leseratten mit
einer unersättlichen Gier auf alles Neue in der Literatur. Auch
von ihrer Mutter hätte man sagen können, was einer meiner
Söhne, zwölf Jahre alt, von seiner Großmutter gesagt hat und
was zum geflügelten Wort geworden war: Oma las jeden Tag ein
Buch, aber es hat nichts genützt. Was er damit meinte, aber in
seinem Alter noch nicht ausdrücken konnte, war, daß ihr ufer-
loser Literaturkonsum ihr furioses Temperament nicht hatte bän-
digen können. Agnes war darin anders; ihr Gehirn fand Vergnügen daran, logische Gedankenketten zu entwickeln.

Die schwarz lackierten Bücherschränke der Mutter und von
Agnes hatte ein Möbeltischler nach einer Zeichnung gebaut. Ein
breiter Untersatz, in dem Noten, Zeitschriften, Kunstmappen
aufbewahrt wurden, trug hinter verglasten Türen die Bibliothek. Eine Platte zur Ablage der Bücher konnte in Tischhöhe
herausgezogen werden. Im Schrank der Großmutter standen die
frühen Ausgaben der Klassiker von Lessing bis Goethe und Höl-
derlin in langen Reihen. Gustav Freytag, Theodor Storm und
Theodor Mommsen leiteten über zu Ibsen, den sie im Café Ma-
ximilian zeitungslesend hatte sitzen sehen. Er war ihr Idol schon
zu einer Zeit, als noch ein gewisser Mut dazugehörte, »Nora«
aufzuführen; ganze Szenen aus seinen Stücken konnte sie aus-

Das Ehepaar Otto Julius und
Gemma Bierbaum, mit Agnes
Behrends-Süßkind eng befreundet

wendig. Obwohl sie erst 1923 gestorben ist, ging sie zeitlich gesehen über ihn nicht hinaus, mit Wedekind wußte sie nicht mehr
viel anzufangen. Als Ibsen starb, dichtete die 65jährige diesen
Nachruf auf ihn:

»Ach Gott, es ist die alte Mär,
   dass selbst die besten sich nicht lösen können
   von fadem Glauben aus Vorväterzeit,
   der wie die höchste Mauer sie umgibt;
   die am Bestehenden nicht rütteln wollen,
   das eigenen Denken Thor und Thür verschließt,
   um friedlich und bequem die Erdenbahn zu wandeln.
Da warst Du anders, Sohn des hohen Nordens,
Du liebtest Sturmgebraus und Kampf und Ringen.
Den kühnen Geist zu stützen war Dir Pflicht,
   um Freiheit, Menschenrechte ging Dein Kampf.
So lebe fort in Deinen großen Werken,
Du viel Umstrittener, oft missverstanden.
Die Dich erfaßt mit ihrer ganzen Seele,
   sie werden ewig treu und stets Dir dankbar sein.«

In Agnes' Bibliothek wurde Ibsen von Strindberg nicht ver-,
aber bedrängt. Die Bekanntschaft mit Otto Julius Bierbaum und
seiner schönen italienischen Frau Gemma entwickelte sich rasch

zu einer engen Freundschaft. Er, der ja nicht nur ein vielschreibender, erfolgreicher Schriftsteller war, sondern auch der Erneuerer der Buchkunst, der Buchgrafik, der mit seinem »PAN« eine bibliophile Kostbarkeit geschaffen hat, öffnete ihr die Türen ins literarische München. Der kleine, zur Dicklichkeit neigende Sachse gehörte zu den meistverdienenden, in allen Sätteln von der Lyrik bis zum Theaterstück gerechten Schriftstellern seiner Zeit; im Jahre seines Todes, 1910, erschien der dritte Band seines »Prinz Kuckuck«, erbrachte das damals exorbitante Honorar von 90 000 Goldmark, und doch war sein Autor aus Schulden nicht herausgekommen. Er hatte nicht die Unverfrorenheit Richard Wagners, der erklärt hatte: Die Welt ist mir schuldig, was ich brauche, war ihm aber darin ähnlich, daß die Muse ihn nur in einem luxuriösen Ambiente küßte.

Zu den Vorzügen seiner Freundin Agnes gehörte, daß er sie anpumpen konnte, wobei es einmal um 2000 Mark ging, die sofort nach Fiesole bei Florenz zu überweisen waren. Andernfalls hätte ihn der italienische Hauswirt nicht nach München zurückreisen lassen:

»Meine sehr verehrte und liebe Frau Agnes! Sie wollen mich doch nicht im Stich lassen? Das wäre höchst traurig für uns ... es besteht die Notwendigkeit, wenigstens die Hälfte des Restes meiner Schulden zu bezahlen. Womit? Um wenigstens mit Anstand von hier weg und nach München zu kommen (wo noch das letzte Halbjahr Mietzins zu zahlen ist) ...«

Der Bettelbrief, auf teurem Papier geschrieben, mit OJB geschmückt im reinsten Jugendstil, füllt in Bierbaums hingewehter Schrift acht Seiten. Gemma schrieb dazu:

»Meine liebe Agnese, Ich glaube an der rechte Thüre zu klopfen mit diesen Zeilen!! Ich habe die Empfindung, und Giulio auch, dass Du mir helfen kannst ... Nur eines bitte ich Dir, niemandem erzählen die Sache, es kann doch Missverständnissen vorkommen!! ... Also, liebe Agnes, ich habe soviel Vertrauen in Dich!! Aber, bitte umgehend! Küsse Dich herzlichst Deine Gemma.«

Die Adresse seiner Briefe lautete oft: »An Frau Dr. Agnes Behrends-Süßkind zu Ambach am Starnbergersee«. Dort war nach dem Umzug nach München, wie erwähnt, ein Landhaus gekauft

Das Landhaus in Ambach am Starnbergersee war das Sommerparadies der Familie, wo alle Hochzeiten gefeiert wurden. Nichts hat sich dort verändert, nur leider die Besitzverhältnisse. Von l.: Agnes, die Mutter, Olga, der Vater, Olgas Mann, Oberst Abel mit Söhnchen Herbert, Dora (meine Mutter).

worden, vom Seeufer durch eine schmale Straße getrennt, die auch heute nur von Anliegern mit besonderer Erlaubnis befahren werden darf. Der traumschöne Besitz wurde bis zum Tod meiner Großmutter der sommerliche Schauplatz aller familiären Festlichkeiten, Hochzeiten, Taufen, Geburtstage.

Die Süßkinds gehörten zu den frühesten städtischen Siedlern am Ostufer. Zum Haus steigt vom Gartentor an der Straße auf steilem Hang ein Park mit alten Bäumen empor. Es war bis zum Dach von wildem Wein überwachsen, der im Oktober zu einem von der Natur gewebten roten Mantel wurde. Das Wasser holte ein Pumpbrunnen mit langem eisernen Schwengel aus der Erde. Hinter dem Haus war ein Tennisplatz eingeebnet worden, auf dem die Töchter in knöchellangen weißen Röcken spielten.

Zum Haus gehörte eine Bootshütte, in der es durchdringend nach Karbol und Fischen roch, ein Steg und der Kahn, mit dem der Rentier Louis Süßkind fischte. Damit wurde nachmittags auch die Post beim Postfräulein Anni Bierbichler geholt. An das behäbige Wohn- und Gasthaus der Bierbichlers beim Dampfersteg war an der linken Seite ein Zimmerchen als Postamt ausgebaut worden. Anni öffnete Briefe nicht über dem dampfenden Kessel, las aber alle Postkarten, ohne von ihrem damit gewonnenen Wissen Gebrauch zu machen.

Der Urgroßvater jenes Bierbichlers, der sich als Schauspieler einen Namen gemacht hat, war für mich als Kind, das alle Ferien seiner frühen Jahre in Ambach verbracht hat, der alte Bierbichler gewesen, Landwirt, Gastwirt, ehrenamtlicher Postmeister, Annis Vorgänger in diesem Amt. Nichtzustellbare Briefe pflegte er auf der hohen Lehne des schwarz gepolsterten Sofas abzulegen, das im »Nebenzimmer« stand. Bei einem Großreinemachen war dahinter ein Berg von Briefen aus mehreren Jahren gefunden worden.

Zunächst hatten die Süßkinds nur eine städtische Familie als Nachbarn gehabt, die Riedels. Dr. Emil von Riedel war Finanzminister Ludwigs II. gewesen, ein schwieriger Posten unter dem Schlösserbauer und Schuldenmacher. Zwei Jahre vor der Verhaftung und dem Selbstmord des im Interesse des Staates, der Dynastie, der Sittlichkeit für geisteskrank erklärten Königs, der sich zu seiner Homosexualität immer offener bekannte, hatte der Minister eine Stellungnahme zur finanziellen Situation des Königs vorgelegt:

»Die Lage der königlichen Kabinettskasse ist eine sehr ernste, so ernst, dass ich, seitdem ich mich näher mit derselben beschäftigt habe, in der That von schweren Sorgen fast niedergedrückt bin. Wenn nicht baldigst die vorhandenen Schuld-Verbindlichkeiten getilgt werden, so ist zu befürchten, dass hunderte, ja vielleicht noch mehr Existenzen dem ökonomischen Ruin verfallen.«

Wenn nichts Durchgreifendes geschehe, schrieb er weiter, werde der Skandal nicht »von den Stufen des Thrones ferngehalten werden können, was in einer Zeit ... wo die socialen Verhältnisse mehr und mehr unterwühlt werden, doppelt bedenklich erscheint«.

Mit Frau von Riedel ging Elise Süßkind auf der Uferstraße

spazieren, beschattet von einem grünen Sonnenschirm mit goldenem Griff. Die fußlangen seidenen Röcke wirbelten Staub auf. Kam der Wind von Westen über den See, roch es durchdringend nach Fischen. Wagner und Ludwig II. waren für die beiden Damen fast noch Zeitgenossen. Agnes brachte aus der Stadt Musiker mit, den Wagner-Dirigenten Mottl, den Komponisten Thuille, der drei heute vergessene, damals im Nationaltheater aufgeführte Opern geschrieben hat und u. a. eine virtuose Geigensonate, von Agnes und mir, als ich als Oberschüler und Abiturient bei ihr wohnte, immer wieder gespielt. Thuille wurde beauftragt, eine »Festcantate« zu vertonen, die Elise zum 60. Geburtstag ihres Mannes (18. 11. 1895) gedichtet hatte:

> »Der Tag ist da, der Tag der Festfreude,
> Der Tag, an dem zum Leben Du geboren,
> Vor langer Zeit, 6 mal die 10 sinds heute,
> O Vater, den das Schicksal uns erkoren!
> Die Stunde naht wo wir Dich heiß empfangen,
> Wo wir Dir schauen ins theure Angesicht,
> Wo wir mit unsern Blicken ängstlich bangen,
> ermessen, dass mit 60 vollen Jahren
> Das Alter nun sich naht mit seiner Macht
> ...
> Die ganze Schar denkt Dir in Lieb entgegen,
> Für alles, was Du ihnen zugewendet,
> Für dieses reiche, schön gelebte Leben,
> und für die Mühe, die du hast verschwendet.«

Die »ängstlich bangenden Blicke« deuten darauf hin, daß es um die Gesundheit des Gefeierten nicht gut bestellt war. Nur noch vier Jahre waren ihm beschieden, Ende Februar 1900 starb er. Die Nutznießung der Grabstätte Nr. 194 auf dem »neuen nördlichen Friedhof« kostete für die ersten 25 Jahre 200 Mark; G. Geiler, Formator an der Königlichen Akademie der bildenden Künste, berechnete für die »Todtenmaske des Herrn Süßkind abgenommen im Friedhofe und in Gips gegossen« zwanzig Mark.

Die Wohnung in der Rambergstraße wurde aufgegeben, die Töchter heirateten, die Witwe zog ans Isarufer. Mit dem Tod ihres Mannes war sie als Universalerbin eine reiche Frau geworden. Sie nahm die Gewohnheit an, anläßlich ihrer eigenen

Geburtstage ihre Töchter mit Schmuckstücken zu beschenken. Vom Hofjuwelier F. Miller Sohn in Ulm stammt eine Rechnung vom 2. Dezember 1911 über 1652 Mark für »4 Brochen nach Entwurf gearbeitet für 2 Arten tragbar, Broche & Haarschmuck, und 2 weitere Arten, Armband & Collier, dazu Etuis und Werkzeug. (Rechnungen werden am 1. Januar, 1.April, 1. Juli u. 1. Oktober ausgegeben).« Die Rechnung wurde am 30. Dezember 1911 bezahlt, »rein netto Casse«.

Das 20. Jahrhundert hatte begonnen.

Zweiter Teil
Im 20. Jahrhundert

Zeitwenden können nachträglich datiert werden, aber sie wissen nichts vom Kalender. Das 19. Jahrhundert, dem das Personal dieses Buches bisher so exemplarisch angehörte, hat nicht 1800 begonnen – ein eindeutiges Datum zu bestimmen ist noch niemand gelungen, es handelt sich um Annäherungswerte – und ist auch nicht 1900 zu Ende gegangen. Hierfür glaube ich ein Datum nennen zu dürfen, wie der Leser erfahren wird. Es ist meines Erachtens nicht das Jahr 1914, und auch nicht das Jahr 1918, als mit dem verlorenen Krieg die Monarchien hinweggefegt worden sind. Es gab seinen Geist sozusagen erst mit der Inflation auf, die diesem Bildungs- und Besitzbürgertum, das mit seinem Moralkodex Klima, Zivilisation und Kultur das 19. Jahrhunderts gestaltet und beherrscht hatte, das ökonomische Fundament und damit die Lebenssicherheit zerstört hatte. Was für eine Ironie, daß die neue/alte herrschende Schicht die Inflation hatte sich absichtlich totlaufen lassen in dem Wahn, das »Volk« werde den Krieg bezahlen – was erreicht wurde –, aber von der verschonten Klasse der Eigentümer von Immobilien und Produktionsanlagen ließe sich das 19. Jahrhundert prolongieren!

Wenn ich die württembergischen Eltern meiner Mutter, also die Süßkinds und Zeltmanns, als einen Stamm ansehe, wofür nach ihrer Herkunft viel spricht, so haben wir es mit drei Stämmen zu tun, außer jenem mit den Kubys und den Vidals. Alle drei befanden sich vor dem Ersten Weltkrieg in absolut gesicherten, beinahe großbürgerlichen Verhältnissen. Es wird sich zeigen, daß unter ihnen die Vidals ökonomisch von den Kriegsfolgen weit weniger betroffen werden als die Süßkinds und die Kubys, ja daß jene sogar eine für sie ganz neue Quelle des Reichtums zum Sprudeln bringen konnten. Aber Bürger im

Sinne ihrer Vorfahren sind auch sie nicht mehr, sowenig wie die ganze spätkapitalistische Oberschicht. Am Gelde allein hängt eben doch nicht alles, obschon wir heute von früh bis spät darüber belehrt werden, daß wir nichts sind, wenn wir nichts haben. Es ist indes dieses Haben nur ein notdürftiger Ersatz für das ein für allemal – ich wiederhole: ein für allemal-preisgegebene Sein des ehemaligen Bürgertums, dem unter anderen Thomas Mann seine exorzistischen Nachtgebete nachgeschickt hat, indes sein Bruder wußte, was die Glocke geschlagen hatte.

Es ist der erzählerische Duktus dieser Familiengeschichte aber doch datierbaren Ereignissen unterworfen, zu denen etwa der Tod meiner beiden Großväter, August Kuby und Louis Süßkind, gehört, Ernährer, hochgeachtete und geliebte Zentren ihrer Familien. Durch ihn wurde selbstverständlich deren Innenstruktur sofort empfindlich berührt. Bei den Süßkinds trat mehr denn je zutage, daß eigentlich die Frau immer die beherrschende Rolle gespielt hat – woran sich bei ihren vier Töchtern nichts grundsätzlich geändert hat, während des Vaters Mutter Malvina geb. Vidal als Witwe blieb, was sie gewesen war: ein Geschöpf von höchster Diskretion, von natürlicher Würde, die sie ausstrahlte. Der Leser wird erfahren, daß sie, nahezu erblindet, niemals ein Wort der Klage über ihre Lippen gebracht hat. Sie verkörperte nicht den einzigen Fall unter den Frauen der Kubys und Süßkinds, daß durch eine Einzelperson das 19. Jahrhundert um ihre Lebenszeit individuell verlängert wurde.

Während wir bei den Vidals eine bis heute durchgehaltene perfekte bürgerliche Inszenierung beobachten können – wenn auch nicht mehr bei den jungen Generationen. Sie ist in der Hamburger Oberschicht noch über den Zweiten Weltkrieg hinaus gang und gäbe gewesen, dem Vorurteil Nahrung gebend, da und dort habe sich das 19. Jahrhundert bis weit ins 20. fortsetzen lassen. Dieses Bemühen, Ausdruck gesellschaftlichen Opportunismus, eines rudimentären Klassenbewußtseins, ist gewiß nicht auf Hamburg beschränkt, wird dort aber täuschender imitiert als in anderen deutschen Großstädten. Das habe ich erstmals erlebt, als ich zu meinem ersten Semester 1929 nach Hamburg gegangen war und der Münchner bei den gedrillten Cousinen in den Genuß eines Bonus als exotische Erscheinung kam.

Kleinen, folgenlosen Abenteuern durchaus nicht abgeneigt, motivierten sie mit meiner landsmännischen Herkunft, auf Wunsch bewiesen durch virtuosen Gebrauch des oberbayerischen Dialekts, was in Wahrheit nicht nur bei mir die Aufkündigung eines Gesellschafts- und Verhaltensvertrages war, vor der eine nicht verarmte oder rasch wieder zu neuem Wohlstand gelangte Schicht zurückschreckte, weil sie darin eine Verteidigungsfront gegenüber der emporwachsenden braunen bzw. roten Bewegung sah. Dieses Pseudobürgertum hatte noch nicht begriffen, welch herrlichen Zeiten es im »Dritten Reich« entgegenging, mit ein bißchen »Heil Hitler« unter seinen Geschäftsbriefen.

Damit habe ich mich aber voreilig zu weit ins 20. Jahrhundert vorgewagt, um mich nun doch kalenderhörig um dreißig Jahre nach ungefähr 1900 zurückzubegeben.

1
Schonzeit für die Erben

Unter »Schonzeit« verstehe ich die Jahre, in denen sich die Angehörigen dieser bürgerlichen Familien gegen den sich unter Wilhelm II. wandelnden Zeitgeist, gegen Chauvinismus und Machtanbetung noch abschirmten. Das Wertesystem, in das sie hineingeboren waren, war für sie noch in Geltung, dessen Voraussetzung ihr politischer Neutralismus.

Von dem München, in das die Süßkinds noch vor der Jahrhundertwende aus Erlangen zugezogen waren, schrieb Thomas Mann: »München leuchtete.« Das sind die ersten Worte seiner seltsamen Erzählung »Gladius Dei«, die in einer Kunsthandlung am Odeonsplatz spielt: »Und auf Plätzen und Zeilen rollt, wallt und summt das unüberstürzte und amüsante Treiben der schönen und gemächlichen Stadt.«

Über seine eigene Lebenssituation in diesen Jahren schrieb er:

»Glanz umgibt mich. Nichts gleicht meinem Glück. Ich bin vermählt, ich habe eine außerordentlich schöne junge Frau ... sowie zwei blühende, zu den höchsten Hoffnungen berechtigende Kinder. Ich bin Herr einer großen Wohnung in feinster Lage mit elektrischem Licht und allem Komfort der Neuzeit, – ausgestattet mit den herrlichsten Möbeln, Teppichen und Kunstgemälden. Mein Hausstand ist reich bestellt, ich befehle drei stattlichen Dienstmädchen und einem schottischen Schäferhund ... Ich mache Triumphreisen ... die Leute klatschen in die Hände, wenn ich auftrete ...«

Man könnte diese emphatische Selbstfeier des Autors der »Buddenbrooks« – er ist 32 Jahre alt – für Satire halten, aber weit gefehlt; er übt sich in die Doppelrolle ein, die er bis zu seinem Tod in Zürich 1955 spielen wird: die des großen, erfolgreichen

Schriftstellers und die des überständigen Repräsentanten deutscher Bürgerkultur des 19. Jahrhunderts.

Die »große Wohnung in feinster Lage« war 1907 noch nicht die Villa im Herzogpark, sie wurde im ersten Kriegsjahr fertig und bezogen, aber ab 1909 gibt es schon das Landhaus in Bad Tölz. Alles wird bezahlt mit dem Geld seiner Frau Katja, geborene Pringsheim, deren Großvater als schlesischer Eisenbahnmagnat reich geworden war.

In diesem leuchtenden München und in dem von Glanz und Gloria geradezu berstenden Berlin sammelte Bruder Heinrich den Stoff für seinen Roman »Der Untertan«, dessen Held, der korrupte Opportunist Diederich Heßling, zur Galionsfigur des Wilhelminismus geworden ist. 1906 schrieb Heinrich an einen Freund: »Seit ich in Berlin bin, lebe ich unter dem Druck dieser sklavischen Masse ohne Ideale ... Das Ergebnis ist ein Sinken der Menschenwürde unter jedes bekannte Maß ... Wie bei jedem beliebigen Akt sich Jeder als Vorgesetzter und als Feind des Anderen aufführt, so unverhüllt und brutal wie sonst nirgends in der Welt.«

Heinrich Mann verkörpert die Gegenposition zu der erstaunlichen Resistenz »meiner« Familien gegen den sich wandelnden Zeitgeist. Bei ihnen hätte er keinen Diederich Heßling ausfindig machen können. Aber auch Jubel über ihr privates Glück findet sich in den schriftlichen Hinterlassenschaften nicht. An den befohlenen Feiern anläßlich des 25jährigen Regierungsjubiläums Wilhelms II. nahmen sie nicht teil.

Suchte ich in der Literatur nach einer Figur, die sich mit Angehörigen der großelterlichen und elterlichen Generation noch am ehesten zur Deckung bringen ließe, so wäre es allenfalls Fontanes Kommerzienrat Treibel, in dessen Fabrik »alljährlich ungezählte Zentner von Blutlaugensalz und später ... kaum geringere Quantitäten von Berlinerblau hergestellt worden waren« und der doch nicht, darauf ganz anders reagierend als seine Frau Jenny, eine Heirat seines zweiten Sohnes Leopold, eines Waschlappens, mit der vermögenslosen, bildhübschen und klugen Corinna verhindern will, weil er weiß, »wir sind keine Bismarcks oder sonst was von märkischem Adel«.

Was allenfalls diese vertrauensseligen Bürger politisch alarmieren, ihnen die Augen dafür hätte öffnen können, war, daß die wachsende politische und militärische Macht, von ihnen nur als wachsender Wohlstand wahrgenommen, eine antideutsche Allianz zusammenschmiedete. Doch Anzeichen der Verunsicherung der politischen Klasse blieben aus. Das Gegenteil war der Fall. Die Errichtung eines leistungsfähigen modernen Industriestaates in wenigen Jahrzehnten war begleitet gewesen von nicht weniger modernen sozialgesetzgeberischen Maßnahmen zur Neutralisierung der politischen Kraft der Arbeiterbewegung. Diese stabilisierten sowohl das kapitalistische Wirtschaftssystem, auf den letzten Stand gebracht von einigen wenigen Herrschern über Großunternehmen, wie auch das politische Herrschaftssystem, das den Machtanspruch der Industriearbeiterschaft zu kanalisieren, soziale Gleichheit im Ansatz zu unterdrücken wußte. Mit einem Wort, aus der Sicht des unpolitischen Bürgers war »da oben« alles in bester Ordnung, in der vom Staat überwachten Ordnung, in der sich die Bürger bewegen konnten wie die Fische im Aquarium, und das genügte, denn es ging ihnen so gut.

Alfred, Erbe der Firma in Edenkoben, war bemüht, gegenüber dem übermächtigen Vater eigenes Profil zu gewinnen. In Haltung und makelloser Kleidung kehrte er den Großbürger heraus. Er entwickelte sich zwar nicht zum neudeutschen Chauvinisten, wurde aber doch der nationale Flügelmann unter den Kubys seiner Generation, hielt als Mitglied des »Flottenvereins« den »Flottenkalender«, den wir heute eine nationalistische Propagandaschrift nennen würden. Er wäre sicher begeistert am 1. April 1914 in den Krieg gezogen, erlebte ihn aber nicht mehr, denn im April 1913 hatte ein Darmkrebs sein Leben beendet. Er hatte drei Kinder. Eugen war das älteste, ein zweiter Sohn starb als Zehnjähriger, ihm folgte die Tochter Anne.

Eugen, 1891 geboren, war der unschlagbare Klassenprimus, in seinem Abiturzeugnis gab es nur die Note 1. Er war auf der Schule, bei der Immatrikulation an der Universität Straßburg sowie unter den Kameraden seines ebenfalls in Straßburg abgeleisteten Militärdienstjahres immer der Jüngste. Er wurde Korpsstudent, focht Mensuren, war das Musterexemplar des patriotischen Bürgers. Bei einer Veranstaltung seines Korps lernte er seine spätere Frau kennen, Margarete Fritz, Greting genannt, die

August Kuby, 1834 - 1897   Alfred Kuby, 1864 - 1913   Eugen Kuby

Seit 1913 führt Eugen die Firma in Edenkoben in 3. Generation. Er wird sie nach 100 Jahren im Handelsregister streichen lassen, jetzt will einer seiner Enkel sie wieder beleben dort, wo sie gegründet wurde.

er 1921 heiratete. Vier Söhne wurden zwischen 1923 und 1930 geboren.

Der frühe Tod des Vaters nötigte Eugen, sein Studium abzubrechen, um die Firma zu übernehmen. Da war er 22 Jahre alt. Sich in das Weingeschäft einzuarbeiten, das unter seiner vorbildlichen Führung sein hundertjähriges Jubiläum feiern konnte, blieb ihm nur ein Jahr bis zum Krieg. Das Gesetz, nach dem er sein Leben zu einem Vorbild für seine Söhne werden ließ, hieß Pflichterfüllung.

Bei den Vidals war nach dem Tod Adolph Eduards dessen Sohn Oscar Teilhaber der Firma Roß-Vidal geworden. Nach deren Liquidation gründete Oscar eine Großhandlung für Kohlen und sonstiges Feuerungsmaterial. Für die aus dem Ruhrgebiet und England ankommenden Lieferungen besaß das Unternehmen eine eigene Löschanlage am Hafen. Vier Filialen und Lagerplätze waren über die Stadt verteilt.

Von den anderen Kindern Adolph Eduards verließen einige die Vaterstadt. Nachkommen finden sich in Schweden und England, in Bayern und Hessen.

Der Gründer der Kohlenhandlung, Oscar, hatte einen Sohn Max, 1871 geboren, der die Firma erbte und seinen Sohn Oscar II. zum Teilhaber machte. Dieser wurde 85 Jahre alt; in der Todesanzeige vom 8. Mai 1990 steht: »Er war unser Mittelpunkt.« Mit ihm werden wir uns zum erstenmal in der Gegenwart befinden.

Als gutsituierte Kohlenhändler gehörten die Vidals zwar noch

144

immer zum alteingesessenen Patriziat der Hansestadt, hatten aber das beinahe aristokratische Sozialprestige eingebüßt, das mit der über eigene Schiffe verfügenden Ex- und Importfirma Roß-Vidal verbunden gewesen war.

Für die verwitwete Elise Süßkind und ihre Töchter, die ihre Hochzeiten und alle anderen Familienfestlichkeiten in Ambach feierten, war das Haus am See der idyllische Ort, an dem sich die durch Eheschließungen und Nachwuchs erheblich vergrößerte Familie im Sommer zusammenfand. Zwei der Töchter heirateten Offiziere. Olga den Oberst Abel, Kommandeur der Garnison in Metz. Preußische Offiziersallüren waren ihm fremd, er war ein umgänglicher, witziger Mann, bei allen beliebt. Mit Olga hatte er zwei Söhne. Ella heiratete einen Major Haseloff, der es fertiggebracht hatte – in der kaiserlichen Armee war das nicht leicht –, wegen Grausamkeit gegen die Mannschaft vor ein Militärgericht zu kommen, das ihn selbstverständlich freisprach. Nachdem er mit Ella drei Söhne gezeugt hatte, ließ er sich scheiden. In einem Brief an seine Schwiegermutter listete er die zehn Gründe auf, die ihn zu diesem Schritt veranlaßten. Punkt 8 lautete: »Trotz mehrfacher Verwarnung legt Ella ihre Haarbürste mit den Borsten nach unten in die Schublade, sodass das Papier darunter fettig wird.«

Dora, meiner Mutter, blieb die Ehe mit einem Offizier erspart. Soweit sie die ersten fünf Jahre des neuen Jahrhunderts nicht auf Reisen nach England und nach Italien verbrachte – von einem Rom-Aufenthalt liegt ein Heft vor, in schwarzes Wachstuch gebunden, das sich wie eine Seminararbeit in Kunstgeschichte liest –, bildete sie in München ihre Altstimme bei einer berühmten Gesangspädagogin aus, die, wenn ich nicht irre, Morena hieß. Bei ihr lernte sie einen jungen Herrn Kuby kennen, der nach seinem Vater, dem Weinhändler, August hieß.

Nachdem Steingaden verkauft worden war, weil der Vater ihn für zu jung gehalten hatte, das große Anwesen zu übernehmen, hatte ihm seine Mutter 1901 aus ihrem Witwenvermögen 100 000 Goldmark in die Hand gedrückt, womit er, ich weiß nicht, warum gerade dort, im fernen Westpreußen, wo mehr Polnisch als Deutsch gesprochen wurde, ein Gut kaufte, nicht viel kleiner als der Fohlenhof. Er verstand sich auf die Bewirt-

Meine Eltern, August Kuby und Dora, geb. Süßkind, als junges Ehepaar.

schaftung, nicht aber, überhaupt nicht, wie sich zeigen sollte, auf kaufmännisches Rechnen, allgemeiner gesagt, auf den Umgang mit Geld. In einem reichen Haus aufgewachsen, gleichwohl in seinen persönlichen Ansprüchen bescheiden, begriff er nicht, daß ein landwirtschaftlicher Betrieb ein Geschäft wie jedes andere war, das Gewinn abwerfen mußte, um bestehen zu können.

Nach einem Jahr waren das Gut und das Geld weg. Der keineswegs verarmte junge Herr kehrte nach München zurück, wo seine Mutter und seine Schwester Olga wohnten. Diese hatte einen Major Schmahl geheiratet, der bereits den Dienst hatte quittieren müssen, weil er, sich ungerecht behandelt fühlend, einen Prozeß gegen den Kaiser angestrengt hatte.

Der junge Kuby kam auf die einigermaßen ausgefallene Idee, seine prächtige Baßstimme bei ebenjener Morena ausbilden zu lassen. So lernte er seine Frau kennen. Bei strömendem Regen heirateten August Kuby und Dora (Theodora) Süßkind in Ambach. Was nun? Dora nahm die Zügel in die Hand, die sie bis zu ihrem Tod, sie wurde 92 Jahre alt, nicht mehr losließ. Die musikalische Dressur ihrer Mutter, bei drei ihrer vier Töchter erfolg-

Meine Mutter als Carmen am
Theater in Münster. Der Fransen-
schal wurde zur Decke über dem
Flügel.

Ein Symbolbild des einstigen Be-
sitzbürgertums: meine Eltern und
ihr Kind Erich, Ende 1911.

reich, als Basis für Broterwerb nicht gedacht, wurde jetzt für die
jüngste doch genau dazu. Doras Stimme und Musikalität waren
verkäuflich. Zunächst in Straßburg, dann in Münster wurde
sie als Opernsängerin engagiert. Von Carmen bis zu einer der
Rheintöchter hat sie auf diesen Bühnen alle Partien für eine
hochdramatische Altstimme gesungen.

Sie war keine klassische Schönheit, wohl aber eine ansehnliche
Erscheinung. Von Erziehung und Charakter der Theaterwelt
denkbar fremd, wurde sie doch ein geachtetes Mitglied des En-
sembles. Halbe Tage brachte sie auf Proben zu, jeden zweiten oder
dritten Abend hatte sie Vorstellung. Womit beschäftigte sich der-
weil ihr Ehemann? Angeblich soll er gleich seiner Frau in Opern
gesungen haben. Doch habe ich dafür keine Beweise gefunden.

Hausmann wurde er nicht. Diesen Beruf gab es noch nicht.
Den Haushalt besorgte das Dienstmädchen Justine. In ihren
knöchellangen Kleidern und mit ihrem Wagenradhut ließ sie sich
auf der Straße von der Herrin nicht ohne weiteres unterscheiden;
Amateurfotos beweisen es, zu Hause entwickelt und in der
Sonne kopiert. Sie zeigen auch den Vater, der mit seinem Söhn-

Auf dem Bootssteg in Ambach. Stehend: August Kuby (mein Vater), Agnes und Robert Ruoff am Tage ihrer Hochzeit, Großmutter Süßkind. Davor v. li.: Gemma Bierbaum, Oberst Abel (Olgas Mann), Dora (meine Mutter).

chen spazierengeht, im Winter trägt es einen langen weißen Pelzmantel, seine Händchen stecken in Fingerhandschuhen.

Ich bin am 28. Juni 1910 geboren, jedoch nicht in Münster, dem damaligen Wohnsitz der Eltern. Des Vaters Schwester Olga war mit ihrem Mann, dem pensionierten Major Julius Schmahl, nach Baden-Baden gezogen. Die Schmahls bewohnten auf der Gunzenbachhöhe, wo später der Südwestfunk seine Bauten errichtete, eine Villa. Dort ist ihr einziger Sohn Ludwig, genannt Hansl, 1909 geboren (1995 gestorben), und da die Babywirtschaft im Gange war, beschloß meine Mutter, ihre Sache, das heißt meine Geburt, bei der Schwägerin abzumachen.

Vier Wochen alt, wurde ich im Deckel eines japanischen Strohkoffers nach Ambach gebracht und dort von einem aus München ausgeliehenen evangelischen Pfarrer mit Seewasser getauft. Danach ging es wieder zurück nach Münster, wo das Reisebaby seine ersten Lebensjahre im dritten Stock eines Hauses in der Bahnhofstraße verbracht hat.

Die Familie kurz vor dem Ersten Weltkrieg.

Auf dem Geländer des Balkons standen in Töpfen kleine Tannenbäume. 1912 wehte ein Sturm ein paar von ihnen auf die Straße hinunter – das ist meine früheste Erinnerung an ein eigenes Erlebnis. Meine Mutter behielt aus jenem Jahr im Gedächtnis, ich hätte bei einem Gang durch die Stadt plötzlich tief eingeatmet und gesagt: Ölfarbe. Mein bewußtes Leben beginnt erst nach Münster.

Diese kuriose Existenz der Familie wurde 1913 beendet, als der beschäftigungslose Diplomlandwirt im bayerischen Voralpenland ein Gut übernahm: den Kreilhof. Eigentlich war der Vater ein verhinderter Architekt, Reißbrett, Schiene, Winkel lagen immer auf seinen Schreibtischen. Seine Pläne hatten etwas Fachmännisches. Davon konnte er nur Umbauten realisieren, womit er auf dem Kreilhof anfing.

Wohnhaus, Stallung und Scheune lagen (und liegen) unter einem Dach. Zur letzteren führte eine steile Auffahrt hinauf, die erhalten blieb, hingegen verschwand die Ausfahrt am anderen Ende des Gebäudes. Die Scheune wurde durch eine das Dach überragende Feuermauer verkleinert. Mit Schlafzimmern, dem

Der Kreilhof, bezogen 1913, nahezu unverändert um 1980 aufgenommen.

»Salon«, in dem ein Flügel stand, einem Bad und einem zweiten WC wurde der Wohnteil vergrößert, bekam ein voll ausgebautes zweites Stockwerk.

Von ihrem Schlafzimmer konnten die Eltern auf einen Balkon hinaustreten; er ruhte an der Giebelfront auf hohen, rot gestrichenen Stützpfeilern aus Holz, beschattete einen Sitzplatz mit Korbmöbeln, umgeben von einer Rasenfläche und Blumenbeeten, die ihrerseits vom Halbrund eines Birkenzaunes umfriedet waren. Ende 1913 war der Umbau fertig, dem Vater blieb noch ein halbes Jahr zivilen Lebens als Landwirt.

Drei Jahre vor dem Krieg beendete Agnes in München ihr Bohemeleben, das Depot an Freiheit einer geschiedenen Frau, zum Leerlauf nach Bierbaums Tod geworden, war verbraucht. In der Verwandtschaft gab es einen Oberingenieur Robert Ruoff, Spezialist für Goldbergwerke, der für die Firma Krupp-Gruson lange in Chile und in Afrika tätig gewesen war. Nach Deutschland zurückgekehrt, hatte er den Vertrag mit ihr gelöst und war nur noch für verschiedene Auftraggeber beratend tätig. Unter anderem auch bei der Einrichtung der Modell-Bergwerke im Deutschen Museum.

Diesen Mann mit dem Temperament einer Schnecke zu heira-

Ich mit Freund und Reittier Bari und meinen Puppen.

ten gab Agnes, die mittlerweile 44 Jahre alt war, die Gewißheit, in einen sicheren, windgeschützten Hafen einzulaufen. Am 29. März 1911 schrieb sie:

»An die Kgl. Regierung in Danzig

Zwecks Wiederverheiratung in München benötige ich Staatsangehörigkeitsausweis, da ich durch die zu Elbing am 12. Sept. 1894 rechtskräftig geschiedene Ehe mit dem Dr. phil. Gerhard Behrends preußische Staatsangehörige bin. Den Ausweis bitte per Nachnahme und umgehend zu senden, da dringend benötigt.«

Auch diese Hochzeit wurde in Ambach gefeiert, am 11. Mai 1911. Das Ehepaar Ruoff bezog in München an der Isar in demselben Haus, in dem Elise Süßkind im ersten Stock eine Fünf-Zimmer-Wohnung gemietet hatte, eine Wohnung gleicher Größe und gleichen Grundrisses zwei Treppen höher. Der Aufgang zum Hochparterre täuschte Marmor vor. Solange Mutter Elise lebte, sie starb 1923, blieb Ambach das lokale Zentrum der Familie, auch und gerade während der Kriegsjahre.

Zu den Verbesserungen auf dem Kreilhof gehörte auch ein Telefonanschluß, mit dem Postamt in Peißenberg durch eine fast vier Kilometer lange Freileitung verbunden. Der Apparat mit seinen Batterien war im Eß- und Wohnzimmer neben der Küche an der Wand befestigt. Drehte man die Kurbel, meldete sich das Amt. Der Vorstand hatte sich ausnahmsweise bereit erklärt, Telegramme telefonisch entgegenzunehmen. So erfuhren die Ruoffs in Ambach am 2. August durch ein Telegramm meiner Mutter, der Krieg habe begonnen:

»MOBILMACHUNG AUGUST EINGEZOGEN GEHT MORGEN AB ICH KOMME NICHT DORA«

2
Der Krieg Nr. 1

Sobald am 1. August 1914 gegen 17 Uhr »mit dem Mobil-
machungsbefehl einmal auf den Knopf gedrückt war, begann
die ganze Riesenmaschinerie anzulaufen: zwei Millionen Menschen wurden einberufen, bewaffnet, verladen ... Ein einziges
Armeekorps – alles in allem umfaßte das deutsche Heer vierzig –
erforderte 170 Waggons für Offiziere, 965 für die Infanterie,
2960 für die Kavallerie, 1915 für die Artillerie.« Generalstabschef
Waldersee schrieb: »Wir sind im Generalstab alle bereit, inzwischen gibt es für uns nichts weiter zu tun.« Sein Vorgänger
Moltke hatte am Mobilmachungstag 1870, auf dem Sofa liegend,
in einem englischen Roman gelesen. Sein Kaiser wußte 1914 immerhin: »Das Netz ist uns plötzlich über dem Kopf zugezogen.«

Seit achtzig Jahren wird ein berühmt gewordenes Wort dieses
Kaisers unrichtig zitiert, das er am 1. August 1914 zu einer viel-
tausendköpfigen Menge gesprochen haben soll, abends gegen
halb sieben an einem Fenster in der ersten Etage des Schlosses
stehend: »Ich kenne keine Parteien mehr, ich kenne nur noch
Deutsche.« Der Sinn ist zutreffend wiedergegeben, der Wortlaut
nicht. An diesem 1. August hatte zwar der Kaiser die Mobil-
machungsorder unterschrieben, gegengezeichnet vom Reichs-
kanzler Bethmann Hollweg, es wurde darin jedoch der 2. August
als Mobilmachungstag festgesetzt, d. h., erst von diesem Tage an
befand sich das Reich im Krieg. Infolgedessen war es korrekt,
wenn der Kaiser sagte: »Wenn es zum Kriege kommen soll, hört
jede Partei auf, wir sind nur noch deutsche Brüder. In Friedens-
zeiten hat mich zwar die eine oder andere Partei angegriffen, das
verzeihe ich ihr aber jetzt von ganzem Herzen.«

Aus der wortgetreuen Zitierung geht deutlicher als aus der po-
pulären Fassung hervor, an wen sich der Kaiser wandte – an die

Linken, an die SPD. Im ersten Vierteljahrhundert seiner Regierungszeit hatte er um die Unterstützung seiner Politik bei zwei Bevölkerungsgruppen gebuhlt: einerseits um die der Großindustriellen und Bankiers, andererseits um die der Arbeiterschaft. War er jenen gegenüber erfolgreich, so hatte er bei dieser, politisch in ihrer Mehrheit der SPD angehörend, nur die Duldung seines Regimes erreicht, wobei dahingestellt bleiben mag, ob für die operative Politik des Kaisers, eines Tirpitz, eines Schlieffen, dessen Operationsplan von 1905 die Besetzung des neutralen Belgiens als selbstverständlich voraussetzte, Duldung nicht Unterstützung gleichkam. Mit Kriegsausbruch brauchte der Kaiser der SPD nichts mehr zu verzeihen. Die Rede ihres Fraktionsvorsitzenden Hugo Haase am 4. August im Reichstag endete mit der Zustimmung zu den Kriegskrediten. Es ist derselbe Haase, der in der vorausgegangenen Fraktionssitzung seiner Partei zu 14 Abgeordneten gezählt hatte, die sich für eine Verweigerung der Kredite ausgesprochen hatten.

Für extreme Kriegsziele setzten sich am 20. Juni 1915 mit ihrer Unterschrift 1347 Persönlichkeiten ein – unter ihnen 312 Professoren, 148 Richter und Rechtsanwälte, 158 Geistliche, 145 höhere Beamte, 40 Parlamentarier, 182 Industrielle und Banker, 18 aktive Generäle und Admirale, 252 Künstler und Schriftsteller. Sie formulierten ihr Programm für einen Siegfrieden: von Frankreich die Kanalküste und eine hohe Kriegsentschädigung; Belgien sei militärisch und wirtschaftlich für immer Deutschland zu unterwerfen; von Rußland die baltischen Provinzen und Siedlungsgebiete (worunter, wie sich 1918 zeigen sollte, die Ukraine zu verstehen war); England habe die deutsche See- und Überseeherrschaft anzuerkennen und eine Kriegsentschädigung zu bezahlen, die nicht zu hoch sein könne.

In dieser Elite fehlte auch Friedrich Gundolf nicht, der an Stefan George am 30. August 1914 schrieb:

»Ich lebe und webe in der Größe der deutschen Taten die ihresgleichen nicht in der Welt haben und ein neues Weltalter heraufführen müssen ... Die Aufgabe des deutschen Geistes ist ungeheuer gesteigert mit dieser Bewährung deutscher Kraft und deutschen Reichs.«

An seinem Geburtstag am 27. Januar 1915 verlieh der Kaiser

den Roten Adlerorden in Anerkennung ihrer Sieges- und Kriegslieder an: Richard Dehmel, Gerhart Hauptmann, Rudolf Presber, Cäsar Flaischlen, Ernst Lissauer, Paul Warnke, Richard Nordhausen, Gustav Falke, Ferdinand Avenarius, Will Vesper, Walter Flex, Rudolf Alexander Schröder.

Gewiß darf Thomas Mann nicht in die Nähe der 1347 Chauvinisten gerückt werden, weil er die 600 Seiten seiner »Betrachtungen eines Unpolitischen« geschrieben und zur Unzeit, am Ende des Krieges, veröffentlicht hat; aber gleich Gundolf lebte und webte er in der Größe der deutschen Taten, und was dabei herausgekommen ist, war die Verteidigung einer deutschnationalen, unzweifelhaft reaktionären Gesinnung, bei weitem leidenschaftlicher geschrieben, bei weitem klarer durchdacht als alles, was er ab 1923 bis zu seinem Tode zur Verteidigung der Demokratie massenhaft abgesondert hat.

Dem Kapitel »Bürgerlichkeit« hat Thomas Mann ein Zitat von Goethe vorangestellt, dessen letzte zwei Zeilen lauten: »Wo kam die schönste Bildung her,/Und wenn sie nicht vom Bürger wär'?« Darin dann die Sätze:

»Wie dieses Volk sich ausnimmt, wenn es gilt, ›bei einer wirklichen Not des Vaterlandes auf dem Platze zu sein‹, haben wir Anfang August 1914 gesehen, – überaus schön nimmt es sich aus; wir möchten glauben: so schön wie kein anderes.«

Wo haben sich unsere Patrioten der um die Jahrhundertwende erwachsenen Generation in dieses Pandämonium eingegliedert? Antwort: Weder haben sie sich dem Chauvinismus ausgeliefert, sich also Anfang August 1914 nicht »überaus schön« ausgenommen, noch haben sie sich einer linken Opposition angenähert. Auch unter ihren Frauen ist keine, die eines emotionellen Bekenntnisses zur Humanität fähig gewesen wäre, wie es von der deutsch-französischen Schriftstellerin Annette Kolb in einem Brief vom Oktober 1914 an eine Freundin vorliegt:

»Doch von dem Tage an, wo das Sengen und Brennen und Schießen und Erstechen und Niederstoßen und Erwürgen und Bombenwerfen und Minenlegen anging, von dem Tage an, siehst du, bin ich eine Ausgestoßene; von einer solchen Welt bin ich geschieden; wie ein Idiot.«

Sie waren patriotische Bürger. Ist das Vaterland in Gefahr, tut der Patriot seine Pflicht. Sie alle haben ihre Pflicht getan, einige mit ihrem Leben dafür bezahlt. Daß »da oben« etwas nicht in Ordnung gewesen sein könnte, darüber hat sie weder die Kriegserklärung noch der Krieg belehrt. Sie konnten sich nicht vorstellen, über sich einen Kaiser zu haben – an dem sie manches auszusetzen gefunden hatten –, der sie belog und täuschte, ja religiös zu erpressen suchte durch die Anrufung Gottes, der die deutschen Waffen segnen werde, und sie glauben machte, er sei gezwungen, »zur Abwehr eines durch nichts gerechtfertigten Angriffs das Schwert zu ziehen und mit aller Deutschland zu Gebote stehenden Macht den Kampf um den Bestand des Reiches und unserer nationalen Ehre zu führen ... Reinen Gewissens über den Ursprung des Krieges bin Ich der Gerechtigkeit unserer Sache vor Gott gewiß.«

Ich bin nicht bereit, diese Vorfahren und Anverwandten ob ihrer Pflichttreue gegenüber dem geliebten Vaterland besserwisserisch zu verurteilen, bringe Sympathie für Eugen Kuby auf, Eigentümer der Edenkobner Weinhandlung in dritter Generation, ein lupenreiner patriotischer Bürger. Aus einer Reserveübung war er 1913 als Vizewachtmeister entlassen worden. Mit diesem Rang wurde er nach der Mobilmachung zu einem badischen Feldartillerieregiment eingezogen und an der Westfront eingesetzt. Zum Leutnant befördert, zu einem Infanterieregiment versetzt, wurde er zunächst als Bataillonsadjutant, dann in gleicher Funktion im Regimentsstab verwendet. Er wurde mit Orden nicht gerade überschüttet, aber doch in ungewöhnlicher Weise ausgezeichnet. Zum EK II kam das EK I, der Orden vom Zähringer Löwen und der Hausorden von Hohenzollern mit Krone und Schwertern, eine hohe und seltene Auszeichnung. Derart dekoriert, hätte Eugen Kuby am Ende des Krieges normalerweise mindestens Hauptmann, wenn nicht Major sein müssen, aber er war 1918 immer noch Leutnant und wurde als solcher demobilisiert. Seine Vorgesetzten – mit einigen blieb er lebenslang in freundschaftlicher Verbindung – schätzten ihn, unter ihnen ein schlesischer General. Warum wurde er nicht befördert? Erstens weil er sich bei seinen Vorgesetzten nicht anwanzte, zweitens weil er auch in Uniform ein Pfälzer Demokrat blieb, für den 1848/49 durch seinen Großonkel Wilhelm, den Revoluzzer, mit der Familientradition verbunden war.

Im Laufe der Beschäftigung mit dem pfälzischen Zweig der Familie hat sich bei mir die Vermutung verstärkt, dessen bis heute nachzuweisende, fast undeutsch zu nennende Anfälligkeit für die Ideen der Freiheit, Brüderlichkeit, kurz gesagt für Demokratie – worin, wie der Verfasser der »Betrachtungen eines Unpolitischen« meinte, der deutsche Geist verschwände und ausgetilgt würde –, leite sich nicht nur von einer historisch zu begründenden allgemein-pfälzischen, politisch dingfest zu machenden Befindlichkeit her, sondern habe auch familiengeschichtliche Wurzeln, wobei der Ehemann von Adele von Herder zur Symbolfigur wird, weil er für ein größeres und freieres Vaterland geschossen und ein Pferd gestohlen hat. Bei den schwäbischen Großeltern und ihren Kindern würde ich vergeblich nach einer vergleichbaren Gesinnung Ausschau halten.

Oberst Abel, Olgas Mann, fiel im Januar 1915. Ellas jüngster Sohn Günter meldete sich mit 16 Jahren als Freiwilliger zum Kriegsdienst, setzte es durch, genommen zu werden. Als einer der jüngsten Leutnants der kaiserlichen Armee fiel er am 14. Juni 1915 bei Verdun. Seine Mutter errichtete für ihn am Seeufer ein Denkmal, einen hochragenden Block aus Tuffstein mit entsprechender Inschrift, daneben eine Bank aus demselben Material.

Am 1. August 1914 war ich seit 33 Tagen vier Jahre alt gewesen. Interessiert hatte ich am 2. August zugeschaut, wie der Vater eine blaue, verschließbare Kiste packte. Viereinhalb Jahre später sah ich sie wieder. Unverwundet, an Ruhr erkrankt, war der Vater erst im Dezember 1918 aus einem Lazarett am Rhein nach Haus gekommen – es war nicht mehr der Kreilhof. Das blaue Ding brachte er wieder mit. Von ihm mit Holzwolle geschickt ausgefüttert, wurde daraus eine Kochkiste, in der Gemüse und Kartoffeln energiesparend ausgarten.

Am Morgen des 3. August 1914 hatte der Kutscher zwei von unseren vier Pferden vor den Landauer gespannt mit seinen blauen Polstern, schmalen roten Rädern, Messinglaternen. Das Wetter war schön, das Faltdach wurde zurückgeschlagen. Darin begleiteten seine Frau und sein kleiner Sohn den Leutnant der Reserve August Kuby auf das Bahnhöfchen Huglfing an der

Strecke München–Garmisch. Die Dampflokomotiven sind seit langem durch elektrische ersetzt, die Fahrzeiten haben sich halbiert, die kleine Station hat sich in achtzig Jahren nicht verändert.

Meine Mutter, Stadtkind, Opernsängerin, die auch leidlich Klavier spielte, ihre musizierenden Freunde aus München nach Beendigung des Umbaus schon zu Hausmusiken eingeladen hatte – von einem Tag auf den andern wurde sie für den Hof verantwortlich. Es war Erntezeit. Acht Knechten, vier Mägden, dem für den Stall zuständigen Schweizer war jeden Abend die Arbeit für den nächsten Tag zuzuteilen. Einen Verwalter gab es nicht. Der Altknecht Pronizius, der zu unserem Bernhardiner Bari Sie, zu meiner Mutter du sagte, gab Ratschläge, die sich bald als überflüssig erwiesen.

Zweimal täglich aßen die Männer im »Leutezimmer« neben der Küche an dem großen, quadratischen Tisch mit der Eckbank, die Frauen in der Küche. Die Wiesen und Äcker waren nicht »arrondiert«, zu den am weitesten entfernt liegenden Feldern brauchte ein Ochsengespann über eine Stunde. Dorthin nahmen die Männer die Brotzeit mit, in Flaschen Most und Wasser.

Für meine Mutter hatten die heroischen Jahre ihres Lebens begonnen, vier von 92, und, dessen bin ich sicher, auch ihre glücklichsten. Wir verbrachten Kriegsjahre ohne Krieg unter paradiesischen Bedingungen. Selbstverständlich durchstrahlen sie mein ganzes Leben, geistig geprägt haben sie mich indirekt, indem sie jäh endeten.

Der Kreilhof war (und ist) kein Ein-, sondern ein Zweiödhof. Nur ein Fußweg und ein schadhafter Zaun trennen ihn vom etwa gleich großen Nachbarn, seit Generationen eine Familie Filgertshofer. Während der Kreilhof mit fremden, in Lohn stehenden Kräften bewirtschaftet wurde, deshalb eher eine Guts- als eine Bauernwirtschaft war (und geblieben ist), arbeiteten beim Nachbarn nur Mitglieder der engeren und weiteren Familie, die außer Kost, Bett, Kleidung nur eine minimale Bezahlung bekamen. Der Bauer Filgertshofer wurde immer wohlhabender, während der Kreilhof durch Milchablieferung, Kälber- und Schweineverkauf bei weitem nicht soviel einbrachte, wie er

Kosten verursachte. Er war ein Zuschußbetrieb, wie es deren im Voralpenland mit langen Wintern und mittelmäßigen Böden nicht wenige gab, als der Begriff »Subvention« noch unbekannt war.

Ab 1917 machte sich der Staat in Gestalt des Dorfbürgermeisters bemerkbar, der in Begleitung eines Vertreters des Bezirkamtmanns von Weilheim, der nächsten Kreisstadt (damals 7000 Einwohner), erschien, erst die Ablieferung von zwei Pferden, nach einem halben Jahr auch der zwei verbliebenen forderte, die Ablieferungsquoten für Milch und Mehl erhöhte, das wir aus dem eigenen Korn in Huglfing mahlen ließen. Als Produzenten aller wichtigen Subsistenzmittel lernten wir Hunger nicht kennen. Was wir über den eigenen Verbrauch hin ablieferten, Milch, Getreide, Kartoffeln, Schweine, Kälber, war so »kriegswichtig«, daß wir auch mit bewirtschafteten Waren, die wir nicht selbst erzeugten, bevorzugt versorgt wurden: Kaffee, Zucker, Petroleum für die Lampen, Dieselöl für den Motor, mit dem die Dreschmaschine und die Güllepumpe betrieben wurden.

Landwirtschaftliche Anwesen bildeten in jener Zeit nicht nur einen wirtschaftlichen, sondern auch einen organisatorischen Mikrokosmos. Eingebunden, wie der Bauernstand heute in EG-Vorschriften ist, abhängig von Staatsgeld, für das Berechtigungsnachweise vorzulegen sind, ist der Zustand von Unabhängigkeit und Selbstverfügbarkeit, wie ihn vor zwei Menschenaltern der Kreilhof den Eigentümern einräumte, unvorstellbar geworden.

Vom 3. August an führte meine Mutter ein Arbeits-Tagebuch. Für ihre täglichen Aufzeichnungen benützte sie die schwarzen Bände, je zwei für ein Jahr, des »Hülfs- und Schreibkalenders von Mentzel und v. Lengerke« für Landwirte mit einem umfangreichen Textteil, z. B. über »Verdaulichkeitsverhältnisse verschiedener Futtermittel« oder »Taschen-Tierarzneibuch«. Sie schrieb von sich in der dritten Person: »... die Frau hat...«

»12. Nov. 1915: 4 Franzosen und Frau gedroschen. 1 Franzose geackert auf 215 [Nummer des Feldstücks im Katasterplan, E. K.]. Fr. Lechner Haus geputzt und Säcke gewaschen. Marie genäht. 26. Nov. 1915: Sehr kalt, Schnee. Zimmermann doppelte Tür im Kartoffelkeller gemacht. Franzosen 2 Steer Feuerholz gemacht. Frau morgens mit Erich nach Peissenberg, Weilheim, abends München wegen ... [unlesbar]

4. Dez. 1915: Schön, sehr warm, Jakob d. ganzen Tag geackert auf 215. Fr. Lechner Haus geputzt. Neue Schweizerin [= Melkerin] nachmittags gekommen, Hafner Ofen gesetzt, Schweizerin bekommt 45 M. abzüglich Kranken- und Invalidenkasse. Jakob mit Ochsen geackert auf 215, 4/5tel Steel davon. Auch auf 209 ein Stückchen an der Eyach [kleiner Fluß am Rande unserer Felder].

20. Dez. 1915: Jakob hat 15jährigen Buben mitgebracht, aber wieder fortgeschickt, weil nicht kräftig. Mist auf 219. Frau Weihnachtssachen gerichtet.

31. Dez. 1915: Sehr schön, etwas Reif. Schweizerin nach Hause gefahren, Frau Lechner im Stall. Jakob 2 Std. noch 215 fertig, dann 205 geackert. Mit Erich nach München, zuerst in die Kirche. Agnes in schlechtem Zustand.«

Auch über die Milchproduktion führte sie Buch. Im Januar 1915 1350 Liter, im Mai 1787 Liter. Ein Teil der nicht abgelieferten Milch wurde in einer Zentrifuge entrahmt, aus dem Rahm entstand in einem hölzernen Faß Butter. Davon wurde ein Teil an die Molkerei in Oberhausen verkauft. Der Haushalt verbrauchte wöchentlich etwa zwei Kilo. Im Mai 1915 legten die Hühner 275 Eier, die Enten 39, die Truthühner 46. Für die Wintermonate wurden pro Jahr etwa 1500 Eier »eingekalkt«.

Am 6. April 1916: »Mann auf Urlaub. Bringt 2 Paar belgische große Stallhasen mit.« Für diese Hasen, die Pärchen waren, wurde neben der Futterkammer am Ende des Stalls ein Käfig gebaut, in dem sie sich nach ihrer Art rapid vermehrten. Die Folge war, daß mit zunehmender Häufigkeit Kaninchenfleisch auf den Tisch kam, das ich nicht gern aß. Der Urlaub des Vaters im Frühjahr 1916 blieb mir nur dank der mitgebrachten Hasen, die in der Tat ungewöhnlich groß waren, im Gedächtnis. Im ganzen vermutlich nur viermal während des ganzen Krieges zu Hause, blieb mein Vater für mich eine schemenhafte Erscheinung. In die Wirtschaftsführung seiner Frau griff er nicht ein. In die Welt, in der sie das Sagen hatte, gehörte der Leutnant August Kuby, ab 1917 Oberleutnant, sowenig wie in meine.

Ich hatte zwei Spielkameraden: das mit mir gleichaltrige Babettel vom Nachbarhof und Bari, den Bernhardiner, der mich noch als Fünfjährigen auf sich reiten ließ. Vielleicht sollte ich noch die fünf Puppen, von einem Struwwelpeter angeführt, dazurechnen, die neben mir auf einem zweiten Kissen schliefen. Das Babettel starb als junge Frau. Bei einem meiner Besuche der Filgertshofer nach dem Zweiten Weltkrieg wußte man dort noch, ich sei einmal in ihrer Küche erschienen und hätte geschrien: Das Babettel gehört mir.

Es ging in die Schule nach Oberhausen, ich nicht. Es war entschieden worden, der vier Kilometer lange Weg über die Flüßchen Eyach und Aach, durch ein Hochmoor, das sich im Frühjahr mit einem Blumenteppich bedeckte, sei mir nicht zuzumuten. Zwei Hauslehrerinnen folgten einander, ein Fräulein Neumayer und ein Fräulein Hagen, die letztere Tochter eines Reichsgerichtsrates aus Leipzig. Beide sollten nicht nur mir Lesen und Schreiben beibringen, sondern sich auch in Hauswirtschaft ausbilden. Zu ihnen gesellte sich ab 1916 Frau Bühlmann, eine Geigerin, die alle zwei Wochen aus München meist für zwei Tage zu uns kam, um mir Geigenunterricht zu geben. Bei meiner Mutter hatte sich die Überzeugung gebildet, aus mir werde ein Musiker. Darin sah sie sich dadurch bestätigt, daß ich rasch Fortschritte bei Frau Bühlmann machte. Ihr Sohn Karl, im selben Jahr wie ich geboren, wurde unser »Kriegskind« für fast eineinhalb Jahre. Meine Mutter behandelte ihn so fürsorglich wie mich, er nahm an meinem Unterricht teil. Es war für ihn eine nahrhafte, eine lustige Zeit kann es nicht gewesen sein. In meine Freundschaft mit dem Babettel, die vielleicht eine erste Liebe gewesen ist, wurde Karl nicht aufgenommen. Wenn seine Mutter nach München zurückfuhr, packte sie in das Fach ihres Geigenkastens, das eigentlich für Ersatzsaiten, Kolophonium und den Dämpfer vorgesehen war, rohe, in Zeitungspapier eingewickelte Eier.

Der Geigenunterricht fand im »Salon« statt, dessen großer grüner Kachelofen vom Flur aus beheizt wurde und das Holz in großen Scheiten klafterweise fraß. In der Beuge des Flügels stand das neueste Modell eines Grammophons, Marke »Odeon«. Um den Apparat zu benutzen, mußten nicht nur der Deckel über dem Plattenteller aufgeschlagen, sondern auch zwei Türchen geöffnet werden, hinter denen sich schwarz und geheimnisvoll der Schalltrichter öffnete. Von »Aida« bis zum »Pariser Einzugsmarsch« reichte der Plattenvorrat.

Waren die musizierenden Freunde aus München mit Geige, Cello, Flöte zu Gast – unter ihnen der Maler Kubierschky, dessen Vorfrühlingsbilder in Museen hängen –, wurde bis tief in die Nacht musiziert, meine Mutter am Flügel. Auf ihm lag der gelbe Fransenschal, mit dem sie als Carmen in Münster aufgetreten war. Ich versteckte mich unter dem Instrument, von Tonwogen überwältigt. Niemand schickte mich ins Bett.

Das war die kulturelle Dimension unseres Kreilhof-Lebens. Über die wirtschaftliche, über den Hof als Produktionsbetrieb, herrschte die Mutter mit absoluter Machtvollkommenheit. Was er an finanziellen Subventionen benötigte, kam nicht vom Staat, sondern vom Bankkonto, dessen Führung desgleichen in ihre Kompetenz fiel. Nur die Natur selbst, die Jahreszeiten, das Wetter waren ihr übergeordnet.

Der Bauer Filgertshofer genoß auf dem Nachbarhof dieselbe Unabhängigkeit, war in sie hineingeboren, wie vor ihm Generationen seiner Vorfahren. Für die Mutter gab es kein Vorher, keine Tradition. Der Hof ohne den Mann war das Geschenk des Krieges an sie, nicht weniger folgenreich auch an mich, aber der Krieg selbst kam nur mit den »Münchner Neuesten Nachrichten« ins Haus, die von 1914 bis 1918 in einem Schrank im oberen Flur gesammelt wurden. Zuletzt war er bis oben hin voll. Der Inhalt verschwand mit dem Wegzug vom Kreilhof.

Nur einmal, ein einziges Mal, kamen berittene Soldaten am Hof vorbei. Sie saßen nicht ab, für ihre Pferde wurde Wasser in Wannen vors Gartentor getragen, die Männer bekamen Milch in Bierkrügen. Als Italien in den Krieg eingetreten war, hörte man bei Südwind ein fernes Grollen; die Mutter sagte, das sind die Kanonen an der italienischen Front. Von der Westfront kamen selten Lebenszeichen auf Feldpostkarten, und ähnlich dürftig waren die Nachrichten, die den Feldartilleristen von seiner Frau erreichten.

Das männliche Personal, ab 1917 nur noch französische und russische Gefangene, schlief im »Leutehaus« hinter dem ummauerten Düngehaufen. Mit jenen sprach die Mutter französisch, was die auf dem Hof noch arbeitenden deutschen Frauen ärgerte. Unter den Franzosen nahm Magnier bald eine Sonderstellung ein, er war intelligent, verstand den oft streikenden Motor immer wieder in Gang zu bringen. Oh, Madame, le moteur, c'est comme une femme! Er wurde für mich ein Vaterersatz; mit ihm ging ich nach Regenfällen über die zur Eyach abfallende Wiese, wir sammelten Weinbergschnecken, aus denen im Laufe von Tagen in einem komplizierten Verfahren eine Delikatesse, ein Festmahl für die Franzosen wurde. Ja, der Magnier, sagte die Mutter, so was haben wir nicht.

Nur alle paar Monate kam vom Kohlenbergwerk Peißenberg ein alter Landsturmmann im Rang eines Feldwebels auf den Hof, um seine Schäflein zu zählen. Es fehlte nie eines. Magnier wollte überhaupt nicht mehr nach Frankreich zurück und die Köchin heiraten. Aber schon im Dezember 1918 machte ihn eine französische Offizierssstreife in einer Peißenberger Werkssiedlung bei der Köchin ausfindig und erklärte ihm, er werde als Fahnenflüchtiger behandelt, falls er nicht sofort nach Frankreich zurückkehre und sich in der Garnison melde, wo er eingezogen worden war. Mit dem Versprechen, wiederzukommen, gehorchte er und ward nicht mehr gesehen.

Zur Kreilhof-Welt gehörten auch die Maiandachten in St. Nikolaus, einem Kirchlein auf einem steilen Hügel, zu Fuß in einer Viertelstunde zu erreichen. Weil das Babettel von ihrer Mutter dorthin mitgenommen wurde, ging ich auch hin. Der eintönige Sprechgesang der Frauen vermittelte mir eine Ahnung von der hypnotischen Kraft katholischer Messerituale: Gegrüßtseistdu-Mariagebenedeitunterdenweibernundgebenedeitseidiefrucht-deinesleibesJesusChristus.

Vom Babettel und ihrer großen Familie, deren Verwandtschaftsverhältnisse für mich undurchsichtig blieben, lernte ich meine zweite Sprache, den oberbayerischen Dialekt mit eigenem Wortschatz und eigener Grammatik. Manchmal blieb ich zum Essen bei den Filgertshofers. Alle aßen aus einer Schüssel. Gab es Fleisch, so lag es neben der Schüssel auf einem großen Brett, von dem es tropfte, und dabei ein spitzes Messer. Jeder schnitt sich ein Stück ab, führte es mit der Hand zum Mund.

Zu den zahlreichen Gästen, die nicht zum Musizieren, sondern zum Sattessen auf den Hof kamen, zählte im Sommer 1915 Bierbaums Witwe, Agnes' Freundin, die schöne Gemma. Als sie abreisen wollte, steckte ich, der ich gerade schreiben gelernt hatte, ihr ein Zettelchen zu, sie möge noch bleiben. Dieser erste Brief meines Lebens war ein Liebesbrief, den die Adressatin leider meiner Mutter zeigte, was ich erfuhr und als Verrat empfand.

Auch vom Kreilhof aus verbrachte ich während des ganzen Krieges die Ferienmonate, in denen meine Hauslehrerinnen zu ihren Eltern fuhren, in Ambach, dieser zweiten Oase des Friedens im Krieg. Die Mutter konnte den Hof nur tageweise allein lassen, und so war ich am See unter der Obhut von Tante Agnes und der Großmutter. Agnes' Mann konnte ebenfalls nur immer für wenige Tage nach Ambach kommen, denn er war vom Generalkommando als Revisor für die Metallbeschlagnahme in Bayern eingesetzt worden, sollte auch sporadisch beratenden Sitzungen in Berlin beiwohnen.

Er führte vom ersten Kriegstag an in handtellterkleinen Kalendern Tagebuch. Während in den Aufzeichnungen der Mutter der Krieg nicht vorkam, füllte der Onkel, der keinen Tag Soldat geworden war, seine Notizbüchlein mit Siegesmeldungen, die er völlig unkritisch den »Münchner Neuesten Nachrichten« entnahm. In den Sitzungen seines Ingenieurvereins wurden vom Krieg nur seine Rückwirkungen auf die industrielle Produktion zur Kenntnis genommen.

»1. Jan. Engl. Kreuzer Formidable durch deutsches Unterseeboot versenkt. 3. Jan. Agnes zum Kreilhof. 7. Jan. Franz Abel gefallen. 15. Jan. Kriegsanleihe Parikurs erreicht. 20. Jan. In der Nacht vom 19. auf 20. bombardieren 3 Zeppeline die engl. Ostküste Yarmouth, Sandringham. 24. Jan. Seeschlacht 70 Meilen N. N. W. von Helgoland. Wir verloren Panzerkreuzer ›Blücher‹. 30. Jan. Unser deutsches Unterseeboot ›U 21‹ versenkt bei Liverpool in der Irischen See 2 engl. Dampfer, 1500 km Entfernung von unserem Flottenstützpunkt. 31. Jan. Neffe Günter Haseloff wurde mit noch nicht 17 Jahren Leutnant. 1. Feb. Alle Mehl- u. Getreidevorräte über 200 Pfund sind anzugeben. Die dt. Regierung kündigt die Blockade des Kanals, der französischen Nord- und Westküste an. 4. Feb. Die Gewässer rings um Großbritannien u. Irland einschließlich des gesamten Kanals wurden als Kriegsgebiet erklärt. 5. Feb. Im Ingenieurverein Vortrag ›Der Krieg und der Welthandel‹. 12. Feb. 26 000 Russen östlich der Masurischen Seen gefangen genommen. In der Bukowina bis jetzt 29 000 Russen gefangen. 17. Feb. Anstatt des Aschenkreuzes heute am Aschermittwoch wehen im herrlichen Sonnenschein die Siegesfahnen wegen des großen Hindenburg-Sieges über die Russen. Über 50 000 Gefangene, mehr als 40 Geschütze, unermeßliches Kriegsmaterial. 18. Feb. Obiges erhöht sich auf über 64 000 Gefangene, über 100 Maschinengewehre, 3 Lazarettzüge, 150 gefüllte Munitionswagen, Scheinwerfer u. unzählige beladene u. bespannte Fuhrwerke. Blockadebeginn Englands durch Deutschland. 13. März Kriegsanleihe gezeichnet [Der Betrag ist in einer selbsterfundenen Geheimschrift notiert, die aber leicht zu enträtseln ist. An diesem Tag waren es vermutlich 500.-]. 18. März Kriegsanleihe gezeichnet, 1000 Mark. 19. März Verteilung der Kriegsbrotkarten, welche zum Einkauf von 8 Pfund Brot in 4 Wochen pro Person berechtigen. Sonntag 21. März Frühlingsanfang, Bekanntgabe des Resultates der Kriegsanleihe 9 Milliarden.«

Diese handschriftlichen, teilweise schwer lesbaren Notizen haben noch nach achtzig Jahren die Wirkung eines Teleobjektivs, sie ziehen historische Ereignisse nahe heran, so als sei der Protokollführer zugleich der Urheber dessen, was er protokolliert. Hält er fest, wieder seien 20 000 Russen gefangen worden, so spürt man hinter der Information das patriotische Engagement. Mit der hingekritzelten Siegesmeldung vollbringt der Goldbergwerksingenieur eine patriotische Tat.

Selten sind Eintragungen, die sich nicht auf Kriegsereignisse beziehen. Eine von ihnen hat einen Vorfall zum Gegenstand, der fast verhindert hätte, daß ich älter als fünf Jahre geworden bin.

»20. Juli 1915 Erich Kuby in Starnbergersee gefallen, beinahe ertrunken. Von Luise, Dienstmädchen von B. s, herausgezogen.«

Eine in mancher Hinsicht merkwürdige Eintragung – ich werde mit dem vollen Namen genannt, und in welchen See außer in den Starnberger hätte ich wohl fallen können? Ich war vom Bootssteg abgerutscht, saß auf dem Grund des Sees, der an dieser Stelle so wenig tief war, daß ich stehend den Kopf über

Wasser gehabt hätte. Jene Luise dachte, wo ist denn das Kind geblieben, reagierte richtig, lief den Steg entlang, zog mich aus dem See. Noch seltsamer als die Eintragung des Onkels war die Sache selbst, an die ich nur die Erinnerung habe, daß ich auf dem Seegrund wie auf einer Wiese saß. Wahrscheinlich hatte ich aufgehört zu atmen. Luise erzählte, sie habe mich an den Beinen in die Höhe gehalten, damit das Wasser wieder aus mir herauslief, aber da sei nicht viel gekommen.

An manchen Abenden saßen wir unten im Garten an einem Tisch unter hohen Bäumen. Glühwürmchen umschwärmten uns gleich leuchtenden Wolken. Aus der Stadt hatte der Onkel einmal kleine Feuerwerkskörper mitgebracht, die auf dem Tisch entzündet wurden. Darunter befand sich einer in der Form einer stumpfen Granate, war in Silberpapier eingehüllt mit dem Aufdruck »Dicke Bertha«. Das fand ich komisch. Der Onkel erklärte mir, so heiße die größte Kanone, die wir, die Deutschen, gebaut hätten, und so, nur hundertmal größer, seien die Granaten für diese Kanone. Zünde sie doch an, sagte die Großmutter. Die »Dicke Bertha« wurde zu einem kleinen Vulkan, der eine kaum zwanzig Zentimeter hohe Feuersäule ausstieß, die rasch in sich zusammensank. Die silberne Umhüllung war beschädigt, die Banderole unlesbar geworden. Ich hatte mir mehr erwartet.

Zu Weihnachten 1916 legte Agnes ihrer Mutter ein kleines Päckchen neben einen Tannenzweig. Es enthielt

»Das letzte Stück Seife

In Watte weich gebettet
liegt hier ein köstlich Gut:
Münchens letzte Seife,
nimm sie in Deine Hut.
Ihr Dasein muß zwar zergehen
sonst wär ihr Zweck nicht erfüllt,
drum dien als Erinnerungszeichen
dies Blatt, mit dem ichs umhüllt.«

Im Spätherbst 1917 fing ich an, die Zeitung zu lesen, mich von meinen Kinderbüchern abzuwenden, von denen mir nur der »Struwwelpeter« lieb und wert blieb, zu dem es eine Propagandafassung, den »Kriegsstruwwelpeter«, gab. Auch holte ich mir Bücher aus der Bibliothek im »Salon«, geriet an die Königsdramen von Shakespeare, die ich wie Abenteuergeschichten las.

Die letzten Pferde wurden beschlagnahmt. Für eine Einkaufsfahrt nach Peißenberg spannte die Mutter, die Rücksicht auf irgendwelche Konventionen nicht kannte, Ochsen vor die vornehme Kutsche. Im Dorf liefen die Kinder johlend neben uns her. Der Knappschaftsarzt U. verlor beim Anblick dieses seltsamen Gefährtes die Herrschaft über sein Rad, fast hätte ihn die Wagendeichsel aufgespießt. Aber Frau Kuby, sagte er. Die Ochsen standen. Na ja, Herr Doktor, sagte sie, besser als zu Fuß ist es doch. Haben Sie sich weh getan?

Ob sich noch jemand fand, der am 4. und 5. November 1918 Kriegsanleihen zeichnete?

3

Deutsche Lehr- und Lernstunde

Des Onkels Aufzeichnungen haben 1918 nicht mehr den Trompetenton der Siegeszuversicht. Fast die Hälfte der Tagesblätter bleibt leer.

»19. 2. S. M. d. Kaiser hier zur Gold. Hochzeitsfeier König Ludwig III.

27. 2. August wieder zur Front abgereist.«

Nach zwei Monaten eine der selten gewordenen Siegesnachrichten:

»25. 3. Der vollendete Durchbruch bei Bapaume, die engl. Armee geschlagen.

22. 4. Der erfolgreiche Flieger Freiherr von Richthofen beim 80. Luftsieg gefallen. Die Feldpostsperre wird aufgehoben.

11. 6. Mein Gewicht im Adamskostüm 61 1/2 Kg.«

Zu meinem achten Geburtstag am 28. Juni 1918 bekam ich eine Postkarte des Vaters:

»Du bist nun schon ein großer Bube und kannst der Mutter auf dem Hof helfen. Ich kann hier nicht fort, weil die Engländer noch nicht eingesehen haben, daß sie den Krieg verloren haben. Gruß Dein Vater.«

Die Absurdität dieser Karte begriff ich nicht, als ich sie bekam. Sie gehörte aber zu den wenigen vom radelnden Briefträger an der Küchentür abgegebenen Postsachen, die an mich adressiert waren. Deswegen hob ich sie auf. Daß sie noch nach mehr als siebzig Jahren existiert, hat einen anderen Grund. Die nationalistischen Aktivitäten des Vaters in den ersten Nachkriegsjahren ließ die Karte zu politischem Sprengstoff werden, der das durch den Krieg ohnehin beschädigte Vater-Sohn-Verhältnis irreparabel zerstörte.

Schwer zu glauben, aber es war so: Des Vaters Geburtstagskarte an mich weckte bei seiner Frau mitnichten den Verdacht, ihr Mann könne den Verstand verloren haben. Unter den Deutschen war es nur eine kleine Minderheit, die den Krieg schon für verloren ansah, bevor Ludendorff am 28. September 1918, wie üblich Hindenburg und den Kaiser an kurzer Leine hinter sich herziehend, die Reichsregierung aufforderte, ein deutsches Friedensangebot durch Vermittlung des US-Präsidenten Wilson den Feindmächten zu unterbreiten, was der Bitte um Waffenstillstand gleichkam.

Soweit war es im Sommer 1918 noch nicht. Möglich, daß die Mutter das Handtuch warf – zur Unzeit, wie sich zeigen sollte –, weil sie annahm, der Krieg werde noch lange dauern. Dieser Krieg – was war er für sie, ihm fern auf dem Kreilhof? Als ich fähig geworden war, nachzudenken, auch über die Mutter mir kritische Gedanken zu machen, bin ich zu der Vermutung gelangt, sie habe den Krieg als das große Weltunglück gar nicht wahrgenommen. Erst als er den Hof unmittelbar in Mitleidenschaft zog, die Schwierigkeiten der Bewirtschaftung immer mehr zunahmen, die französischen und russischen Kriegsgefangenen auf dem Hof immer aufsässiger wurden – von Magnier abgesehen –, weil sie früher als die Deutschen wußten, was es geschlagen hatte –, erst dann nahm sie den Krieg als eine private Belästigung wahr.

Die Frage, ob sie im Sommer 1918 noch an den Sieg geglaubt oder die Niederlage für wahrscheinlich gehalten habe, ist müßig. Die Konsequenzen der Niederlage, und damit diese selbst, beschäftigten sie erst, als sie begriff, daß die Inflation die Familie mit Verarmung bedrohte, und das war nicht vor 1921 der Fall. Was die militärische Niederlage für Deutschland politisch bedeutete, für seine Stellung in der Welt, dem brachte sie keinerlei Interesse entgegen. Das ist der Moment, wo ich einzuräumen habe, in diesem Familiengehege von Patrioten sei meine Mutter keine Patriotin gewesen. Ich habe Ursache anzunehmen, auch ihre Schwester Agnes sei ein »vaterlandsloser Geselle« gewesen, eine Frau, die sich von meiner Mutter nur in einem Punkt unterschied – sie war keine Antisemitin.

In Gottes weiter Welt, von der sie aus eigener Anschauung wenigstens England, Frankreich, Italien kannte, gab es für Dora Kuby außer den Juden keine Sorte Mensch, gegen die sie irgendwelche Vorurteile gehegt hätte. Das machtlose, besiegte Deutschland war für sie vor 1923 kein anderes als jenes, in dem sie aufgewachsen war, auf Opernbühnen gesungen, ein Kind geboren hatte. Sprachen, die sie mühelos wechselte, ihre Reisen und die ohnehin internationale Verständlichkeit der Musik hatten aus ihr eine perfekte Europäerin gemacht, der es unmöglich geworden war, in Kategorien der Macht, des nationalen Prestiges, der Souveränität zu denken. Wäre der für den Kreilhof zuständige Bürgermeister von Huglfing 1919 ein Franzose geworden mit gleicher Kompetenz wie der ortsansässige, sie hätte ihn statt mit grüß Gott mit Bonjour begrüßt und nur gesagt: Ah, Monsieur, sind Sie jetzt der Bürgermeister?

Es muß unmittelbar nach meinem Geburtstag gewesen sein, daß sie ihrem Mann schrieb, sie habe Übergabeverhandlungen eingeleitet, er solle für ein paar Tage kommen. Am 16. Juli fuhr sie mit mir nach München, am 17. traf der Vater ein. Bei einem Notar wurde die Übergabe des Hofes zwischen neun und halb drei und zwischen 4.30 und 7.45 Uhr ausgehandelt. Diesen zum erstenmal fahrig mit Bleistift geschriebenen Zeitangaben folgt der Satz: »Ab 6 Uhr keine Verantwortung«.

Daß ihr die Herrschafts- und Bewährungsjahre schließlich doch zu einer Last geworden waren – des zum Beweise gibt es nur diese wenigen Worte. Mündlich hat sie sich dazu nicht geäußert. Die Umstände hatten es ihr erspart, in der Preisgabe des Hofes eine persönliche Niederlage sehen zu müssen, aber

Das war das Kreisstädtchen Weilheim nach dem Ersten Weltkrieg.

eine Niederlage war es doch, zu der sie sich nicht bekennen wollte.

An diesem 17. Juli notierte ihr Schwager Robert: »Kreilhof finis«; am 18. Juli: »Kubys kaufen Haus in Weilheim«.

Am 19. Juli kehrte Oberleutnant Kuby zu seiner Feldartillerieeinheit zurück, um die Engländer zu lehren, daß sie den Krieg verloren hatten. Bei seiner Demobilisierung wurde er zum Hauptmann befördert, das kostete den Staat bei einem vor seiner Entlassung stehenden Reserveoffizier nur ein Blatt Papier.

An Weihnachten 1918 waren wir nach viereinhalb Jahren wieder eine komplette Familie geworden. Der Vater, dieser fremde Mann, beschloß, in Weilheim ein landwirtschaftliches Anwesen zu kaufen. Es fand sich um Ostern 1919 gegenüber dem Bahnhof, war mit dem Kreilhof verglichen eine kleine Bauernwirtschaft. Unmittelbar ums Haus lagen nur der Gemüse- und Blumengarten, ein großer Obstgarten mit einem Nußbaum, der in jedem zweiten Jahr einen halben Sack Nüsse lieferte, und eine als Weide benutzte Wiese. Von allen anderen, nach und nach dazugekauften Grundstücken lagen noch etwa zehn Tagwerk (3 Tagwerk = 1 Hektar) diesseits der Ammer. Jenseits die übrigen gen Westen in ihrem weiten Tal, einem unbesiedelten Hochmoor. Wo es endete, begrenzt von einer Hügelkette, lag in einer ur-

Das war das Anwesen, wie es vom Vater gekauft worden ist.

Nach mehreren Um- und Anbauten (die Landwirtschaft war aufgegeben) war daraus vor dem Zweiten Weltkrieg dieses Haus geworden.

weltlichen Vegetation, in einem von der Natur geschaffenen botanischen Garten mit seltenen, geschützten Blumen, unser Torfstich. Die abgestochenen Wände, fast drei Meter hoch, stiegen aus tiefschwarzem, spiegelndem Grundwasser empor, in dem sich Frösche mit Schlangen vertrugen, von denen der Torfstecher die giftigen Kreuzottern mit seinem Stecheisen erschlug.

1926 zeichne ich das Zimmer, in dem musiziert wurde.

Das verwohnte, zu kleine Haus bedurfte des Um- und Aus-
baus, der Vater konnte wieder seiner Lieblingsbeschäftigung als
Amateurarchitekt nachgehen. Maurer und Zimmerleute waren
noch an der Arbeit, als wir im Spätsommer einzogen. Jenseits der
Straße fiel das Gelände um ein paar Meter steil zu den Gleisan-
lagen ab, die Züge von München nach Garmisch hielten fast
zwanzig Minuten. Eine Linie nach Peißenberg, eine andere nach
Augsburg zweigen ab. Der Verkehr wurde noch mit Dampflo-
motiven bewältigt. Wachte ich im Winter auf und war der Lärm
vom Bahnhof kaum noch zu hören, wußte ich, es hatte in der
Nacht geschneit.

Dieses Haus hat eine lange, wechselvolle Geschichte, wurde
umgebaut, vergrößert, 14 Tage vor Ende des Zweiten Weltkriegs
von einer amerikanischen Bombe, die den Bahnhof hätte treffen
sollen, in Trümmer gelegt. Aber das ist eine spätere Geschichte.

Hier und jetzt befinden wir uns in den ersten Jahren nach dem
Ersten Weltkrieg in einem Kreisstädtchen mit 7000 Einwoh-
nern, fünfzig Kilometer südlich von München, wo Hitler schon
begonnen hat, die NSDAP aufzubauen; Kurt Eisner, Minister-

präsident einer Räteregierung, erschossen wird; ein Bürgerkrieg von Truppen unter reaktionärem Kommando blutig beendet wird, und so weiter.

Gefahr besteht, daß diese Chronik zur Autobiographie ausufert. In ähnlicher Lage befand sich Stefan Zweig – dem gebildeten, lesenden Bürger vor 1933 mindestens so nahe und wichtig wie Thomas Mann –, als er in der Emigration sein Buch »Erinnerungen eines Europäers« schrieb. Er sagte im Vorwort, er beabsichtige nicht, die Geschichte seines Lebens zu erzählen. Rücke er dabei doch in den Mittelpunkt, so nur im Sinne des Erklärers bei einem Lichtbildervortrag, die Zeit gebe die Bilder, er spreche nur die Worte dazu.

Werde ich nur die Worte zu fast siebzig erlebten Jahren des 20. Jahrhunderts sprechen? Was dabei entstehen wird, ist ein unvermeidbarer Kompromiß von Chronik und Autobiographie, die nicht fehlen kann, zumal die Verstrickung des Privaten in das Zeitgeschichtliche jetzt zu einem engmaschigen Gewebe wird, engmaschiger als im 19. Jahrhundert, weil der Typus des Patrioten zwar noch als Individuum fortexistiert, aber nicht mehr eine in sich homogene Klasse, eben das Bürgertum, repräsentiert, das nicht im Ersten Weltkrieg, sondern mit einer Verzögerung von fast fünf Jahren mit der Inflation, mit dem Verlust seiner ökonomischen Basis, die es für unzerstörbar gehalten hatte, untergegangen ist.

Meine »Patrioten« repräsentieren nur noch sich selbst und werden in dem beharrlichen Bemühen, ihre tradierte Identität, anders gesagt, ihr Wertesystem, nicht zu verlieren, zu Widersachern, die zwar nicht für ihre Sache kämpfen, aber auch den politisch verwendeten Begriff des »Mitläufers« nicht erfüllen und schließlich Fossile einer zerstörten Kultur werden, ohne sich selbst als solche zu erkennen. Sie haben keine Merkmale an sich, nach denen sie ohne weiteres von der manipulierten Mehrheit zu unterscheiden wären, laufen politisch nicht auf einem ganz anderen Gleis.

Wären wir auf dem Kreilhof geblieben – wie hätte sich ab 1919 das Familienleben, wie das Leben dieses Kriegsheimkehrers gestaltet? Mir ist klargeworden, daß das Leben meines Vaters ganz entscheidend, und zwar zu seinem Nachteil, ja zu seinem

Der Vater (im ersten Glied Mitte) führt die »Einwohnerwehr«, 200 Mann, durchs Städtchen.

Unglück, von zwei durch die Übersiedlung nach Weilheim (die er hingenommen, aber nicht veranlaßt hatte) entstandenen Veränderungen bestimmt worden ist: zum einen davon, daß ihn diese kleine Wirtschaft nicht ausgefüllt hat; zum anderen wäre er auf dem einsam gelegenen Kreilhof geographisch und politisch isoliert geblieben. Der »Völkische Beobachter« wäre bestimmt nicht ins Haus gekommen, wurde nie in einem der Haushalte meiner Verwandtschaft gehalten, und die »Münchner Neuesten Nachrichten«, diese brave »Kuhhaut« einer katholischen Stadt, nahmen Hitler erst wahr, dann allerdings täglich und seitenlang, als er seinen Prozeß zu einer Propagandazentrale machte und machen durfte.

Mit ihrer Verachtung für alles, was schon damals die »deutsche Frage« hieß und immer noch so heißt, weil eine befriedigende und befriedende Antwort offenbar nicht gefunden werden kann, konnte meine Mutter nicht verstehen, was es für ihren Mann - bedeutete, daß er vermutlich gleich neunzig Prozent aller Offiziere an der Überzeugung festhielt, der Krieg sei nicht militärisch an der Front verloren worden, sondern in der Heimat durch einen »Dolchstoß«. Vaterlandsliebe und Nationalgefühl trugen ihn gewissermaßen unsichtbar, denn dazu, wie zu so vielem, äußerte er sich nicht. Seine Gesinnung war nur an seinem öffentlichen Handeln zu erkennen, über dessen bedingungslose Ernsthaftigkeit sich seine Frau desgleichen nicht klar war.

Er trat nicht in die NSDAP ein, verachtete gleich Hindenburg den »Führer« als »böhmischen Gefreiten«, teilte jedoch dessen politische Zielsetzungen, genauer gesagt jene, die Hitler propagierte. In meiner Sicht ist die Vision vom Tausendjährigen Reich und deutscher Weltherrschaft nur sein Mittel zum Zweck gewesen, das Volk dahin zu bringen, ihm auf seinem Vernichtungs- und Todesweg willig, ja süchtig zu folgen.

Mein Vater schuf im Landkreis Weilheim die »Einwohnerwehr« oder übernahm die bereits gegründete; die lokalen Quellen klären den Sachverhalt nicht eindeutig. So oder so, für zwei Jahre wurde er der Kommandant dieser Organisation, die in ihrer straffen militärischen Ausbildung der »Reichswehr« am nächsten kam. Außerdem wurde er Mitglied des Bundes »Bayern und Reich« und der »Technischen Nothilfe«, auch sie kryptomilitärische Vereine.

Marschierte mein Vater an der Spitze der Kolonne seiner Männer, die Hälfte jung, trug er eine Feldmütze mit Schild, eine dunkelgrüne Windjacke, Kniehosen, Wickelgamaschen, die mit einem Häkchen an der Verschnürung der Stiefel befestigt waren.

Anders war er an manchen Sonntagvormittagen kostümiert, wenn er sich mit der Mutter auf Besuchstour zu den Honoratioren des 7000-Einwohner-Städtchens begab. Dann trug er Gehrock und Zylinder, die Mutter ein seidenes Kleid, darüber einen leichten Mantel, einen Hut mit Halbschleier, den sie eine Stunde vorher selbst fassioniert hatte. Ein Pferd wurde in die Gabeldeichsel des Kutschenwägelchens gespannt. So nahmen sie auf dem hohen Bock Platz, so kutschierten sie zu den Häusern und Wohnungen von Ärzten, Anwälten, höheren Beamten, des Direktors der Mittelschule, gaben ihre Visitenkarte mit eingebogenem Eck ab als Zeichen, sie würden sich über einen geselligen Verkehr freuen. Ein Dienstmädchen mit weißem Häubchen und Zierschürze hatte bereits an einem Fenster gelauert, kam heraus, nahm die Karte ab. Meine Eltern waren nicht die einzigen, die dieses Zeremoniell noch einhielten.

Derart lebten wir auf drei Ebenen: einer bäuerlichen, einer scheinbürgerlichen, einer pseudomilitärischen. An der bäuerlichen Existenz war meine Mutter mit der Pflege des Gemüse- und Beerengartens und mit der Versorgung des Geflügels, Hühner, Enten, Truthühner, beteiligt. Außerdem brachte sie mit tüchtigen Amateuren ein Streichquartett zusammen, in dem ich die zweite Geige spielte, sie sich für ein Klavierquintett zuweilen an den Flügel setzte. Mit einer gewissen Regelmäßigkeit wurde einmal in der Woche musiziert. Auch gab sie ein paar jüngeren Damen Gesangsstunden.

Nach wie vor an ihrer Hoffnung festhaltend, aus mir würde ein Musiker werden, beauftragte sie den alten Baltasar Klotz in Mittenwald, den letzten dieser Geigenbauer-Dynastie, der sich ihrem Ruf und Ruhm noch verpflichtet fühlte, für mich ein Quartett zu bauen, zwei Geigen, die Bratsche, das Cello. Eine der Geigen war ein Amati-Modell. Auf ihr habe ich gespielt, bis ich nach dem Zweiten Weltkrieg das Instrument gegen die Schreibmaschine austauschte. Im Vertrag mit Meister Klotz war bereits eine Inflationssicherungsklausel enthalten. Auch meine Eltern sahen dem Geldwertverfall wie hypnotisierte Hühner zu. Nur Mutter Süßkind wurde geraten, ihr Vermögen in Immobilien anzulegen. Sie kam häufig zu uns nach Weilheim, hatte ihr eigenes Zimmer. Ihr wurden zum Verkauf anstehende Häuser im Städtchen gezeigt. Sie besichtigte sie und sagte: Aber hier will ich doch gar nicht wohnen. Die Entwertung der ursprünglichen »Goldmark« auf Null hat sie nicht mehr erlebt. Sie starb 1923.

Gleich allen Besitz- und Bildungsbürgern ihrer Generation war sie in absolut gesicherten Verhältnissen aufgewachsen, war durch ihren Mann wohlhabend, ja fast reich geworden und verstand ebendeshalb die Inflation sowenig wie unser Kreilhof-Nachbar Filgertshofer. Ihm war nichts ferner gelegen, als nach der Parole »Gold gab ich für Eisen« zu handeln. Noch im Krieg hatte er die Gewinne aus seiner Wirtschaft in Goldmünzen angelegt, die er weit über dem Nennwert erwarb. Sie befanden sich in einer verschließbaren, eisernen Truhe unter seinem Bett. Gingen die Frauen am Sonntag zur Messe, zählte er den anwachsenden Schatz.

Als Banknoten mit siebenstelligen Zahlen überdruckt wur-

Die erste Geldentwertung, von Regierung und Industrie bis zum Kurs 1 Dollar = 1 Billion Mark manipuliert, ließ »Notgeld« zum Zahlungsmittel werden, aber nur die »Tauschwirtschaft« (1 Klavier gegen 1 Kalb) funktionierte noch.

den, glaubte er, Millionär geworden zu sein. Als eine Mark wieder eine Mark war, verlor er den Verstand und wurde für kurze Zeit in die Landesirrenanstalt Haar eingeliefert. Bald durfte er wieder nach Hause. Tagsüber stumm und teilnahmslos in der Küche sitzend, gefüttert wie ein kleines Kind, keine Hand mehr rührend, wurde er monströs dick und verdämmerte den Rest seines Lebens. Daß die Familie mit dem Goldschatz unter dem Bett reicher war als jemals zuvor, konnte ihm nicht vermittelt werden.

1922 wurde mir eine Schwester geboren. Der erhebliche Altersunterschied vor dem Hintergrund der politischen und militärischen Sturmfluten, die die Republik unter sich begruben, ließ es zu einer nahen Geschwisterbeziehung nicht kommen. Es blieb bei einem freundlich-neutralen Verhältnis.

Wie meine Mutter die Soldatenspielerei ihres Mannes einschätzte, läßt sich am besten mit der Berliner Redensart charakterisieren: Laß dem Kind die Bulette, es will nur damit spielen. Spätestens am 8. November 1923 hätte sie begreifen müssen, daß sie sich irrte. Ihr Mann war mit der »Einwohnerwehr« in einen Staatsstreich involviert.

In einer verdienstvollen Untersuchung über »Weilheim zur Zeit der Räterepublik«, zusammengestellt von Willi Simader, steht: »Ab 15. Dezember 1919 übernahm Gutsbesitzer [!] August

Kuby das Kommando der ›Einwohnerwehr‹.« Die geheimen Waffenlager in unseren Heustadeln draußen im Moor wurden im Laufe des Sommers aufgefüllt, die »Einwohnerwehr« wurde in die militärische Planung der NS-Putschisten einbezogen. Hitler war es gelungen, Ludendorff zur Mitarbeit zu bewegen. Er war einer seiner wichtigsten Komplizen, weil er sich von der Autorität des Feldherrn versprach, es werde ihm gelingen, die bayerische Reichswehrdivision unter dem Befehl des Generalleutnants Otto von Lossow mindestens zum Stillhalten, wenn nicht sogar zur Teilnahme an dem »Marsch auf Berlin« zu veranlassen.

Als Ludendorff Anfang Oktober von seiner Villa in Sollln-Ludwigshöhe nach Weilheim kam, ich ihn mit meinem Vater unter den Bäumen des Obstgartens in lebhaftem Gespräch auf und ab gehen sah, meine Mutter dem berühmten Mann den Tee servierte, befand sich der Generaloberst a. D. auf einer Art Inspektionsfahrt, um festzustellen, was der »Kampfbund« gegebenenfalls militärisch wert war oder ob es sich vielleicht doch nur um ein Phantasiegebilde dieses Volkstribuns Hitler handelte.

Von der SA (unter Heß gab es ein SA-Studentenbataillon) über den »Bund Oberland«, den »Hermannsbund« bis zum »Freikorps Rossbach« und eben auch den intakten Einheiten der »Einwohnerwehr« verfügten die Aufrührer, deren Hauptquartier sich in der Schellingstraße befand, wo der »Völkische Beobachter« erschien, über ein Konglomerat von Verschwörern höchst verschiedener Provenienz, ein paar tausend Mann, über Ober- und Niederbayern verstreut. Von der »Kampfbund«-Führung in der Nacht vom 7. auf den 8. November 1923 alarmiert, bewegten sie sich auf München zu, die meisten mit Lastwagen, andere mit Zügen, einige auch zu Fuß in Marschkolonnen mit flatternden Fahnen.

Am 5. November hatte die »New York Times« gemeldet, Berlin erwarte Aufstand gegen die Republik; am 6. November stürmten hungernde Berliner Börse und Läden (»New York Tribune«); am 7. November berichtete der »New York Herald«, im Ruhrgebiet seien 700 000 Arbeiter vom Hungertod bedroht. Der Dollar war 500 Milliarden Mark wert. Am 8. November setzte die »Münchner Augsburger Abendzeitung«, ein Rechtsblatt, ihren Sonderbericht über die Machtübernahme Mussolinis fort, kostete die Zeitung acht Milliarden Mark, konnte sich ein Rentner pro Monat sechs Brote, ein Pfund Kartoffeln und eine Kerze leisten (was wegen der Stromausfälle wichtig war).

Vor diesem Hintergrund schlug die Clique der Antikommunisten, Antisemiten, Antidemokraten, Antirepublikaner (unter ihnen solche, die sich als Beamte oder Polizisten geweigert hatten, den Treueid auf die neue Weimarer Republik zu leisten) in München los, von Hitler in das Abenteuer hineingehetzt.

Am 8. November, es war ein Donnerstag, schlug unser Telefon kurz nach sechs Uhr früh an. Mein Vater stand auf, meldete sich; meine Mutter war auch wach geworden und hörte ihn sagen: Na endlich. Dann führte er mehrere kurze Telefongespräche. Auch ich schlief nicht mehr, war neugierig, was geschehen würde, sah durch die halbgeöffnete Tür meines Zimmers, wie mein Vater seine Phantasieuniform anzog. Auch ich zog mich an. Er sagte zur Mutter: Ich muß nach München, verschwand aus dem Haus. Ich lief ihm nach, auf dem Sträßchen an den Geleisen entlang bis zur Unterführung, dann ging es auf einem Fußweg zum Bahnhof zurück. Auf dem Platz vor dem Postamt sammelten sich seine Leute, nicht alle, aber die meisten mit Gewehren bewaffnet. Zwei Lastwagen ohne Verdeck rollten an, die Männer bestiegen sie, setzten sich auf die Ladeflächen und die niederen Bordwände, im ersten mein Vater neben den Fahrer. Dann fuhren sie ab nach München. Ich ging nach Hause, um acht Uhr in die Schule wie immer.

Was ich jetzt berichte, erfuhr ich, soweit es meinen Vater betraf, später von meiner Mutter. Bei den historischen Ereignissen stütze ich mich auf die sorgfältige Dokumentation durch den Amerikaner und Wahlmünchner John Dornberg, »Hitlers Marsch zur Feldherrnhalle«, München 1983. Der Autor emigrierte mit seiner Familie 1939 nach New York.

Mein Vater war mit seinen Leuten gegen zehn Uhr in München und meldete sich in der Schellingstraße, wo er von einem Offizier in Uniform, der in einem Büro der Redaktion mit dem Stahlhelm auf dem Kopf stand, den Befehl bekam, Brückenwachen an der Isar zu übernehmen. Ob er dort noch in der Nacht vom 8. auf den 9. ausharren mußte, während im nahen

Bürgerbräu Hitler den berühmten Schreckschuß an die Saaldecke abgab, den Generalstaatskommissar Ritter von Kahr, den Generalleutnant von Lossow erpreßte und vorübergehend gefangennahm – das weiß ich nicht. Der Vater hat seiner Frau nicht erzählt, wo und wie er die Nacht verbracht hat. Ungewiß bleibt auch, wann er über die Ereignisse im Bürgerbräu informiert worden ist, aber als er am Morgen des 9. November den Befehl bekam, das Gebäude der »Münchner Neuesten Nachrichten« in der Sendlinger Straße zu zernieren – es ersparte ihm, an dem Demonstrationsmarsch teilnehmen zu müssen –, dürfte er überzeugt gewesen sein, der »Kampfbund« beherrsche die Stadt. Sie befand sich in Aufruhr, alle Straßen waren voll von jubelnden Menschen.

Wie es dazu kam, daß eine Kompanie der Landespolizei eine Minute lang den Demonstrationszug unter Feuer nahm, 16 Tote auf dem Odeonsplatz lagen, von Hitler als »Blutzeugen der Bewegung« in jeder seiner »Parteierzählungen« gefeiert, kann man in allen Hitler-Biographien nachlesen.

Der Zug hatte sich sofort aufgelöst, unter den Fliehenden war Hitler. Ludendorff schritt zwischen den Toten und Verwundeten hoch aufgerichtet über den Platz, zu spät hatte er begriffen, mit wem er sich eingelassen hatte. Zu dem Offizier, der ihn in Schutzhaft nahm, sagte er: »Ich schäme mich, jemals deutscher Offizier gewesen zu sein.« Daß die Schüsse der Polizisten ein paar tausend Menschen in die Flucht gejagt hatten samt ihrem angebeteten »Führer«, war für ihn eine unerträgliche Blamage.

Am Abend war der Vater wieder zu Hause »und sagte kein einziges Wort«. Es war nicht nur für die »Einwohnerwehr« das Aus, moralisch und politisch auch für ihn.

Neben Hitler war Dr. Max Erwin Scheubner-Richter tödlich getroffen worden, ein russischer Emigrant mit Verbindungen zu den Wittelsbachern und wahrscheinlich auch der Anwerber Ludendorffs für die große Sache. Im Sturz hatte er, sich an seinem Führer festhaltend, diesem einen Arm im Schultergelenk ausgerenkt. Es war nicht weiter gefährlich, aber äußerst schmerzhaft. Hitler ist zu seinem Auto geflohen, ließ sich nach Uffing am Staffelsee in die Villa von Helene und Ernst Hanfstaengl bringen. Ernst, Sohn einer Amerikanerin (in der Inflation Hitler mit

Dollars aushelfend), war Freund und Vertrauter geworden, hatte beim Putsch als »Auslandspressesprecher« fungiert. Da er fürchtete, verhaftet zu werden, versteckte er sich noch in München. Seine Frau umsorgte den Flüchtling, ließ auch den Arzt kommen, der ihm seine Schulter wieder einrenkte.

In der Hanfstaengl-Villa hielt sich Hitler vom 9. bis 11. November auf, starken Gemütsschwankungen unterworfen. Frau Hanfstaengl berichtete ihrem Mann, der die Geschichte weiterverbreitete, sie sei in Hitlers Zimmer getreten, er habe vor dem Spiegel gestanden, eine geladene und entsicherte Pistole gegen seinen Kopf gerichtet. Sie habe ihm die Waffe entrissen. Das mag so gewesen sein, und man kann lesen, Frau Hanfstaengl hätte das Dritte Reich und den Zweiten Weltkrieg leicht verhindern können. Was für ein Unsinn! Wer glaubt, Hitler habe sich wirklich erschießen wollen, sich nicht nur vor dem Spiegel eine dramatische Szene vorgespielt, hat nicht begriffen, daß er sich von der »Vorsehung« für eine weltverändernde Mission auserwählt gesehen hat.

Ein Oberleutnant Belleville, Chef des Landespolizeikommandos in Weilheim, bekam den Befehl, Hitler in Uffing zu verhaften und in Landsberg einzuliefern. Er kannte Hitler gut, duzte sich mit ihm, der Auftrag gefiel ihm nicht. Auf dem Weg nach Landsberg mußte Hitlers Verhaftung beim zuständigen Bezirksamt bzw. bei der Landespolizei protokolliert werden. Belleville rief in Weilheim an und sagte, wann er mit dem Gefangenen eintreffen werde. Der örtliche Vertreter des Staates hieß Faigl. Er wußte von der nahen Beziehung Bellevilles zu Hitler, sah eine unangenehme Situation voraus, zwei gegen einen, gegen ihn, und er überlegte, wen er sich zu seiner Verstärkung ins Amt holen könne. Daß er auf meinen Vater kam, erklärt sich nicht nur aus der freundschaftlichen Beziehung zwischen den beiden Familien – Faigls Tochter nahm Gesangsstunden bei meiner Mutter. Dieser Herr Kuby war ein unabhängiger, angesehener Mann von zweifellos nationaler Gesinnung, aber kein NS-Parteigenosse. Diese »Einwohnerwehr«, nun ja, das war doch eine anständige Sache, war Schutz gegen die Roten. Von meines Vaters »Na endlich« wußte der Bezirksamtmann nichts. Also sagte er meinem Vater am Telefon, er hätte ihn gern bei der peinlichen

Unterredung dabei. Anzunehmen, daß mein Vater dieser Aufforderung nicht ungern nachkam, um den Geschlagenen, von dem er schon zuvor nichts gehalten hatte, aus der Nähe zu erleben. Es war so etwas wie Politik aus erster Hand, eine Belehrung, an der er den 13jährigen teilnehmen lassen wollte. Warum? Ich habe es nie ganz begriffen. Mußte er sich nicht sagen, die Begegnung mit diesem Bankrotteur – nur seine engsten Vertrauten hielten es für möglich, wünschten, hofften, er werde sich wieder erheben – werde Wasser auf die Mühle seines Sohnes sein, der ihn unmißverständlich hatte fühlen lassen, er wolle mit einem Vater mit Wickelgamaschen, Windjacke und Schirmmütze nichts zu tun haben? War ich ihm zufällig unterwegs an der Spitze eines singenden Haufens von Halbsoldaten begegnet, hatte ich mich vor einem Schaufenster abgewendet. Wollte er mir vor Augen führen, daß er mit diesem Hitler nie wieder etwas zu tun haben wollte, oder richtiger: zu tun zu haben brauchte? Wollte er mir zu verstehen geben, daß er seine Teilnahme am Putsch, dieses verräterische »Na endlich«, bereute?

Ich weiß es nicht. Solange ich noch in München war, um das Abitur zu machen (1929), beschäftigte mich die Frage zuweilen, schon für den Studenten E. K. war sie unwichtig geworden, nicht aber die Erinnerung an die Szene im Bezirksamt.

Mein Vater zog seinen Mantel an und sagte: Komm mit. Wir durchquerten stumm die ganze Stadt bis zum Bezirksamt, das an einer Straße (und an einem Bach) lag, wo damals noch jedes dritte Haus eine Bauernwirtschaft mit dem Misthaufen vor der Stalltür war. Ein Polizist führte uns in ein tristes Zimmer im Parterre, in dem in einer Ecke ein kahler Tisch stand. Hinter ihm saß Hitler, vor ihm stehend der Bezirksamtmann und Belleville, an der Tür einer seiner Polizisten mit Pistole. Die Herren begrüßten sich. Von mir nahm niemand Notiz. Ich zog mich in die hinterste Ecke zurück, diagonal zu der, in der Hitler saß.

Ich wurde Augenzeuge, nichts anderes als das im Wortsinn. Ich schaute nur, hörte nichts, was gesprochen wurde, hätte nachher nicht einmal sagen können, ob es überhaupt zu etwas gekommen ist, was man ein Gespräch oder ein Verhör hätte nennen können.

Ich sah Hitler nicht zum erstenmal. Die Stiefschwester meines Vaters, Tante Bertha, die in jenen Jahren in München eine private »Mittelstandshilfe« eingerichtet hatte für verarmte Bürger, vor allem für Frauen, die sich schämten, in irgendwelchen Ämtern um Unterstützung anzustehen – diese Tante Bertha, unverheiratet, eine geradezu fanatische Bismarck-Verehrerin, hatte mich zu einer Hitler-Versammlung in den Zirkus Krone mitgenommen. Der Dompteur der Massen im ausverkauften Riesenzelt, die ihn umjubelten, das war dieser bleiche Mann im Weilheimer Bezirksamt gewesen – wahrlich eine politische Lehrstunde, weit weg von dem, was sich mein Vater vielleicht davon versprochen hatte? So stumm, wie wir nebeneinander hergegangen waren, kehrten wir nach Hause zurück, ein Weg von etwa zwanzig Minuten. Mein Vater verschwand wortlos in seinem Zimmer. Es war zum erstenmal, daß sich meine Abneigung gegen sein Tun und Treiben in ein Gefühl von Feindschaft verwandelte. Wenn er mich schon mitgenommen hatte, warum redete er nicht mit mir darüber? Es wäre an der Mutter gewesen, ihrem Mann nachzugehen und zu sagen: Nun komm doch, Erich ist ganz verstört. Ich sagte zu ihr: Ich habe Hitler gesehen, und sie sagte: Ich weiß. Auch das war alles. Mehr kam nicht von einer Frau, die ein warmherziger Mensch gewesen ist, hilfsbereit gegenüber jedem und jeder, denen sie mit Worten oder Werken Hilfe leisten konnte, von der ich aber bis zu ihrem Tod mit 92 Jahren niemals, niemals!, eine Äußerung gehört habe, auch keine schriftliche gelesen in irgendeinem Brief, der ich hätte entnehmen können, das Schicksal der Juden habe sie innerlich beschäftigt. Auch als ich fast drei Jahre lang an einem Buch über Auschwitz und die Deutschen arbeitete (das mir über den Kopf wuchs), für die Recherchenarbeit eine Wohnung in Warschau hatte, immer wieder in Krakau und von dort aus in Auschwitz war – und selbstverständlich darüber sprach –, auch da blockte sie das Thema ab, ohne sich allerdings in die Lüge zu flüchten, davon habe sie nichts gewußt.

Was ich am nächsten Morgen tat, war ein Racheakt. Ich brachte die Geburtstagskarte von 1918 zum Frühstück mit und legte sie vor meinen Vater auf den Tisch. Er warf nur einen Blick darauf, erhob sich und blieb für diesen Tag unsichtbar, kam nicht zu den Mahlzeiten. Meine Mutter, nach einer Erklärung seines

Verhaltens suchend, hatte die Karte zu sich herangezogen, sie aufmerksam gelesen, eine Erinnerung daran hatte sie nicht mehr. Sie sagte: Das hättest du nicht tun sollen, es ist schon schwer genug für ihn.

Es war schwer genug für ihn, daß es die »Einwohnerwehr« nicht mehr gab und er sich nur noch auf die Bewirtschaftung einer 35 Tagwerk kleinen Landwirtschaft verwiesen sah.

4
Zwischen Borke und Baum

Die in der erwähnten Weilheimer Lokalchronik zitierte Berufsbezeichnung »Gutsbesitzer« habe ich nur so verstehen können, wie sie nicht gemeint war – als einen Ausdruck von Ironie. Ich will nicht sagen, meinem Vater sei am 9. November 1923 das Kreuz gebrochen worden, aber um das zu verhindern, hätte er eine neue, größere Aufgabe gebraucht, die eine quasi politisch-militärische nicht mehr sein konnte.

Statt sich nach einer sicheren Einnahme umzusehen – etwa als Gutsverwalter –, worin er einen sozialen Abstieg gesehen hätte, kam er auf eine Idee, deren Ausführung selbst auf der Basis des Kreilhofes und bei vorinflationären Vermögensverhältnissen ein Risiko gewesen wäre. Er weihte niemand, auch seine Frau nicht, in seinen Plan ein. Eines Tages lud ein Lastwagen zwei nagelneue dreischarige Pflüge, eine Schneidewalze, eine Egge, dazu einen Traktor mit riesigen Reifen in unserem Hof ab.

Sie auf unseren hierfür viel zu kleinen Äckern einzusetzen, konnte die Absicht nicht sein. Auf umliegenden großen Gütern mit teilweise schweren Böden wollte der Vater die Frühjahrs- bzw. Herbstbestellung mietweise übernehmen. Dieses Projekt hätte sorgfältiger Feststellung der Marktlage und einer genauen Kosten-Nutzen-Kalkulation bedurft; aber er ging erst nach dem Kauf der Geräte, für die er eine Hypothek aufgenommen hatte, auf Kundensuche. Fuhr auf einem Rad mit Hilfsmotor, das wir ein Moped nennen würden, in Frankreich fabriziert, den Landkreis ab – nicht ganz ohne Erfolg. Das erste Jahr endete durch teure Reparaturen jedoch mit einem beträchtlichen Verlust, für dessen Abdeckung eine zweite Hypothek aufzunehmen war. Eine dritte, am Ende des zweiten Jahres unvermeidlich geworden, verweigerte die Bank, kündigte den Kredit, Haus und Hof wurden zur Zwangsversteigerung ausgeschrieben.

Mit einem Anwalt ging die Mutter zum Versteigerungstermin, kaufte mit einem beträchtlichen Teil ihrer ererbten Aktien das Anwesen, das eigene Dach über unseren Köpfen, zurück. Anders als der Vater benützte sie den Rechenstift, fand heraus, der Rest ihres Vermögens werde ausreichen, aus einem Teil des Stalles und der Scheune ein zweites Wohnhaus, angebaut an das bisherige, zu errichten und zwei Wohnungen vermieten zu können. Der Umbau von 1919 wiederholte sich in größerem Stil, der Vater zeichnete die Pläne, leitete die sich über vier Monate hinziehenden Arbeiten ebenso geschickt wie energisch. Es war, wie sich zeigen sollte, eine letzte Gnadenfrist für ihn. Da er nicht jeden Tag die Handwerker beaufsichtigen mußte, kam er auf eine neue Idee, etwas zu verdienen. Er erwarb die Lizenz für den Verkauf eines Besteckreinigers aus Hartgummi, der die Form einer Granate mit Führungsringen hatte, die zur Reinigung von Gabeln dienen sollten. Der Hersteller, möglicherweise ein Kriegskamerad des Vaters, hatte sein Produkt »Dicke Bertha« genannt.

Auf dem Gepäckträger seines Motorrädchens befestigte der Vater eine kleine Kiste mit Deckel, darin befand sich eine Musterkollektion. Er fuhr die Kramläden und Haushaltsgeschäfte zwischen dem Starnberger See und Garmisch ab. Der Besteckreiniger erwies sich als unbrauchbar, da der dem Gummi zugesetzte Sand Messer und Löffel verkratzte. Warum hast du mich die Dinger nicht ausprobieren lassen, sagte die Mutter.

Eine Frau, die ihm Vorwürfe nicht ersparte, ein Sohn, dessen Kritik Schweigen war, Schweigen gegen Schweigen, vertrieben den gescheiterten Mann. In einem tristen Viertel Münchens, hinter dem Sendlinger-Tor-Platz, wurde er Untermieter, nahm im Arbeitsamt eine untergeordnete Stellung an. Einmal in der Woche traf er sich im »Augustinerbräu« mit alten Kameraden zum Skat. Ein klagendes oder anklagendes Wort hat niemand von ihm gehört. Er war und blieb ein Herr, im Büro ein mittlerer Angestellter, an den niemand herankam, der aber seine Arbeit zuverlässig verrichtete.

Die Mutter verpachtete die Wiesen und Äcker diesseits und

Schulschlußfeier in Weilheim 1926 (ohne Mütze: der Autor)

jenseits der Ammer, behielt den Torfstich, ließ jährlich viel mehr
Torf stechen, als sie verbrauchte, war eine Hütte hinter dem Stall
voll, ließ sie eine zweite daneben aus Balken und Brettern errichten, mit Dachpappe abgedeckt. Den Stall vermietete sie an
eine Reitschule, Mechlem hieß der Eigentümer, mit ihm pro-
zessierte sie bis tief in den Zweiten Weltkrieg hinein. Die große
Wiese hinter dem Obstgarten wurde zum Sprung- und Übungs-
gelände. Ihr Blumengarten gehörte zu den schönsten in Weilheim; eigenes Gemüse, eigene Beeren, eigenes Obst, eigene Eier
von eigenen Hühnern und Enten versorgten und verbilligten
den Haushalt. In ihrer Gastlichkeit blieb sie so großzügig, wie sie
auf dem Kreilhof gewesen war. Die Musikabende wurden fortgesetzt, in drei Sprachen, zu denen im Krieg Spanisch als vierte
kam, und in Gesang unterrichtete sie. Was sie mit den Stunden
verdiente, es war wenig, und die Einnahmen aus den Verpach-
tungen und Vermietungen bildeten ihr Betriebskapital. In einem
verkleinerten Reich war sie wieder souverän.

1926 endete meine Weilheimer Schulzeit mit einer Schluß-
feier im »Bräuwastl«, dem größten Saal des Städtchens. Ich
spielte den Geigenpart in einem Trio von Haydn, das »Ungari-
sche Rondo« erforderte eine gewisse Fingerfertigkeit und Bo-

gentechnik. Der Rektor kam auf mich zu und sagte: Schade, daß Sie nicht alles so gut können. Der Fotograf Hofer, bei dem ganz Weilheim Hochzeitsbilder machen ließ, hatte die Klasse aufgenommen; auf dem Bild tragen alle weiße Studentenmützen, nur ich nicht.

Mehr Schule war damals in Weilheim nicht zu haben. Im Herbst trat ich in München in die siebte Klasse (Obersekunda) der Luitpold-Oberrealschule (LOR) ein, wohnte bei Tante Agnes, hatte einen Schulweg von zehn Minuten.

Die Gespräche mit ihr, unser tägliches Musizieren, ihre Bibliothek waren wichtig, die Schule war es nicht. Deren Direktor, Geheimrat Eiber, Bruder eines berühmten Sängers, war eine Kombination von bayerischem Patrioten und Bismarck-Deutschem, er führte seine Schule gerecht und autoritär.

Unter den Hunderten von Schülern gab es noch kein Dutzend, die von der rassistischen Propaganda infiziert gewesen wären. Das schönste Mädchen der Schule, Eva H., von dem man wußte, sie unterhielte eine Liebesbeziehung zu einem bekannten Schauspieler, war Jüdin. Sie besuchte die Parallelklasse 7a, saß dort mit Thomas N. zusammen, aus dem mein Lebensfreund wurde.

Physik und Mathematik gab der Jude Schalmann, den wir Napoleon nannten, es gab Ähnlichkeiten in Haltung und Sprache. Er war auch unser Klassenleiter, mit ihm bestiegen wir Berge in den Voralpen. Er versuchte zu verhindern, daß ein Schüler relegiert wurde, der trotz Verwarnung wiederholt mit dem Hakenkreuz am Revers in die Klasse gekommen war. Eiber war unerbittlich; zwei Gerechtigkeitsfanatiker waren zu gegenteiligen Schlüssen gelangt. Schalmann hatte verhindern wollen, daß der Konflikt hochgespielt wurde, er setzte sich nicht durch.

Am Ende der siebten Klasse bekam ich ein Zeugnis, worin stand, ich hätte das Klassenziel nicht erreicht, müßte die siebte Klasse wiederholen. Der Familienrat, bestehend aus meiner Mutter und Tante Agnes, beschloß, ich solle aus der Schule austreten, mich mit Privatunterricht auf die Oberprima vorbereiten.

Für die wichtigsten Fächer, Mathematik, Physik, Chemie, war ein Privatlehrer zu finden. Schalmann schlug einen ehemaligen Absolventen der LOR vor, der kurz vor dem Physikum stand. Er hieß Heinrich Lamm und war natürlich einer von »seine Leut«. Hatte meine Mutter etwas dagegen? Nein, auf ihren Antisemitismus war kein Verlaß.

Bei der ersten Begegnung fragte Lamm: Warum sind Sie durchgefallen? Aus Langeweile, sagte ich. Auch ein Grund, sagte er.

Sein Vater betrieb einen kleinen Laden für Eisenwaren. Die Familie war strenggläubig. Zum Laubhüttenfest schleppten Heinrich und sein jüngerer Bruder Hans ein paar grüne Zweige aus dem nahen Englischen Garten in den scheußlichen Hinterhof des Hauses in der Bruderstraße – einer Seitenstraße, die dort, wo heute das »Haus der Kunst« steht, im rechten Winkel von der Prinzregentenstraße abzweigt.

Es war ein hochsommerlicher Tag im Juli 1927, das Fenster stand offen, als wir Marschmusik hörten, die sich, aus der Stadt kommend, auf der Prinzregentenstraße näherte. Wir beugten uns aus dem Fenster. In dem kurzen Abschnitt der Prinzregentenstraße, in den wir hineinsehen konnten, erschienen erst die Bläser mit ihren in der Sonne blitzenden Instrumenten, dann eine Kolonne älterer Männer, in eine Art Uniform gekleidet, die sich vergeblich bemühten, Gleichschritt zu halten. Einer trug eine Fahne, sie war weder rot, noch zeigte sie ein Hakenkreuz. Als die letzten vorbei waren, traten wir vom Fenster zurück, und Lamm sagte: Gojim naches (das Vergnügen der Christen). Das kam so trocken heraus, daß ich in einen Lachkrampf verfiel.

Das war keine SA.

Nein, sagte Lamm, aber macht das einen Unterschied?

Die sind harmloser.

Da irren Sie sich.

So begann meine zweite Lehrstunde, Thema: Deutschland und die Deutschen. Sie zog sich unter dem Eindruck des politischen und organisatorischen Aufstiegs der NSDAP durch das ganze Jahr hin, setzte sich sporadisch noch fort, als ich wieder die Schule besuchte; wir trafen uns immer wieder, diskutierend und musizierend.

Sie machen Hitler zu groß, sagte Lamm. Solche Hitlers haben auch andere Völker, aber sie bleiben Randfiguren. Hier nicht. Er erzieht nicht das Volk, das Volk hat ihn erfunden. Haben Sie mir nicht gesagt, Ihr Vater habe noch im Sommer 1918 den Krieg nicht für verloren gehalten? Verrückt? Keine Spur, ein ganz normaler Deutscher.

Aber kein Nazi, sagte ich.

Kein Nationalist, kein Antisemit? Sie haben mir doch erzählt...

Habe ich.

Wo ziehen Sie die Grenze?

Nun ja...

Nix, nun ja. Hier wird ein Topf mit brauner Farbe ausgegossen, sie fließt, sie fließt... Lauter ganz normale Deutsche. Sie sind kein normaler Deutscher, Gott segne Sie dafür.

Bei Ihnen erfahre ich, warum die ganz normalen Deutschen die Juden nicht mögen.

Wer mag schon die Juden.

Das ist kein Wortprotokoll, aber das Kondensat vieler unserer Gespräche. Was anfänglich Dissens war, solange ich darauf beharrte, in Hitler den Urheber der Barbarisierung zu sehen, wurde in dem Zimmer an der Bruderstraße, in dem ich mir eigentlich nur den Lehr- und Lernstoff der Unterprima einer Oberrealschule hatte aneignen sollen, zum Fundament meiner unkorrigierbaren, immer neu bestätigten Überzeugung, die sogenannte »deutsche Frage« sei die Frage der Deutschen schlechthin.

Die zweitägige Prüfung, nach der ich wieder in meine alte Klasse eintreten konnte, jetzt in die Oberprima, bestand ich spielend. Das Abitur ein Jahr später mit Ach und Krach.

Um diesen Schüler ein bißchen über sein Abiturzeugnis hinwegzutrösten, in dem eine 1 nicht vorkam, eine 2 nur dreimal (in Religionslehre, Geographie und Zeichnen) und geschrieben worden ist: »In seinem deutschen Prüfungsaufsatz ließ er eine richtige Auffassung des Themas vermissen« (ein Satz, der über allem stehen könnte, was ich in einem halben Jahrhundert geschrieben habe) – ja, um mir eine Freundlichkeit zu erweisen, hieß es auch: »Im Schülerorchester bewährte er sich als ein äußerst tüchtiger Violinspieler.«

Das lasen Mutter und Tante gern, obwohl die Tante eigentlich schon nicht mehr glaubte, aus mir würde ein Musiker. Ich selbst hatte nicht die geringste Vorstellung, was ich einmal werden würde. In meinen Beiträgen zur Schulzeitung »Das Band«, in deren »Redaktion« Freund Thomas N. maßgeblich an der Entscheidung beteiligt war, was aufgenommen werden sollte und was nicht, sah ich keinen Hinweis darauf, ich könnte einmal mit Schreiben mein Brot verdienen. Der 18jährige schrieb:

VERMUTLICH EIN MÄRCHEN

Es darf hier, wie ich meine, deshalb abgedruckt werden, weil es über den Zeitgeist mehr aussagt als über den Schreiber:

»Am Donnerstag, den 3. Juli 1908, wurde in der Erdgeschoßwohnung des Hauses Alexandrastraße 1 in München der Knabe Willibald Pichler geboren. Ohne Aufhebens war er in dieses Jammertal gekommen und lag voll selbstverständlicher Ruhe in seinem durch drei Vorgänger etwas abgebrauchten Wagen.

Willibald wuchs heran, ohne daß man eigentlich so recht wußte, von was und zu welchem Zwecke er eigentlich lebte. Er zeigte kein besonderes Interesse für die Anatomie seiner Spielsachen, und auch darin stand er im Gegensatz zu anderen Kindern, daß sich seine Zähne augenscheinlich ohne Geschrei ausbildeten. Vielleicht hatte er auch gar keine Nerven; das war nicht genau festzustellen.

Da seine Eltern schon drei Kinder auf den ersten Schulweg, um die Ecke in die Annaschule, geschickt hatten, vollzog sich dieser Akt bei ihm auf jene vorherbestimmte, gesetzmäßige Art, die eigens für ihn erfunden schien.

Der Schüler Willibald saß im Klassenzimmer weder in der ersten Bank noch in der letzten, weder am Ofen noch an der Tür oder am Fenster, er war eigentlich gar nirgends, denn keiner hätte, danach gefragt, antworten können: der Pichler Willibald sitzt vor dem Katheder oder an der Tür u. s. f.

Als er zum ersten Mal die Mütze des Mittelschülers tragen sollte und er sich zu diesem Zwecke auf den Weg machte, gingen seine Beine leider nicht links in die neue, sondern rechts in die alte Schule, wie sie es seit vier Jahren gewohnt waren. Als er dort ankam, betrachtete man ihn mit Erstaunen und schickte ihn wieder nach Hause, wo sein Vater das Mißgeschick erfuhr. Der erkannte das Walten der Mächte und ging mit seinem Sohn vor die Haustür. Dort ließ er ihn halten, nahm ihn mit beiden Händen fest an den Schultern und drehte ihn um neunzig Grad nach links. Daraufhin gelangte der Realschüler Willibald Pichler ungefährdet in seine Anstalt. Schon am vierten Tage hatte der Vater die Genugtuung zu sehen, daß die Beine seines Sohnes sich die neue Richtung eingeprägt hatten.

Aus Willibalds Schülerzeit sind drei Ereignisse hervorzuheben.

Als er eines Tages nach Hause kam, fand er seine Mutter tot in ihrem Bette liegen. Er betrachtete ihren Kopf in den Kissen mit jenem erstaunten Ausdruck, den Leute an sich haben, die etwas zum allerersten Male sehen.

Bisher hatte er nämlich, je nach Gelegenheit, einen dargereichten Suppenteller, ein bewegtes Bügeleisen, eine nähende Nadel für seine Mutter gehalten. Da diese Dinge aber schon nach acht Tagen wieder, wie früher, in den Blickkreis seiner Augen traten, so verlor sich nach einem Monat der erstaunte Zug aus seinem Gesicht.

Das zweite Ereignis trat einige Jahre später ein. Willibald hatte nie die Gewohnheit, auf den Weg zu achten, denn seine Beine kannten diesen auswendig. So war es verständlich, daß er eines Tages im Vorraum des Schultreppenhauses kopfüber in einen Kalkbottich fiel, der da boshafterweise stand, weil an diesem Tage eine Gedächtnistafel für die Kriegsgefallenen dort angemauert wurde. Die Kalkmilch, die an ihm überall herabrann und in seinen Augen schmerzte, verletzte ihn durch ihre brutale Gegenständlichkeit, so daß er sich nach der Ursache ihres Daseins erkundigte. Auf diese Weise erhielt Willibald Pichler Kenntnis vom Weltkrieg.

Das dritte Erlebnis bestand darin, daß er das Reifezeugnis in die Hand gedrückt bekam; damit war er der Möglichkeit beraubt, weiterhin die Schule zu besuchen. Er sollte die Universität besuchen und Jus studieren. Böses ahnend, ging der Vater zu Semesterbeginn mit seinem Sohne zur Universität. Das heißt, er wollte gehen.

Die zwanzig Schritte bis zum Schulportal ging alles gut, doch dort legten sich die Beine des Willibald Pichler in eine so energische Linkskurve, daß der Vater nur durch einen gewaltigen Zug am rechten Arm die gerade Richtung wiederherstellen konnte; aber sein Kraftaufwand war zu groß gewesen; der Gehmechanismus seines Sohnes entführte diesen mit unerbittlicher Ruhe quer über den Straßendamm, bis er am drüben stehenden Gartenzaun mit Gewalt anrannte. Nach den Gesetzen der Reflexion wandelte Willibald Pichler weiter, quer über die Straße, nach der anderen Richtung.

Der Vater sah der hin und her gleitenden Gestalt seines Sohnes entsetzten Blickes nach, holte ihn mit einigen Sprüngen ein und versuchte nun, ihn die Straßenrichtung gehen zu lassen. Es gelang ihm nicht! Nach zwei Stunden waren sie am Ende der Alexandrastraße und der Vater am Ende seiner Kräfte.

Er schrie den Beinen seines Sohnes ein donnerndes ›Halt‹ hinunter und setzte sich auf den Randstein.

Hut, Rock und Kragen hatte er schon vorher verloren. Ein Schutzmann sah den verdächtigen Mann auf dem Randstein sitzen, schritt von hinten auf ihn zu. Herr Pichler sen. hielt die Schritte hinter sich für die seines Sohnes, drehte sich um und schrie dem Schutzmann ein kraftvolles ›Halt‹ ins Gesicht.

Wegen hemdärmeligen Sitzens auf dem Randstein und Anschreiens eines Gesetzesauges mußte Herr Pichler auf die Wache.

Als er nach zwei Tagen wiederkam, fand er seinen Sohn Ecke Alexandrastraße-Prinzregentenstraße aufrecht stehend vor; auf seinem Rücken klebte ein Plakat ›Rama, buttergleich‹; ein Arbeiter hatte Willibald in der Morgendämmerung für eine Litfaßsäule gehalten.

Gebrochen führte Herr Pichler seinen Sohn heim. Am Abend kam er dort an. Am nächsten Morgen ging er auf das seiner Wohnung gegenüberliegende Landesvermessungsamt und bat um eine Stelle für seinen Sohn; auf Grund der glänzenden Schulqualifikationen erhielt er sie zugesagt.

Nach zehn Tagen hatten die Beine Willibald Pichlers den neuen Kurs unter der Obhut des Vaters gelernt, und ihr Besitzer war mit seiner Stellung sehr zufrieden.

Zwanzig Jahre vergingen, er war 39 Jahre alt, da hatte er das Erlebnis, das seine wunschlose Seele zu dämonischer Begierde aufpeitschte.

Auf dem Dache des Amtsgebäudes erhebt sich ein kleiner Uhrturm. Dessen Uhr war stehengeblieben, so daß sich der Herr Regierungsrat Schramml genötigt sah, den Schreiber Willibald

Pichler zu bitten, sie wieder in Gang bringen zu lassen, denn er richtete sich schon seit einem halben Jahrhundert nach ihr. Das war am 3. Dezember.

Der Beamte Pichler gedachte erst wieder am Schlusse der Bürozeit des Auftrages, und da er nicht wußte, an wen er sich diesbezüglich wenden sollte, beschloß er, die Uhr selbst aufzuziehen. Er stieg die Treppe hinauf in den Turm, fand auch das Werk. Als er seine Arbeit vollendet hatte, sah er sich in dem Turmzimmer um; sein Blick fiel durch das kleine Fenster auf den von rötlichem Lichtdunst erfüllten Nachthimmel.

Der rötliche Schein beunruhigte ihn sehr. Am nächsten Morgen bat er seinen Kollegen dafür um eine Erklärung. Der verstand nicht, was der andere wollte, und stieg deshalb am Abend mit ihm in den kleinen Turm. Als ihm Pichler den Schein zeigte, sagte er: ›Nun, das sind halt die Reflexe der Münchner Straßenlaternen.‹ Und stieg kopfschüttelnd herab, gefolgt von Herrn Pichler. Als dieser nach Hause kam, schlug er ein altes Konversationslexikon auf und suchte unter M. – Da fand er:

München, die Hauptstadt des Königreiches Bayern, usw., usw. Eine ganze Seite über München; dazu ein Bild der Stadt. Von nun an war sein einziger Wunsch, sein glühendes Begehren, München zu sehen.

Nach zehn Tagen konnte er den Abschnitt auswendig, nach einigen Monaten von rückwärts aufsagen. Das Bild sah er Tag und Nacht vor sich. Aber – in die Stadt konnte er nicht. Sein Vater war längst gestorben, und sonst war keiner, der seine Schritte hätte lenken können.

Er verzehrte sich in Gedanken an München. Er wurde täglich blasser, schließlich krank. Der Arzt schlug ihm vor, ein Krankenhaus aufzusuchen. ›Ob das Haus in München liege?‹ fragte er. Der Arzt lächelte über den Scherz. Am Nachmittag kam das Krankenauto in die Alexandrastraße, er wurde vorsichtig hineingetragen, auf eine Polsterbank gelegt; die Tür schlug zu, fort rollte der Wagen.

O Gott, er sah nichts, die Scheiben waren aus Milchglas. Mit bebender Stimme bat er den begleitenden Wärter: ›Öffnen Sie bitte das Fenster‹; dessen geübter Blick erkannte Fieber beim

Kranken, und er weigerte sich daher zu öffnen. ›Machen Sie auf!‹ schrie Pichler. Der Wärter wehrte ab. Da ergriff jenen eine maßlose Wut – da draußen war München, sein München, das er sehen wollte, mußte –, er drang auf den Wärter ein, es kam zum Kampf.

Plötzlich knirschten die Bremsen, drei Männer in weißen Mänteln stürzten sich auf Willibald, zogen ihn in ein Haus, die Treppe hinauf.

Als er zu sich kam, lag er in einem Bett in einer weißen Zelle, deren einziges Fenster vergittert war und auf einen öden Hof ging.

Die Wärter hatten ihn für verrückt gehalten. Er lief zur Tür, sie war verschlossen.

Da zog er die Kordel aus seinem Schlafanzug und erhängte sich am Fensterkreuz.«

Die Klasse schenkte Schalmann zum Abschied die gerade erschienene »Kulturgeschichte der Neuzeit« von Egon Friedell in zwei großen grünen Bänden. Schalmann, so hörte ich, emigrierte, Friedell stürzte sich in Wien 1938 aus dem Fenster, als die Deutschen kamen.

Thomas N. und ich gingen zum Sommersemester 1929 nach Hamburg, unsere erste Erfahrung mit der Universität. Wir belegten nationalökonomische Vorlesungen – nur für Thomas war das eine sinnvolle Entscheidung. Seine Eltern hatten aus einem kleinen Lebensmittelladen eine Großhandlung gemacht. Für mich sollte dieses Studium keine Bedeutung gewinnen. Es war das modische Fach für Studenten ohne Zukunftsvorstellungen.

Ich besuchte die Vidals. Vater Max und Sohn Oscar, letzterer nach Max' Vater benannt, 104 Jahre nach seinem Urgroßvater Adolph Eduard geboren, der auch einer meiner Urgroßväter gewesen ist, waren im Begriff gewesen, ihren Großhandel zu modernisieren. Sie hatten ihre Anlage zur Ausladung der Kohlelieferungen aus dem Ruhrgebiet und aus England am Hafen günstig verkauft, wollten für das Geld Kleinlastwagen kaufen, im Stadtverkehr brauchbar, um mit ihnen ihre Kunden, Kleinhändler, Firmen, Privathaushalte, von ihren über das Stadtgebiet verteilten vier Lagerplätzen rascher beliefern zu können, tunlichst auch billiger als bisher mit Pferdefuhrwerken.

Irgendwie war ihnen zu Ohren gekommen, in Wandsbek hätten zwei Schlossermeister in Handarbeit einen Dreirad-Kleinlaster mit einem Fünf-PS-Motor gebastelt. Der liebe Gott mit tatkräftiger Unterstützung ihres seit mehr als 200 Jahren bewiesenen hugenottischen Instinktes für ungenutzte Chancen, Geld zu machen, lenkte ihre Schritte in diese Werkstatt.

Was sie dort stehen sahen, entsprach in etwa ihren Vorstellungen. Nach dem Zweiten Weltkrieg gab es für ein paar Jahre ein Kleinauto der Marke Brenabor, über das gespottet wurde: ein Stückchen Blech, ein Stückchen Rohr, und fertig ist der Brenabor. Just so sah das Ding aus.

Seine Hersteller sagten, sie brauchten eine Woche für ein Stück. Es gebe eine rege Nachfrage, mehr aber als vier in einem Monat könnten sie nicht produzieren.

Die Kohlehändler dachten, es sei vielleicht lukrativer, den Schlossermeistern unter die Arme zu greifen, als ihnen jede Woche ein Stück abzukaufen. Erst sorgten sie für eine größere Werkstatt mit zwei oder drei Gehilfen, wodurch die Produktion auf vier Stück pro Woche anstieg. Für das Gefährt, das sich so leicht verkaufen ließ, wurde ein Name gefunden: Tempowagen. Nach dem Recht, ihn zu verkaufen, erwarben die Vidals just zu der Zeit, als Thomas und ich in Hamburg mit dem Studium anfingen, auch das Recht, ihn zu produzieren. Es war etwa so, als hätten sie eine Notenpresse gekauft, die legal Tausendmarkscheine drucken durfte.

Für den »Tempowagen« wurde die Firma Vidal & Sohn registriert. Ein tüchtiger Autokonstrukteur nahm sich der Karre an, der Prototyp wurde 1929 fertig, schon 1930 wurden tausend Stück verkauft. In Harburg wurde für den »Tempowagen« eine Fabrik gebaut.

An den Universitäten wurden ab 1929 linke Gruppen in dem Maß politisch aktiver, in dem die Nationalsozialisten bei AStA-Wahlen Stimmen gewannen. An süddeutschen Universitäten waren sie erfolgreicher als an norddeutschen, in Hamburg machten sie noch keine 15 Prozent aus. Dennoch reagierten wir Volkswirtschaftler auf sie, indem wir ein Seminar zur »Erforschung des...« Nationalsozialismus? – nein, »des Proletariats« gründeten. Die Komik dieser Bezeichnung entging uns.

Nach dem Zweiten Weltkrieg beherrschte der »Tempowagen« das Straßen-
bild. Die Vidals bauten in Haarburg diese Fabrik.

In einem seiner Erinnerungsbücher hat Freund Thomas geschrieben:

»Hamburg wäre eine ziemlich ereignislose Etappe in meinem
Leben geblieben, wenn Erich und ich nicht den folgenschweren
Entschluß gefaßt hätten, das Proletariat kennenzulernen; schließlich redeten die linken Studenten den ganzen Tag von nichts
anderem. Wir beschlossen also, einen Ausflug in die richtige Arbeitswelt zu unternehmen.«

Wir wurden Werfthilfsarbeiter bei Blohm & Voss, wo in Kon-
kurrenz zu einer Bremer Werft – dort entstand die »Bremen« –
der Passagierdampfer »Europa« gebaut wurde, der dann das
»Blaue Band« errang, indem er die Strecke von Hamburg nach
New York in Rekordzeit zurücklegte.

Im Schiff arbeiteten etwa 2000 Mann, bewacht von 180
Werkspolizisten, deren Vorgesetzte mit Pistolen bewaffnet waren. Allen anderen hingen Gummiknüppel am Gürtel, mit denen sie gegen die an Bord nicht selten ausbrechenden Schläge-
reien vorgingen. Zivile »Gruppenleiter«, statt mit Schlagwaffen
mit Stoppuhren versehen, überwachten die Akkordleistungen.
Darüber gab es noch die Ingenieure, die weiße Hemden und

Krawatten trugen. Sie gingen an den Arbeitern vorbei, als sähen sie sie nicht. Nie habe ich erlebt, daß ein Ingenieur mit einem Arbeiter gesprochen hätte. In unserer Gruppe der »Elektriker«, ungefähr dreißig Mann, gab es an Kommunikation nichts, was über ein paar im Höllenlärm der Preßlufthämmer einander zugebrüllte Worte hinausgegangen wäre.

Ich fing an, die Eindrücke vom Tage abends aufzuschreiben. Entwürfe davon haben sich erhalten. Reinschriften hatte ich ausgerechnet an die »Frankfurter Zeitung« geschickt, die darauf nicht einmal mit einem Absagebrief reagierte. Es war schon damals, als die FZ noch für ein liberales Blatt galt, die grundfalsche Adresse für Beschreibungen aus dieser Arbeitswelt wie die folgende:

»Um uns nach der Arbeit zu waschen, gehen wir über den schmutzigen Werkhof zu einer Blechhütte ohne Tür. An einer ihrer Wände ist eine Rinne mit Ablauf schräg angelötet. Über ihr verläuft eine Röhre, in die im Abstand von etwa 20 cm kleine Löcher gebohrt sind, aus denen dünne Wasserstrahlen rinnen. Keine Seife, kein Handtuch. Der unbefestigte Boden ist ein Morast.

Was man ›Toilette‹ nicht nennen kann, ist ein offener Verschlag, gegen Regen mit Dachpappe abgedeckt, in dem sich Sitz an Sitz ohne Zwischenwände reihen, etwa 30. Es gibt eine Essensausgabe, aber für die ganze Belegschaft nur einen kleinen Kantinenraum. In der Mittagspause sitzen ein paar hundert Arbeiter zwischen den Werkhallen mit ihren Henkeltöpfen auf alten Zeitungen oder Fetzen von Pappe. Jetzt ist fast noch Sommer. Wie das im Winter ist, will ich mir lieber nicht vorstellen.

Zuweilen sehe ich einen kleinen Herrn über den Werkhof zum Schiff gehen. Er schaut weder rechts noch links, niemand grüßt. Das ist Herr Blohm. Wie viele zu wissen glauben, verbirgt sein Hut eine talergroße silberne Platte, die ein Loch in seinem Kopf verschließt, entstanden durch den Steinwurf eines Arbeiters, den man nicht hatte ausfindig machen können, von einer Solidarität beschützt, die sonst allen fremd ist.

Dieses Arbeiterheer, in dem die Facharbeiter eine Minderheit bilden, ist aus dem ganzen Reich zusammengeströmt. Es hat nichts mehr zu verlieren als ein erbärmliches Leben, und wenn es in sich einig wäre, könnte es 1789 oder 1917 anzetteln. Davon träumt, glaube ich, die SA mehr als die KP. Da es beide gibt und es sich um Deutsche handelt, wird es dazu nicht kommen.«

Zu einem Gewaltakt kam es immerhin: Der gewählte Vertrauensmann der Gesamtbelegschaft wurde am Vormittag eines Freitags, an dem die Löhne ausbezahlt werden, von Arbeitern in seinem Büro überwältigt, die unzufrieden waren mit der nahezu wirkungslosen Art, wie er ihre Interessen bei der Werksleitung vertrat. Mit gefesselten Händen warfen sie ihn über die Hafenmauer. Ein Werkspolizist, der vorher der Aktion tatenlos zugesehen hatte, rettete den Mann mit einem zugeworfenen Seil vor dem Ertrinken.

Im zweiten (und letzten) Bericht, den ich an die »Frankfurter Zeitung« schickte, von der wieder keine Antwort kam, schrieb ich:

»Man kann von St. Pauli aus die Werft durch einen Tunnel zu Fuß erreichen, das kostet nichts außer Zeit, wer ihn benützt, muß eine Viertelstunde früher aufstehen. Ein stummer Heerzug wälzt sich langsam fort, fast alle rauchen. Es geht auch bequemer. Für 15 Pfennig kann man ein Fährboot benützen. Nach Arbeitsschluß ist es immer überfüllt. Seitdem ich hier arbeite, seit 3 Wochen, ist es zweimal vorgekommen – einmal war ich Augenzeuge –, daß ein Arbeiter das Anlegen des Bootes nicht abgewartet hatte und zu kurz gesprungen ist. Diesen Sprung riskieren viele. Der Arbeiter wurde zwischen Kaimauer und Schiffswand unter Wasser gedrückt und konnte nur als Leiche geborgen werden. Dafür fühlt sich niemand verantwortlich.

Scharen von Frauen erwarten am Freitag ihre Männer an der Anlegestelle oder am Tunnelausgang, um sie abzufangen, bevor sie den Wochenlohn vertrinken. Das gilt allerdings bei denen, auf die niemand wartet, als Schande.«

Im darauffolgenden Sommersemester waren wir wieder in München zusammen. Nach München zurückgekehrt, wurde das Duo zum Trio durch Fritz G., den Sohn eines Allgäuer Großhändlers mit landwirtschaftlichen Produkten. Fritz studierte Jus, dichtete Marienlegenden mit einer Handschrift, die mit der Goethischen hätte verwechselt werden können. Er erschoß sich im Krieg ein paar hundert Meter vor der Schweizer Grenze, über die er hatte fliehen wollen, wozu diesen reinrassigen »Arier«, politisch völlig unbelastet, nichts gezwungen hat außer sein Ekel vor diesem Deutschland.

Vom Frühjahr 1932 bis zur »Machtübernahme« gehörten wir einem »Ordnungsdienst« in der Universität an, gekennzeichnet durch eine schmale Armbinde. Bei einem tätlichen Angriff auf den jüdischen Staatsrechtler Nawiaski (er arbeitete 1945/46 an der bayerischen Verfassung mit) holten wir die Polizei in denselben Lichthof, in den Sophie Scholl Anfang 1943 die Flugblätter der »Weißen Rose« von einer Galerie herabwarf. Die Polizei, zehn Mann hoch, erschien 1932 mit gezogenem Säbel zur Aufrechterhaltung einer in den letzten Zügen liegenden demokratischen Ordnung; 1943 zur Sicherung eines verbrecherischen Regimes. Als wir Nawiaski ersparten, verprügelt zu werden, sprang neben mir der Sohn des Berliner Großindustriellen Borsig über die Bänke. Auch er trug das Bändchen »Ordnungsdienst«. Hätten wir uns »antifaschistische Kampfgruppe« genannt, was wir sein wollten, hätten sich von ein paar tausend Studenten keine zwanzig mit uns solidarisiert. »Ordnungsdienst« klang unpolitisch, machte aus NS-Terroristen Ruhestörer.

Der Professor von Thomas und mir war der noble Zwiedinek-Südenhort. Als er von Thomas hörte, er wolle über Sorel arbeiten, sagte er: Das ist gut, der ist genauso verrückt wie Sie.

Im Februar 1933 ging ich zu Zwie, wie wir ihn nannten, erklärte, ich wolle das Diplom drangeben, ich könne nicht an der Universität bleiben. »Lächerlich«, sagte er, »diese paar Monate.« »Ich habe eine jüdische Freundin«, sagte ich. »Das Diplom wird Ihnen bei ihr nicht schaden«, sagte er, »und überhaupt, das wäre zu viel Hochachtung vor diesem Gesindel. Ich bringe Sie schnell durch.«

Die Freundin war die Tochter einer deutschnationalen, im Hamburger Bürgertum integrierten jüdischen Arztfamilie. Der Vater war aus dem Ersten Weltkrieg mit dem EK I nach Hause gekommen und hätte vom Balkon seines Hauses am liebsten die schwarz-weiß-rote Fahne herabwehen lassen. 1933 hat er nicht mehr erlebt. Sie befand sich im dritten Jahr einer universitären Ausbildung als Heil- und Atemgymnastin. Einer ihrer Professoren war ein bekannter Orthopäde, aus dem ein nicht minder bekannter Organisator der Euthanasiemorde wurde. Noch setzte sie unbehelligt ihre Arbeit fort, als ich Anfang März 1933 mit dem Rad nach Montagnola fuhr, auf ein Gespräch mit Hesse hoffend. Ich war nicht der einzige junge Deutsche, der sich der Illusion hingab, bei dem berühmten Mann sei Rat zu holen, was zu tun sei. Das Land verlassen?

Die »Casa Camuzzi«, ein Schlößchen mit Turmterrasse, von einem Tessiner Architekten gebaut, der beim Zaren reich geworden war, war lange Jahre Hesses Residenz gewesen, der steil abfallende Garten bei ihm zu »Klingsors Zaubergarten« geworden. Nun aber hatte ihm ein Basler Ehepaar am Dorfrand eine Villa gebaut und auf Lebenszeit zur Verfügung gestellt. Am Pfeiler des Gartentores hing der berühmte Zettel: Bitte keine Besuche! Da war nichts zu machen. In Hesses Wohnung in der Casa Camuzzi war der Maler Purrmann eingezogen. Er sagte: »Gott sei Dank, Gott sei Dank bin ich nicht in Deutschland.«

Die »Neue Zürcher Zeitung« meldete, in München hätten Ausschreitungen gegen Juden stattgefunden. Ein paar Tage später wurde mir auf der Post ein Brief der Freundin ausgehändigt, dem der Entwurf eines Inserats beigefügt war, mit dem sie eine Stellung in Jugoslawien suchte:

»Mein Lieber,

eben dein Brief. Ich antworte dir gleich wegen der Annonce. Rufe mich an, wenn du sie richtig findest, veröffentliche ich sie sofort. Es ist mein *vollster* Ernst, wenn ich dir schreibe, komme nicht nach Deutschland zurück. Jeder, der irgendwo im Ausland ist, kann sich freuen. Kein Mensch hier hat die geringste Chance, wenn er nicht begeistert ein braunes Hemd trägt... Ein Nazi wird keine Jüdin an einen ersten Posten setzen. Wenn wir draußen etwas finden, nehme ich es an, auch wenn die Bedingungen noch so ungünstig sind. Ich möchte raus hier!!! Sie werden uns alle umbringen. Und du putze Schuhe, werde Kellner, mach irgend einen Mist. Du kannst deine Sachen genausogut da unten schreiben, und dort ist das Leben billig.

Wenn dir dies ein neuer Scheinwerfer in meine Seele ist, so ist es mir eine Freude, und ich hoffe, daß du dann so erleuchtet bist, daß du die Kraft und Energie siehst, die in mir steckt, und sie dir für deine Zwecke herausholst.«

ROMANTISCHE VERSUCHE

VIER GESCHICHTEN VON ERICH KUBY

Was die Freundin »deine Sachen« genannt hatte, entstand im Winter 1933/34 in Ambach. Der S. Fischer Verlag schickte das Manuskript (»noch nicht, aber weiter so«) zurück. Was ich als Titel gezeichnet hatte, brachte meine innere und soziale Situation auf den Punkt.

Das Inserat erschien. Nach einer Woche kam das Angebot einer Familie aus Zagreb, ihr asthmatisches Kind zu behandeln. Die Freundin nahm das Angebot an, verließ Deutschland für immer.

»Meine Sachen« waren erst im Entstehen. Ich verkroch mich in Ambach im Hause einer Geheimrätin, die ihr Aktienvermögen nach dem Stand der Sterne zu vergrößern trachtete. Es schwand dahin.

Am 13. April 1934, »ein Tag, der sich mit keinerlei Bestimmtheit zu äußern wußte«, brach ich auf einem alten Fahrrad über die Alpen und Venedig nach Zagreb auf. Es wurde das Jahr einer mißlungenen Emigration. Nichts interessierte mich wirklich in diesem Land, nichts hätte mich in irgendeinem anderen interessiert – außer was in Deutschland geschah. Ich las deutsche Zeitungen, in französischen und englischen nur, was sich auf Deutschland bezog, und sah in allem eine Bestätigung dessen, was ich dachte. Aber das war nicht genug. Ich wollte nicht nur aus der Ferne an der Entwicklung teilnehmen, ich wollte dem Selbstfindungsprozeß meines Volkes, der ein Fäulnisprozeß gewesen ist, nahe sein, ihn riechen und schmecken. In welcher Rolle? In der, die dann zu meinem Beruf werden sollte. Ich wurde ein Aufschreiber, der wußte, seine Prognosen und Warnungen können nichts oder bestenfalls fast nichts bewirken.

Das Pristyl im historischen Split
(Spalato), von mir gezeichnet am
28. 8. 34

Von Split aus, kurz bevor ich im Dezember 1934 in den Zug
nach München stieg, das demontierte Fahrrad über mir im Ge-
päcknetz, schrieb ich einen langen Brief an Heinrich Lamm:
»Lieber Heinrich Lamm,
  . . . Sie sind auf schreckliche Weise der Notwendigkeit entho-
ben, eine Begründung dafür geben zu müssen, daß Sie nicht
in Deutschland bleiben können. Warum ich in Deutschland
bleiben werde, bzw., was ja noch grotesker ist, dorthin zurückkehre, werde ich um so schwerer verständlich machen können,
je weiter wir in den Krieg abdriften, zu dem die Vorbereitungen
angelaufen sind . . .
  Könnte ich noch glauben, was zu glauben Sie mir ausgetrie-
ben haben, das Volk sei aus unerfindlichen Gründen unter
fremde Räuber gefallen und seufze unter deren Joch, dann
könnte diese Rückkehr den Sinn haben, diesem Volk helfen zu
wollen. (Ich bin übrigens sicher, es wird edle Deutsche geben,
die sich in die Illusion retten, es mit einem vergewaltigten, nicht
mit einem zu sich selbst befreiten Volk zu tun zu haben.) Aber
Sie wußten es vor mir, und ich weiß es jetzt besser, und das heißt
schlechter. Also warum kehre ich zurück?
  . . .

204

Ich glaube, mich beherrscht ein altmodischer Aufklärungs-
trieb, ein elementares Bedürfnis, herauszufinden, was ist und
warum ist, was ist. Das geht nur an Ort und Stelle. Die Moral
von der Geschicht'? Vielleicht hat sie keine. Aufklärung ist Sache
der Vernunft, nicht der Moral.«

5
... und begehre, nicht schuld daran zu sein

Ich erreichte 1935 den Tiefpunkt dessen, was man eine soziale Existenz nicht nennen könnte, eher eine asoziale.

Mein Vater bekam von Oberstleutnant Kriebel, der mit Hitler in Landsberg eingesessen hatte, den Rat, ich sollte mich freiwillig zu einem Ausbildungskurs der »Schwarzen Reichswehr« melden, dann könnte ich mir die Waffe aussuchen. Die allgemeine Wehrpflicht werde bestimmt verfügt, mein Jahrgang noch eingezogen, dann käme ich zur Infanterie.

Das wollte ich vermeiden, hätte aber dennoch 1936 nicht zwei Ausbildungskurse als Fernsprecher mitgemacht – den zweiten schon nicht mehr freiwillig –, wäre diesem gut gemeinten Rat nicht gefolgt, hätte ich auch nur das kleinste Brett unter den Füßen gehabt. Die allgemeine Wehrpflicht wurde eingeführt, mein Jahrgang von ihr nicht mehr erfaßt. Zwei Jahre lang, nämlich bis zum Kriegsausbruch, hatte ich Ursache anzunehmen, es sei pure Dummheit gewesen, mich bei der Nachrichtenabteilung der 7. Division zu melden und zweimal zwei Monate in einer Baracke hinter ihrer Kaserne zu verbringen. Das änderte sich.

Die Familien erwiesen sich als standhafte Zinnsoldaten. Niemand ist in die NSDAP eingetreten und hat unter seine Briefe »Heil Hitler« geschrieben. Lächerlich, darauf hinzuweisen?

Anne Kuby, Schwester von Eugen, heiratete einen Oskar Müller, der mit dem Nationalsozialismus paktierte, der einzige Nazi in der weit verzweigten Familie. 1925 war Müller noch ein erfolgloser Textilkaufmann, der im wesentlichen vom Geld seiner Frau lebte. Als sein Sohn Herbert Alfred Müller am 28. Juni 1942 »bei einem Angriff auf eine Waldstellung im Osten« fiel (Mitteilung des Regiments), unterzeichnete sein Vater die Anzeige mit »SA-Brigadeführer, z. Zt. im Felde als Hauptmann und Beauftragter des Ostministeriums«. Er verteilte die Anzeige als Faltblatt und druckte den Bericht des »Regiments- u. Batl.-Kdr.« ab, in dem es heißt: »Als Letzter am Feind, feuerte er in heldenhaftem Einsatz mit seiner Maschinenpistole ... So hat sich unser Leutnant Müller in vorbildlichstem Heldentum seiner Kp. und seinen Verwundeten geopfert und das Loslösen vom Feind ermöglicht. In höchster Achtung bewundern wir die Größe dieses jungen Leutnants.« Herbert Alfred Müller war gleich dem Leutnant Günther Haseloff 19 Jahre alt, als er fiel, dieser im Ersten, jener im Zweiten Weltkrieg.

Der Onkel dieses Helden, Eugen Kuby, war in Edenkoben vor 1939 von Parteigenossen und NS-Sympathisanten geradezu eingekreist, die diesem Demokraten das Leben nicht leichtmachten. Im Juni 1933 waren ihm von der als »Hilfspolizei« eingesetzten örtlichen SA eines Nachts alle Fenster eingeworfen worden, er hat über dreißig gezählt, und der ihr wohlbekannte Ortspolizist hatte Eugens Mutter in der Nacht herausgeklingelt und gesagt: »Frau Kuby, es tut mir leid, ich muß Ihren Sohn in Schutzhaft nehmen.« Gleich vielen, die einer linken Gesinnung verdächtig waren, wurde Eugen Kuby verhaftet, aber da er kein Sozialist war, am nächsten Tag wieder nach Hause geschickt. Als alter Mann erinnerte er sich seiner politischen Tätigkeiten in den zwanziger Jahren: Mitgründer der Deutschen Demokratischen Partei, Stadtrat in Edenkoben, 1930 Spitzenkandidat für diese Partei im Wahlkreis Pfalz. Er schied 1933 aus seinen politischen und Ehrenämtern aus, hielt sich mit Ausnahme der NSV (NS-Volkswohlfahrt) von der Partei fern. Er schied auf eigenen Wunsch auch aus dem Stadtrat aus, dem er über Jahre angehört hatte.

Die Vidals bauten ihre »Tempowagen«. Sie blieben unbehelligt. Hamburgs Gauleiter Kaufmann, an der Alster in dem prächtigen Bau residierend, in den nach dem Krieg das amerikanische Generalkonsulat einzog, war nicht minder hitlerhörig als alle Gauleiter, ging aber weniger rüde vor als etwa der Gauleiter Wagner in München. Vielleicht haben ihm die Vidals größere Summen für das »Winterhilfswerk« gestiftet, darüber war nichts zu erfahren, Parteigenossen brauchten sie nicht zu werden. 1939 wurde ihr Unternehmen »kriegswichtig«, ohne etwas anderes produzieren zu müssen als die Kleinlaster.

Meine Mutter brachte sich in Weilheim in der geschilderten Weise mit Mieten, Pachtzinsen, Sprach- und Gesangsunterricht durch. Aus diesen Vorkriegsjahren stammt eine Postkarte an mich: »Ich hätte Dir gern heute Deine Wäsche geschickt, aber ich habe das Porto nicht.« Mein Vater machte seine Büroarbeit in einem Arbeitsamt in München.

Im Februar 1936 hatte ich auf einem Künstlerfest meine erste Frau kennengelernt, eine Tochter des Berliner Nationalökonomen Hermann Schumacher, des Gegenspielers von Werner Sombart. Sie studierte an der Münchner Kunstakademie Bildhauerei und kehrte mit Beginn der Ferien nach Berlin zurück. Die Absicht, zu heiraten (verwirklicht 1938), nötigte mich, eine Arbeit zu finden, die uns ernähren und mich doch davor bewahren sollte, mich dem Nationalsozialismus auszuliefern.

Das wäre in München schon nicht mehr möglich gewesen. Die Stadt war zu klein, als daß sich – außerhalb bestimmter Kreise der katholischen Kirche – unentdeckt eine politisch nicht diskriminierende Arbeit hätte finden können. Anders in Berlin. Zwischen NS-Hörigkeit und Führer-Anbetung einerseits, Widerstandsgruppen und -individuen im Untergrund andererseits gab es in der Reichshauptstadt noch eine Grauzone, in der eine Minderheit sich abzuschirmen wußte, nicht nur gegen die Organisationen des Terrors, sondern auch, was schwieriger war und mehr Selbstkontrolle erforderte, gegen die Volksmehrheit. Beim Metzger, im Lebensmittelladen, bei der Milchfrau, unter Umständen auch mit der eigenen Hausangestellten, war nur noch über das Wetter zu reden.

Wir fanden Aufnahme in einen Freundeskreis, der sein lokales Zentrum in Zehlendorf hatte. Ihm gehörten fünf Männer an, die vor und nach dem 20. Juli 1944 hingerichtet worden sind: Trott zu Solz, Adam Kuckoff, Reichwein, Harnack, Albrecht Haushofer. Nur Trott, der für das Auswärtige Amt Auslandsreisen machen durfte, führte bereits konspirative Gespräche in London. Von einer »Verschwörung« konnte noch keine Rede sein. Wir wußten nur, daß wir kein offenes Wort riskieren durften, wenn wir der Gesinnung des Partners nicht absolut sicher waren.

Haushofer, der im Gefängnis vor seiner Ermordung die »Moabiter Sonette« geschrieben hat, las uns damals aus den Manuskripten seiner Dramen vor, in denen er die deutschen Zustände ins klassische Altertum verlegt hatte und alle Figuren Projektionen des Autors gewesen sind. Im Hause Harnack fanden musikalische Abende statt.

In dieser Berliner Grauzone fand ich bezahlte Arbeit, ohne meine Treue gegenüber Führer, Reich und Volk beweisen zu müssen, etwa durch das Parteibuch der NSDAP und regelmäßigen Besuch der »Schulungsabende«. Es gab noch Restbestände der ehemaligen Deutschnationalen Volkspartei. Dazu gehörte der von August Scherl gegründete Pressekonzern, der sich im Eigentum von Hugenberg befand, für kurze Zeit in Hitlers erstem Kabinett als Wirtschaftsminister eine Tarnfigur. Hugenberg war weder Jude noch Sozialist, außerdem enorm reich; er war nicht so leicht zu enteignen wie die jüdischen Ullsteins, deren Presseimperium Scherl überragte.

Ich hatte mich von der Straße weg zum Personalchef dieses Konzerns durchgefragt, besser gesagt, durchgebohrt. Er fragte mich, was ich könne. »Eigentlich nichts«, antwortete ich, »aber das ist nicht die einzige Schwierigkeit. Sie machen Zeitungen und Zeitschriften, aber ich will nichts schreiben, obwohl ich das vielleicht ein bißchen kann.« »Warum nicht?« »Nun ja ...«, sagte ich. Er stellte keine weiteren Fragen, zu einem probaten Mittel der Verständigung war Schweigen geworden.

1936 wurde ich ein Angestellter von Scherl und sortierte im größten Bildarchiv des Reiches Fotos. Am 1. August schrieb ich in einem Brief nach München:

»Samstag abend ist die Olympiade ausgebrochen, die Ubahnen und Straßen sind überfüllt. Es geht die Sage, daß Leute um vier Uhr morgens auf Leitern ihren Platz an der Heerstraße einnahmen, um nachmittags um vier Uhr den Einzug ins Stadion zu sehen. Vor lauter Fahnen und Blumen sieht man in den Hauptstraßen keine Häuser mehr. Am vorigen Sonntag sah ich die Deutschlandausstellung, die Macht und Schönheit des III. Reiches tritt einem dort greifbar entgegen, seine Verdienste um die Kultur, angefangen von der Gutenbergbibel bis zu Junkers Schnellflugzeug, es ist alles versammelt.«

Ab 1938 arbeitete ich dann in einem Buchverlag, dessen Inhaber mich beim Einstellungsgespräch gefragt hatte: »Einer Partei gehören Sie nicht an?«

Wer 1938 als Deutscher einem Deutschen diese Frage stellen konnte, ließ erkennen, er sehe die Mitgliedschaft bei *der* Partei nicht als unbedingt notwendig an. Die Bücher, die in diesem Verlag erschienen – eigentlich waren es drei Verlage –, waren gedruckte Schleichwege durch das »Dritte Reich«.

Das änderte sich, als Ribbentrop in diesem Unternehmen, zu dem Berlins größte und leistungsfähigste Druckerei gehörte, seine Kulturzeitschrift »Berlin-Rom-Tokio« mit zwölffarbigen Reproduktionen klassischer Gemälde herstellen ließ. Die Situation wurde für mich vollends unerträglich, als dort auch die »Kriegsbücherei der deutschen Jugend« in riesigen Auflagen in Druck ging. Schon sollten meine Geschäftsbriefe mit »Heil Hitler« enden.

Über eines war ich mir klar: Unter Kriegsbedingungen würde ich als Zivilist keine Stellung finden, wo man mir nicht bald auf die politische Schliche gekommen wäre, die Gestapo ein Auge auf mich geworfen hätte. Weil in meinen Militärpapieren die Kurse bei der »Schwarzen Reichswehr« verzeichnet waren, ich als gedienter Soldat gelten konnte, wurde ich mit 29 Jahren schon im September 1939 zum Kriegsdienst eingezogen, was sonst kaum vor 1941 geschehen wäre, mich für zwei Jahre noch dem Zivilleben ausgesetzt hätte. Auf Befehl desertierte ich in die Armee als Fernsprecher, das Schutzdach war die Nachrichtenabteilung der 3. Infanteriedivision.

Ich war mit einem der letzten normal verkehrenden Züge von München nach Berlin gefahren, während meine Frau bei ihrer Schwester in Urfeld am Walchensee zur Betreuung von deren Kindern geblieben war. Der Mann der Schwester, der Physiker Werner Heisenberg, hatte dort von den Erben Lovis Corinths dessen hochgelegenes Haus erworben. Er war gerade aus den USA zurückgekommen, wo man ihm und seiner Familie einen roten Teppich ausgebreitet hätte. Gleich mir, der ich freiwillig aus Jugoslawien in die deutsche Hölle zurückgekehrt war, so auch er, wenn auch mit völlig anderer Motivierung. Von ihm war zu hören, er habe seine Schüler in Kriegszeiten nicht im Stich lassen wollen, während ich dem deutschen »Tatort« nahe sein wollte. Die eine wie die andere Begründung ist nicht falsch, aber unvollständig. Heisenberg war ein Patriot, innerlich durch eine Wand vom nationalsozialistischen Deutschland getrennt, ohne gleich anderen Patrioten seines Schlages einsehen zu können, er sei in Wahrheit durch eine Wand von Deutschland getrennt; wohingegen ich die Nationalsozialisten mit den Deutschen gleichsetzte, eine Toleranz von drei bis fünf Prozent einräumend.

Am 30. August 1939 schrieb mir meine Frau aus Urfeld, lange Gespräche mit Werner hätten in ihrem Kopf etwas Klarheit geschaffen. Er und ich seien uns bis in den Wortlaut hinein in der Beurteilung der Lage gleich:

»Ich höre, es wäre gelungen, ein Atom zu zertrümmern. Ungeheure Energien würden dabei frei. Vielleicht gelingt es in einiger Zeit, eine größere Quantität von diesem Explosionsstoff herzustellen, dann kann man eine Stadt wie New York in Weißglut versetzen. Da taucht also das Ende dieser Kriege auf! Wer das findet (vielleicht die Franzosen?), der kann die Welt erpressen!!! Ich bin recht froh um diese lieblichen Aussichten auf Zerstörungsmöglichkeiten ... Schreibe mir gelegentlich die Kündigungsfristen für die Berliner Wohnung.«

Gezählte 2129 Tage lang, die amerikanische Gefangenschaft von September 1944 bis Juni 1945 eingerechnet, genügte es, das Maul zu halten, um nicht als deutscher Soldat von deutschen »Richtern« umgebracht zu werden. Noch im Gefangenenlager rettete mich nur der Sprung durch ein geschlossenes Fenster davor, von Fallschirmjäger-Unteroffizieren gelyncht zu werden. Als Soldat befand ich mich in der einzigen Institution des »Dritten Reiches«, in der ich gänzlich unnütz bleiben konnte unter der Voraussetzung, nichts werden zu wollen. Ich wurde nichts, kam im untersten Mannschaftsstand aus dem Krieg heraus. Es gab keinen Befehl, etwas werden zu müssen, und es brauchte nichts weiter, als nicht als Feigling aufzufallen – lumpen ließ ich mich nicht –, um sich durchzuschlängeln.

Das Risiko, während dreier Jahre in Rußland vom Feind, der nicht mein Feind war, erschossen zu werden, war unverhältnismäßig kleiner als das, als erkannter »Dissident« zu überleben. Und als ich dann doch, ein einziges Mal unvorsichtig geworden, wegen »Widersetzung« vor das Kriegsgericht meiner Division kam und bestraft wurde, war auch das Lebensrettung, weil ich für neun Monate sicher, warm und gut versorgt in einem deutschen Militärgefängnis in Smolensk aufbewahrt war, während meine Division in Stalingrad unterging.

Ein Militärgefängnis für bestrafte Soldaten war kein Konzentrationslager, wohingegen die Feldstrafeinheit, zu der ich laut Gerichtsbeschluß von Smolensk aus hätte weitergeleitet werden sollen (was der Kommandant, Hauptmann Kaletta, Bankbeamter aus Rostock, verhinderte), mit hoher Wahrscheinlichkeit von mir nicht überlebt worden wäre. Für mich wäre auch ohne die Alternative Stalingrad jedes Militärgefängnis ein Refugium gewesen.

Es hatte eine Methode gegeben, sich vor Denunziation zu schützen – es war jene, mit der ich von 1933 bis 1939, dann als Soldat von 1939 bis 1945 durchs »Dritte Reich« geschlichen bin: die Methode gewisser Insekten, sich bei Gefahr scheintot zu stellen. Da es mir meine Natur schwermachte, diesen Zustand über zwölf Jahre perfekt durchzuhalten, bedurfte es außerdem einiger glücklicher Zufälle, daß ich überlebte.

Im ersten Kriegswinter in der Eifel lernte ich in dem etwa dreißigjährigen Bauern G. aus einem Dorf bei Passau einen Verweigerungsvirtuosen kennen. Er gehörte meiner Fernsprecher-Kompanie an, hatte vom Kompaniechef Anfang Januar 1940 den Befehl bekommen, Gerät, das in einem Schuppen gelagert war, zu reinigen und zu ordnen. Beim Antreten am Morgen meldete er sich zu dieser Arbeit ab, täglich von acht bis zwölf und von 14 bis 17 Uhr. Durch Zufall kam ich Ende März vor diesen Schuppen, fand die Tür unverschlossen, trat ein. Dort saß der Bauer G. auf einer Kiste, hatte nichts als eine spiegelblank geputzte Karbidlampe aus Messing vor sich, ergriff diese und ein Putztuch, als er meiner ansichtig wurde. Anfang Februar war das Gerät ausgelagert worden, G. hatte es verstanden, die Lampe zurückzubehalten. Seither saß er täglich sieben Stunden in dem nur von einem kleinen Fenster kaum erhellten Schuppen, las nichts, tat nichts und war fuchsteufelswild, daß ich ihn entdeckt hatte; er nahm mir das hochheilige Versprechen ab, ihn nicht zu verraten. Wenig später fand für die Kompanie eine Alarmübung statt, an

Den ersten Kriegswinter 1939/40 verbrachte ich als Soldat in Prüm/Eifel. Ich bildete ein Streichquartett, wir gaben Konzerte, lieferten den Erlös beim »Winterhilfswerk« ab. 2. Geige ein Arzt, an der Bratsche ein Notar aus Halberstadt, nun Ortskommandant, am Cello ein Berufsmusiker.

der alle teilzunehmen hatten. Danach meldete sich G. nicht mehr zum Gerätereinigen ab, die Sache war ohne Aufhebens erledigt.

Jahrelang war ich in Gefahr, sinnloser- und gefährlicherweise Aktivitäten zu entwickeln. Dann gedachte ich des Bauern G.: Mensch, putz die Lampe. So kommt man durch einen Weltkrieg.

Ich hatte Glück, mein Vater auch, wir beide dank des Krieges. Am 31. Juli 1939 hatte meine Mutter an ihre Schwester Agnes geschrieben:

»August kam schon am Samstag [von München nach Weilheim, E. K.] und ging gleich hier aufs Wehrbezirksamt. Da es nichts für ihn gab, ließ er die Telefonnummer zurück, von der sie am Montag Gebrauch machten. Sie fragten, ob er als Kompanieführer in einer Mittenwalder Gebirgsjägereinheit die Munitionskolonne übernehmen wolle. Da hat er 260 unausgebildete Männer und 4 Leutnants unter sich und viel zu tun. Er hat gestern

Mein 62jähriger Vater meldete sich am ersten Kriegstag, fiel drei Jahre später in Briansk im Verband der 19. Panzerdivision.

auch seine Uniform bekommen und sieht mit dem Käppi sehr gut aus. Hoffentlich brauchen sie nicht mehr hinaus, aber er ist schon mit Feldbett usw. darauf vorbereitet. Es wäre ihm, wie ich ihn kenne, schrecklich gewesen, in dieser Zeit im Büro zu sitzen. Ich freue mich deshalb für ihn.«

Aus einem Angestellten hatte sich der Vater mit 62 Jahren auch äußerlich wieder in einen Herrn verwandelt. Drei Jahre später wurde er auf dem Bahnhof von Briansk, einem rückwärtigen Dienst der 19. Panzerdivision angehörend, von einer russischen Fliegerbombe so schwer verwundet, daß er am nächsten Tag im Feldlazarett starb.

Das Glück zu nennen klingt wie Zynismus, aber ich weiß es besser. Hätte er eine zweite Niederlage, eine zweite Notzeit, eine zweite Inflation erleben, zum zweiten Mal einem verachteten, ja verhaßten Volk angehören müssen, so hätte sich von dem Rest seines Lebens dasselbe sagen lassen wie von dem unseres Kreilhof-Nachbarn Filgertshofer: Er hätte es verdämmert.

Die Nachricht vom Tod seines Vaters mußte der Hauptmann Kaletta dem Häftling E. K. vermitteln, wobei er, der Hauptmann, nicht der Häftling, sichtlich verlegen war. Meine Mutter, im Besitz einiger aus einem Feldlazarett an sie geschickten Sachen ihres Mannes, schrieb an meine Frau:

»Was hilft alles! Ihr habt es ja auch schon durchgemacht [der jüngste Bruder meiner Frau war gefallen, E. K.]. Nun haben Deine Eltern ihn nicht einmal kennengelernt … Ich glaube, Du hast Deinen Schwiegervater auch gemocht, und erst jetzt nach dem Krieg wäre es vielleicht wieder ein nettes Familienleben mit allen geworden.«

Als mir dieser Brief zu Gesicht gekommen war, schrieb ich: »Was für ein Dokument! Daß Mama bei aller Leidenschaftlichkeit und Spontaneität aus diesem Anlaß keine Silbe über ihre eigenen Empfindungen verlor, das ist mehr als Diskretion, das ist Furcht, sich wegzugeben.« Eine Frau, eine Familie, die auf Zehenspitzen ging.

Eine bürgerliche Familie? Gewiß, was denn sonst?! Was daran noch bürgerlich war, hatte nostalgische Züge, war unverwischbare Erinnerung, war Erziehung, Tradition; nicht zuletzt ein Rest von Standesbewußtsein, worauf ich die Resistenz gegen den Nationalsozialismus vor allem zurückführe. Dessen Botschaft, auf die ein Heidegger, ein Benn, ein Jünger, ein Hanns Johst hereingefallen sind, erreichte sie nicht.

Ich noch ein Bürger, über dessen Machart der Leser das Nötige erfahren hat? Jein! Dem Habitus nach ja – aber bedarf ein Bürger, um ein Bürger zu sein, nicht einer Heimat, eines überpersönlichen Etwas, mit dem er sich identifizieren kann? Oder rundheraus: einer Ideologie? Und/oder: wenigstens des Bewußtseins, einem Volk anzugehören? Natürlich gehöre ich diesem deutschen Volk an, es ist der Schoß, aus dem ich kroch. Nicht nur der Krieg, er aber vor allem, und zwar nicht als eine Abfolge von Siegen und, Gott sei Dank, Niederlagen, sondern als eine grandiose Röntgen-Anlage, die dieses Volk durchleuchtete in seiner seit 1989 so erschreckend zutage tretenden Unwandelbarkeit, hat mich, familiäre Erfahrungen lückenlos fortsetzend, belehrt: Trau ihm nicht. Ein Bürger ohne Vertrauen ist nicht vorstellbar. Der Krieg dauerte lang genug, es mir auszutreiben, unter anderem mit Stalingrad und mit dem 20. Juli, zu dem es ohne Stalingrad nicht gekommen wäre.

Im Sommer 1944 war ich glücklicherweise nicht zum viertenmal an die Ostfront »abgestellt« worden, sondern nach Brest, von wo aus deutsche U-Boote auf Jagd, ihre Besatzungen mei-

Der Soldat in Rußland 1942

stens in den Tod gingen. Der Transport, hundert Mann und zwanzig Fahrräder (!), machte in Straßburg zwei Tage Station, »wo eine Menge ansehnlicher Leute versammelt (waren), die vom ›Dritten Reich‹ und vom Krieg so viel als möglich verpassen wollten«. Einige von ihnen kannte ich, darunter auch Mitleser meiner Kriegsaufzeichnungen, die in entschärften Kopien im Freundeskreis herumgereicht worden waren. »Was mich an diesem Kreis stört, ist sein elitäres Gehabe; und was ich am wenigsten vertrage, ist Ironie gegenüber den Nazis, die sich gefahrlos äußert. Diese Kultur- und Wissenschaftsplutokraten tragen ein unsichtbares Schild um den Hals: Wir sind die ›anderen‹ Deutschen. Waren Hitler, Göring, Schacht, Bormann, Heydrich keine exemplarischen Deutschen?«

Die Amerikaner hatten die Freundlichkeit, mich zusammen mit rund 40 000 Vaterlandsverteidigern im September 1944 gefangenzunehmen. Auf Lastwagen wurden wir in ein Waldlager gefahren, entlang der Straße standen Franzosen und Französinnen und schrien: 'itler kaputt, 'itler kaputt, und warfen mit Steinen nach uns. Ich konnte die amerikanische Lagerleitung davon überzeugen, daß auf mich in Oberbayern Stall und Felder warteten, und gehörte damit zu den Landwirten, die zusammen mit

Als ich im Juli 1945 aus der Gefangenschaft zu meiner Mutter nach Weilheim kam, fand ich unser Haus von einer Bombe zerstört. Ich skizzierte die Ruine.

den Bergarbeitern und Bahnbediensteten vorzeitig entlassen wurden. So kam es, daß ich bereits im Juni 1945 auf einem Kohlenzug Weilheim erreichte und meine Mutter bei guter Gesundheit antraf. Sie hauste in dem einzigen übriggebliebenen Parterrezimmer in der Ruine, in die 14 Tage vor Kriegsende eine amerikanische Bombe das Haus verwandelt hatte. Zwischen den Trümmern saßen drei prominente Nazis aus dem Städtchen, klopften Ziegel ab auf Befehl des amerikanischen Ortskommandanten, eines Leutnants oder vielmehr seiner bildhübschen, lasziven »Sekretärin«. Die Herren glaubten, mit drei Tagen genug Wiedergutmachung für tausend Jahre geleistet zu haben, und verschwanden auf Nimmerwiedersehen.

Meine Mutter erinnerte sich, daß ich einmal zu ihr gesagt hatte: »Du brauchst die Sieger nicht zu fürchten, sondern die befreiten Sklavenarbeiter.« So war es gewesen. Noch vor der Bombardierung, also vor dem Waffenstillstand, hatten polnische »Fremdarbeiter« für Gerechtigkeit gesorgt und alles mitgenommen, was ihnen brauchbar erschienen war. Von den Fahrrädern hatten sie nur das uralte zurückgelassen, das meine Mutter vor dem Ersten Weltkrieg gekauft hatte, ein amerikanisches Produkt, federleicht mit Felgen und Lenker aus Holz. Das machte

Das »Lebenszeichen« schickte meine Mutter am 19.4.45 an ihre Schwester Agnes. Es kam am 16.2.46 an.

ich fahrbereit und brach damit nach Überlingen auf, wo meine Frau und die im Krieg geborenen zwei Kinder lebten.

Ende 1939 hatten wir uns überlegt, wohin der Krieg wohl zuletzt kommen würde – tatsächlich hatten wir eine Europakarte vor uns auf den Tisch gelegt –, und uns für den Bodensee entschieden. Auf einem Hügel hoch über dem Städtchen hatten wir eine Dachwohnung gemietet. Über den See hinweg, zum Säntis hinüber, bildeten in der Nacht die Schweizer Dörfer, die keine Verdunkelung kannten, Lichterketten am Ufer entlang.

In Kempten begann die französische Zone. Dort stauten sich Hunderte von Heimkehrern, die nicht wagten, über die Grenze zu gehen. Es hatte sich herumgesprochen, die Franzosen würden deutsche Exsoldaten in nordfranzösische Kohlengruben schicken. Das war nicht nur ein Gerücht.

Ich sah mir die Situation einen Tag lang an, dann dachte ich, was hilft's, ging zu dem Kontrolloffizier, kramte mein im Feldzug von 1940 verbessertes Schulfranzösisch aus, um ein Gespräch zu eröffnen. Darin erwähnte ich nicht von ungefähr, ich hätte 1940 in Vézelay mit Romain Rolland Tee getrunken. Der Leutnant hätte mich fast umarmt, stellte mir einen Schutzbrief aus, nicht nur ein Visum.

Am übernächsten Morgen war ich in Überlingen bei der Familie. Meine Frau traf ich vor dem Milchladen. Ihre ersten Worte waren: »Kommst du aus Amerika?«

6

Ein halbes Jahrhundert
auf sieben Seiten

War es nationalistischer Selbstbetrug gewesen, zu sagen und zu schreiben, die Deutschen seien in den Ersten Weltkrieg »hineingeschliddert« – was allenfalls auf England und Frankreich, weniger auf Rußland und überhaupt nicht auf Deutschland und Österreich-Ungarn zutraf –, so wäre es durchaus nicht falsch, zu sagen, das nationalsozialistische deutsche Volk sei unter der Kuratel der Siegermächte in die Zukunft »hineingeschliddert« – nämlich ohne Abrechnung mit der Diktatur und ohne eine andere Erinnerung an sie als die, sich nicht erinnern zu dürfen. Die Frage, ob das Kriegsende im Mai 1945 als Zusammenbruch oder als Befreiung begriffen worden sei, läßt nur dann verschiedene Antworten zu, wenn wir uns dabei mit der politischen Haltung von Gruppen, Grüppchen oder einzelnen beschäftigen. Das Volk in seiner Gesamtheit war gewiß froh, daß keine Bomben mehr fielen, aber von einer politisch definierbaren Reaktion kann keine Rede sein – ungeachtet dessen, daß davon ein halbes Jahrhundert lang immer wieder die Rede gewesen ist.

Vom ersten Augenblick an, Jahre vor den Staatsgründungen auf amerikanische bzw. sowjetische Erlaubnis hin, gab es zwei Deutschländer. In den ersten Nachkriegsjahren – die ich, der Westdeutsche, die »Zeit der schönen Not« genannt habe – waren wir zu Existentialisten geworden. Der geteilte politische Himmel, hier Demokratie, dort Sozialismus, wurde nun von einer, nein, von zwei Oberschichten schlauer Opportunisten (im Westen von Adenauer angeführt) als Chance wahrgenommen. Die Masse ging hamstern, um nicht zu verhungern, trug Teppiche, Silberzeug, Klaviere zu den Bauern, beschaffte sich auf ähnlich mühsame Weise Fensterglas, Bretter und Dachziegel.

Das hatten die Vidals in Hamburg nicht nötig. Die große Zeit für ihren »Tempowagen« kam jetzt. Ich sah keinen aus dieser Familie in der Zwangslage, mit zwei Gabeln des Familiensilbers in der Tasche auf dem Fahrrad, einen Korb auf dem Gepäckträger, über Land zu radeln, um mit zwei Kilo Kirschen nach Hause zu kommen. Zum zweitenmal reich geworden, gehörten sie wieder zu den »großen Familien« Hamburgs, die Lokalzeitungen schrieben über sie, Journalisten hatten keine Mühe, Frau Vidal, mit Oscar Vidal verheiratet, dazu zu bewegen, sich an den Bechstein zu setzen, etwas Chopin oder Schumann hören zu lassen (»Moderne? O nein, da klirren die Fensterscheiben!«), und während ihr Mann seinen Whisky bekam, kredenzte sie in Kristallkelchen Champagner und sagte »Prösterchen«. Das Stück »Der deutsche Besitz- und Bildungsbürger« wurde hier noch en suite aufgeführt. So werden anmutige Insekten in eine durchsichtige Masse unzerstörbar eingegossen. Am 5. Mai 1990 nahm die Familie Abschied von Oscar Vidal, 1904 geboren, »der als Gründer unserer Firma jahrzehntelang die Entwicklung der deutschen Automobilwirtschaft mitgeprägt hat« (Todesanzeige).

Fast unnötig zu sagen, daß bei Vidal & Sohn rechtzeitig erkannt worden war, dieser einfache Lastesel passe nicht mehr so recht in die reich werdende BRD. Anfang 1955 wurde die Hälfte des Unternehmens, 1965 der Rest der Fabrikanlagen verkauft; die Blaupausen und sonstigen Konstruktionsgeheimnisse nach Indien.

Vidal & Sohn ist nach wie vor ein Familienunternehmen, wird heute von Edmund, 1930 geboren, geführt, hat im Großraum Hamburg den Alleinvertrieb für das Transporter-Programm von Mercedes-Benz, verdient außerdem am Service für die Kundenfahrzeuge in eigenen Werkstätten mit 180 Beschäftigten.

Eugen Kuby hatte schon im März 1945 in Bamberg seine Uniform gegen einen Zivilanzug ausgewechselt und sich in einem Boot über den Rhein nach Edenkoben davongemacht, zu seiner Frau, zu seinen vier Söhnen (Alfred Hans, 1923; Helmut August, 1925; Fritz Eugen, 1927; Ernst Gerhard, 1930) und zu seinem Geschäft, dem Handel mit eigenen und gekauften Weinen. Er hatte sich in Fachkreisen und bei seinen Kunden Ansehen mit seinen Vorworten zu seinen jährlichen Preislisten erworben; sie waren zuverlässig in ihren Prognosen und in einem geschliffenen Deutsch geschrieben. In der Reihenfolge ihrer Geburtsjahre wurde der älteste Sohn Pfarrer, der sich einen Namen als pfälzischer Historiker gemacht hat; der zweite Architekt; der dritte Bankbeamter; der jüngste Lehrer. Sie alle haben Kinder, sie alle sind schon pensioniert.

Als Major war Eugen Kuby ausgeschieden, aus Kriegskameraden wurden Lebensfreunde. Er wurde in die Synode der Pfälzischen Landeskirche berufen, der er zwanzig Jahre lang angehörte. Um seinen staatsbürgerlichen Pflichten nachzukommen, trat er in die CDU ein, damals die Partei, die das »Ahlener Programm« verabschiedet hatte. Bis zu seinem Tod blieb er ihr Mitglied.

Im Oktober 1947 hatte ihn der Brief einer Frau Leibrock erreicht, die von ihm einen »Persilschein« für ihren Mann erbat, der vor einem Spruchkammerverfahren als »Hauptschuldiger« stand. In Edenkoben hatte er zu den fanatischsten Nationalsozialisten gehört; ihm wurde nachgesagt, er habe hinter jener nächtlichen Aktion gestanden, bei der den Kubys die Fenster eingeworfen worden waren.

Frau Leibrock schrieb: »Da ich weiß, daß Sie in jener Demonstrationsnacht auch belästigt wurden, bitte ich Sie, mir eine eidesstattliche Versicherung zukommen zu lassen, daß mein Mann sich nicht an dieser Demonstration beteiligt hat.« Sie und ihr Mann seien im »Pfälzer Hof« beim Kegeln gewesen. »PS. Da mein Mann in Regensburg verhandelt wird, sind Unannehmlichkeiten, die Sie durch Bestätigung der *Wahrheit* befürchten könnten, ausgeschlossen. Ich weiß, es gibt viele Menschen in Edenkoben, die sich fürchten, eine Aussage zu machen.«

Eugen Kuby antwortete:

»Sehr geehrte Frau Leibrock!

... Ich glaube Ihnen ohne weiteres, daß Ihr Mann sich nicht soweit erniedrigt hat, mir eigenhändig Steine in die Fenster zu werfen. Aber die Leute, die den Demonstranten die Steine in die Hand gedrückt haben ... waren die politischen Busenfreunde Ihres Mannes ... Die Annahme, daß ich mich bei ev. Aussagen von der Furcht vor Unannehmlichkeiten leiten lassen könnte, ist eine Beleidigung, die ich scharf zurückweisen muß.

Zum Schluß noch eine Frage: Würden Sie es nicht für richtiger halten, wenn Ihr Mann ehrlich zu dem steht, was er nun einmal getan oder unterlassen hat und wofür eine ganze Stadt Zeuge ist, als daß er sich in kaum verständlicher Weise an die israelitische Kultusgemeinde, an den protestantischen Pfarrer und an sonstige von ihm allerverachtete Personen wegen Hilfestellung wendet? Ich kann da nicht mit.«

Von diesen Briefen hätte ich gewünscht, sie wären in den Schulbüchern abgedruckt worden zu einer Zeit – es sind die Jahre vor der Staatsgründung –, als der Begriff »reeducation« ganz groß geschrieben worden ist. Zwölf Jahre lang waren die Deutschen »beim Kegeln« gewesen.

Eugen Kuby war auch im Aufsichtsrat der »Volksbank«, zu deren Gründern der Großvater gehört hatte, und gleich diesem spendete er für soziale Zwecke im Rahmen seiner bescheideneren Mittel. Der Siebzigjährige stieg noch auf einer Leiter an seinen Obstbäumen hoch, um sie auszuschneiden. Ein morscher Holm brach, er stürzte ab, brach sich beide Beine mehrmals, ein Knie zersplitterte, auch der rechte Fuß war gebrochen. In der Heidelberger Universitätsklinik, wo sein Vater 1913 an Krebs gestorben war, wurde er in ein paar Monaten wieder gehfähig gemacht. 1973, 110 Jahre nach ihrer Gründung, ließ er die Firma aus dem Handelsregister streichen. Ein Enkel hat sie vor wenigen Jahren unter dem alten Namen und am alten Platz wiedereröffnet. Seine Gebinde und Flaschen lagern in dem Keller, mit dem sein Ururgroßvater (der mein Großvater ist) 1862 angefangen hatte: »...beehre ich mich, Ihnen anzuzeigen, daß ich mein Geschäft von Neustadt a. d. H. nach Edenkoben verlegt habe, und hoffe...«

Was das Leben der Töchter Louis Süßkinds betrifft, so weiß ich natürlich über Dora, meine Mutter, ich wollte sagen: alles, aber das stimmt nicht. Ich habe keine Ahnung, was sie eigentlich politisch dachte... wahrscheinlich gar nichts. Und wie hat sie innerlich diese Ehe auf Abbruch durchgestanden? Das hatten weder ihr Sohn, ihre Tochter noch ihre Enkel erfahren. Sie verließ Weilheim nur noch für ein Kriegsjahr, in dem sie mit meiner Schwester in der von uns verlassenen Berliner Wohnung lebte. Sie dazu zu bringen, die bombardierte Hauptstadt wieder mit Weilheim und ihrem Garten zu vertauschen, bedurfte es Briefe,

Meine Mutter um 1944

die fast als Drohungen gelesen werden konnten. Ich weiß nicht genau, wie lange sie in München in der »Briefstelle« arbeitete, nehme aber an, es war das Jahr 1944. Dort hatte sie Briefe, die »Fremdarbeiter« an ihre Familien schrieben, zu lesen und in Stichworten den Inhalt festzuhalten. Da sie keine slawische Sprache beherrschte, dürfte es sich vorwiegend um italienische Briefe gehandelt haben. Aus dieser Arbeit hat sie in den wenigen Tagen, die ich bei ihr nach der Entlassung aus der Gefangenschaft im zerbombten Haus verbracht habe, kein Geheimnis gemacht. »Aber Mama«, sagte ich. »In den Briefen stand nichts Schlimmes«, sagte sie.

Meine Mutter ist dann später nicht an einer Krankheit gestorben, sondern daran, daß sie keinen Sinn mehr darin sehen konnte, weiterzuleben. Sie reduzierte ihre Nahrungsaufnahme auf jenes Minimum, das den Körper zwang, den Betrieb einzustellen. Das geschah in ihrem 92. Lebensjahr, 1968. Sie starb nicht, sie entschlief, und gleich ihr ist nach dem Ersten Weltkrieg das deutsche Bürgertum nach und nach entschlafen, fortgesetzt nur noch von einer Minderheit standhafter Zinnsoldaten, bis auch sie das Zeitliche segneten, das nicht mehr ihre Welt gewesen ist.

Über Olga, die zweitälteste Schwester meiner Mutter, weiß ich nur zu sagen, daß sie sich als Witwe in Dießen am Ammersee niedergelassen hatte und daß ihre zwei Söhne nach Amerika aus-

gewandert sind. Dort kamen sie gemeinsam bei einem Flugzeug-
absturz ums Leben. Ihr Tod wurde der Mutter verheimlicht, fin-
gierte Briefe erreichten Dießen, und so ist sie in der Annahme
gestorben, ihre Söhne seien amerikanische Staatsbürger in guten
Verhältnissen.

Agnes und Robert Ruoff hatten am Rande von München ein
kleines Haus mit einem Gärtchen gekauft. Sie lebten dort bis zu
ihrem 82. Lebensjahr, beide waren im August 1867 geboren.
Diese Harmonie setzte sich darin fort, daß Onkel Robert, der
mich am Tag ihres friedlichen Verlöschens gefragt hatte: »Ist sie
tot?«, vier Tage später ebenfalls starb, einfach deshalb, weil er
ohne seine Frau nicht mehr leben wollte. Er war sowenig krank
wie meine Mutter, als sie beschloß, nun sei es genug.

Ich war 35 Jahre alt, als für mich mit Verspätung der sogenannte Ernst des Lebens begann. Hinter dieser Formel stand für
mich mehr als die Frage, womit ich das Brot der Familie verdienen würde. War noch völlig unklar, in welcher sozialen Form es
möglich werden könnte, so stand doch fest, geradezu gußeisern
fest, daß ich zum Jasager und Befehlsempfänger nicht verwend-
bar war.

Vor 1933 war ich intellektuell, als Leser, als Student, von Nein-
sagern und kritischen Geistern geradezu eingekreist gewesen,
hatte am Beispiel der »Weltbühnen«-Leute (von Tucholsky am
überzeugendsten) vorgeführt bekommen, daß sich mit bedin-
gungsloser Opposition ein Name machen und Geld verdienen
ließ. Sie aber lebten in einem politischen Klima, in dem das Nein-
sagen geradezu Pflicht gewesen war. Auch sie waren ihrerseits
wie eingekreist von Gegnern. Ihre Lehrstunden waren unmittelbar in Handeln umzusetzen, und Handeln hieß für sie alle, mit
dem Wort öffentlich werden, mit dem geschriebenen oder mit
dem von einer Bühne herab gesprochenen Wort.

Meine täglichen Aufzeichnungen »Mein Krieg« waren nicht
nur das Halteseil gewesen, an dem ich mich durch die Masse der
Blinden, der Verführten, der Narren, der potentiellen Verbre-
cher bewegte, sie hatten auch in vorsichtiger Überarbeitung eine
kleine, ausgesuchte Öffentlichkeit erreicht, zu der z. B. Wilhelm
Hausenstein und Alfred Kubin gehörten.

Aber war ich nach dem Zusammenbruch von Gegnern, ja von

Feinden eingekreist wie Tucholsky oder Ossietzky? Waren nicht die Tage der neuen Freiheit angebrochen, war nicht eine neue Welt aufzubauen, war nicht die Aufgabe gestellt, einer »verlorenen Generation« Mut zu machen, Wunden zu heilen?

Wer mit Marx unter dem Arm durch die zerstörten Städte ging, konnte sich sagen: Wußte ich's doch, und hatte auch gleich das richtige, das ihm als richtig erscheinende Rezept, so etwas für alle Zeit zu verhindern. Ich ging ohne ein Buch unter dem Arm durch die von mir geliebte Stadt München auf Trampelpfaden, sah darin mit Befriedigung das Walten einer höheren Gerechtigkeit und war dessen sicher, von diesem Volk würde mit innerer Überzeugung kein Rezept angenommen werden, das es zur Vernunft, zur Bescheidenheit, zur Friedfertigkeit, zur Humanität, zur Solidarität ermächtigte und verpflichtete. Als es dann aber doch vierzig Jahre lang so aussah, als hätten sich Einsicht und Einkehr durch Unterwerfung unter die Kuratel zweier Siegermächte ersetzen lassen, Selbstsein durch Selbstverleugnung und Unterwürfigkeit, da konnte ich nicht glauben, die befohlene Windstille über dem Badesee BRD würde, wenn auch nicht ewig, so doch so lange dauern, bis sich spekulative Selbstvergessenheit in ein neues Selbstbewußtsein, ein neues!, gewandelt habe.

So wurde ich ein Schreiber und Aufschreiber, ein Protokollführer, den kritische Beobachter »Kassandra vom Dienst« genannt haben.

Mit Daniel Cohn–Bendit (Paris, Mai 1968)

Mit Helmut Qualtinger in Wien.

Im ersten Konzert von Wolf Biermann nach dessen Ausweisung aus der DDR mit Willy Brandt.

7

Im Wipfel des Stammbaums

In den USA leben heute 64 Kubys, in Kanada neun, in Großbritannien vier, in Österreich einer, in Deutschland 59. Alle diese Kubys haben einen gemeinsamen Stammvater, jenen »Gürtler«, der aus Guhrau in Schlesien an den Rhein ausgewandert ist und 1588 im »Bürgerbuch« von Speyer als Hans Kube erscheint.

Graphisch dargestellte Stammbäume beginnen unten mit einem Stück des Stammes – manchmal ist auch Wurzelwerk zu sehen, wenn die familiengeschichtlichen Erkenntnisse sehr weit zurückreichen –, dann strecken sich die Äste in die Breite, und je höher hinauf, zeitlich gesehen, je näher der Gegenwart, desto fülliger werden das Astwerk und seine Verzweigungen.

Bei diesem Buch haben wir es mit einem geschriebenen Stammbaum bzw. mit mehreren zu tun. Es ist kein Kompendium, kein Handbuch, das alle Verwandten und Anverwandten aufzählt, es beschränkt sich auf eine repräsentative Auswahl. Würde sie graphisch dargestellt, so läge die größte Breite unten, dieser »Baum« verjüngte sich mehr und mehr, und ich habe Ursache, ihn in einem Wipfel enden zu lassen, auf dem nur noch ein Mensch 16 Jahre lang nistete.

Dieser Mensch ist eine Frau, hervorgegangen aus einem Zweig der pfälzischen Familie, sie heißt mit Vornamen Christine, und ihr Nest war eine Gefängniszelle.

Diese Frau war gerade 21 Jahre alt geworden, als sich um ihre Handgelenke zwei eiserne Ringe schlossen, verbunden mit einer kurzen Kette. Sie hatte in einer Apotheke für Genossen der Roten Armee Fraktion ein Medikament kaufen wollen, die Menge machte den Apotheker stutzig, er sagte, soviel davon habe er zur Zeit nicht da, sie solle morgen wiederkommen. Sie kam wieder, und als sie die Apotheke verließ, wurde sie von Polizisten erwartet. Sie zog einen Revolver und schoß. Sie erschoß niemanden, verletzte aber einen Polizisten, was ein Hamburger Gericht als Mordversuch wertete. Das Urteil lautet auf lebenslänglich. Fünf Berufsrichter haben darüber abgestimmt.

Von dieser unbestimmten Frist sind jetzt diese 16 Jahre vergangen, aus der 21jährigen ist eine 37jährige Frau geworden. Die Härte des Urteils fand im Hinblick auf das jugendliche Alter der Täterin eine kritische Gegenöffentlichkeit, und da sie aus einem Pfarrhaus stammt – eine, wie man weiß, unter frühen RAF-Genossen nicht einzigartige Herkunft –, hatten sich acht hessische Pastoren schon zwei Jahre nach der Verurteilung an den Vorsitzenden des Hanseatischen Oberlandesgerichtes wegen Ch.K. schriftlich gewandt. Dieser Brief ist mir im Wortlaut nicht bekannt, aber die mir vorliegende, drei Seiten umfassende Antwort des Richters läßt erkennen, daß den Geistlichen die Strafe als zu hoch erschienen war. In Verbindung mit dem ganzen RAF-Komplex ist auch der Name Ch. K. wiederholt in der Presse aufgetaucht, es kann also sein, daß ihn Leser dieses Buches nicht zum erstenmal hören. Sie werden sich fragen, was mich veranlaßt, dieser Familiengeschichte das Schicksal dieser Frau gleichsam als I-Punkt aufzusetzen. Sie kommen möglicherweise auf die Vermutung, ich wollte mich gleich den hessischen Pastoren zu jenen gesellen, die in dieser Strafe, es gibt noch längere, eine unmenschliche Realisierung des staatlichen Gewaltmonopols sehen und dies auch laut sagen. Das kann so sein, das soll so sein, aber dieses Buch ist ganz gewiß nicht der Ort für einen ohnehin kaum aussichtsreichen Versuch, die zuständigen Organe, zu denen u. a. auch der Bundespräsident gehört, aufzufordern, sich von einem gewiß nicht nur eigenen, die Deutschen schlechthin erfüllenden Angstgefühl, einer durch die Jahrhunderte festzustellenden mythischen Angstdisposition, wenigstens so weit zu befreien, daß sich für alle politischen Überzeugungstäter die Gefängnistore öffnen. Das ist ein anderes Thema. Es kommt hinzu: Als dieses Buch in Druck ging, war Ch. K. nach einer schweren Operation entlassen worden.

Mit dem Wort »Überzeugungstäter« bin ich der Begründung, warum ich innerlich mit Ch. K. nicht fertig werde, über sie nach wie vor nicht einfach zur Tagesordnung übergehen kann, nahe und setze nun hinzu, ich hätte diese letzten Seiten auch mit »Von der Erhaltung der sozialen Unschuld« überschreiben können.

Wir alle, ob wir uns dessen bewußt sind oder nicht, führen ein zweigleisiges Leben, sofern wir zu jener oberen Hälfte gehören, die sich keine Sorgen um das tägliche Brot machen muß, ein solides Dach über dem Kopf hat, eine Wohnung, die wir hinter uns abschließen können, und so weiter. Nun haben wir aber nicht nur das Meer der Arbeitslosen, sondern auch nackte Not, Hunger und Obdachlosigkeit, Krieg vor der Haustüre, und wenn wir über den europäischen Tellerrand hinausschauen, ein grauenhaftes Elend und Massensterben. Wir gehören in der Weltbevölkerung zu einer hochprivilegierten Minderheit, und wenn wir nicht in einen Zustand humaner und moralischer Verrottung versinken wollen, haben wir uns zu sagen, daß wir für diese Privilegien etwas leisten müssen, sind aber nicht in der Lage, zu verhindern, daß Jahr für Jahr Millionen Kinder an Krankheiten oder Hunger sterben, obwohl wir dieses Elend mitverschuldet haben, weil wir nicht bereit sind, durch Verzicht eine Weltordnung zu schaffen, in der es kein Privileg mehr wäre, nicht zu hungern und etwas zu haben, was man ein Heim nennen könnte.

So reduziert sich unser Bemühen, uns eine Art sozialer Unschuld zu bewahren, darauf, anständige Menschen zu sein. Das klingt harmlos, aber es lassen sich Umstände vorstellen – vor einem halben Jahrhundert haben wir sie erlebt –, unter denen es nicht einfach, vielleicht nicht einmal ungefährlich war, ein anständiger Mensch sein und bleiben zu wollen.

Ich glaube, sagen zu dürfen, daß wir es in diesem Buch alles in allem mit anständigen Menschen zu tun gehabt haben oder noch zu tun haben.

Unnötig zu sagen, daß es von dieser Sorte des anständigen Menschen viele gibt, aber nicht genug, um den notwendigen Verzicht auf die Privilegien, die den meisten wohlerworben und selbstverständlich zu sein scheinen, mehrheitsfähig zu machen. Sie haben sich auch nie gefragt, was junge Menschen veranlaßt, zum Revolver zu greifen.

Aber da gibt es nun diese Christine K., die sich entweder das Brandmal RAF selbst aufgedrückt hat oder der es in jungen Jahren aufgedrückt worden ist. Sie und ihre Genossen haben die Schutzgesetze, die einen Zaun um die Privilegien bilden, übertreten. Verzweifelt über ihre Wirkungslosigkeit – über die sie sich mit tausend mündlichen und schriftlichen Erklärungen hinwegtäuschen wollten –, haben sie, hat sie vom Revolver Gebrauch gemacht. Daß sie sich untauglicher, letzten Endes selbstzerstörerischer Mittel bedient hat, ändert nichts daran, daß es ihr darum gegangen war, ihre Existenz gegenüber dem mitverschuldeten Weltelend zu rechtfertigen. Von Ärzten als haftunfähig erklärt, sehe ich sie dennoch oben im Wipfel des Stammbaumes nisten, als Anfechtung und Vorwurf – eine Rolle, in der sie sich nicht sehen kann.

Nähme ich die moralische und politische Befindlichkeit der Gesellschaft im ganzen zum Maßstab, dann kommen die Personen dieser Familien zwischen 1800 und heute gar nicht so schlecht weg. Denke ich aber an Christine K., dann frage ich doch: Und ich? Und wir?

Abgesang

»Der europäische Mensch stehe am Ende einer Epoche seines Daseins, er ergreife die Flucht vor dem Selbstsein. Den Symptomen der Zeit aufgeschlossen, gab [Alfred] Weber damals [1923] der Befürchtung Ausdruck, daß wir Gefahr liefen, den flachschichtigen bürgerlichen Massentyp zu produzieren, je mehr der bürgerliche Kosmos Einbußen erleide. Seitdem haben die krisenhaften Umschichtungen einen rapiden Fortgang genommen. Das Erwartete ist eingetreten: der europäische Bürger geriet in eine unausweichliche Lage, er mußte abdanken, um dem in beinahe chaotischer Beziehungslosigkeit lebenden Homo communis Platz zu machen« (Emil H. Maurer).

Daß dieser Text Wasser auf meine Mühle ist, versteht sich. Gewiß läßt sich die Entstehung des »in beinahe chaotischer Beziehungslosigkeit lebenden Homo communis« nicht auf die Jahreszahl festlegen, die ich dafür genannt habe: 1923. Der Eintritt des »Spätbürgers« (Maurer), auf den ich den Begriff »Pseudobürger« anwende, in die Geschichte ist ein Prozeß, kein punktuelles Ereignis, es bilden aber die inflationäre Zerstörung des Geldwertes und die Vernichtung und Umschichtung der Privatvermögen doch den »point of no return«.

Die Überlegung, ob sich unsere deutsche Welt – sie so isoliert, wie es hier geschieht, zu betrachten geschieht nur um der Verständlichkeit willen – im 19. oder im 20. Jahrhundert, verglichen mit dem jeweils vorhergehenden, mehr verändert habe, scheint ohne weiteres dahingehend zu beantworten zu sein: Selbstverständlich hätten zwei Weltkriege, das »Dritte Reich«, zwei Inflationen, eine vierzigjährige Teilung, die Beendigung der Teilung diese deutsche Welt bis auf den Grund umgestaltet, mehr als alles, was zwischen 1800 und 1900 geschehen ist und auf geradezu unbegreifliche Weise von diesen »Patrioten« nicht wahrgenommen wurde.

Die Dinge so sehen heißt, den Veränderungsprozeß an den historischen, datierbaren, unzweideutig zu benennenden Ereignissen festzumachen – es ist die Sichtweise der meisten Historiker. Würde ich aber beispielsweise meinen Großvater August Kuby mit irgendeinem der hochangesehenen Gauner vergleichen, die Millionen, wenn nicht Milliarden betrügerisch zur Seite bringen und dennoch Leitfiguren unserer Gesellschaft sind, dann erkenne ich zwischen ihnen einen Zeitraum wie zwischen Nero und Wilhelm II. Dann ist klar, daß sich der große Zeit-, Persönlichkeits-, Menschenwandel – der Mensch als soziales Wesen, nicht als Gottes Geschöpf vorgestellt – im 20., nicht im 19. Jahrhundert vollzogen hat.

In unserem Jahrhundert fällt der Strom der Zeit in Deutschland über zwei Staustufen herab. Über die erste stürzt das Bürgertum ab und verschwindet als die Klasse, die das vorige Jahrhundert geprägt und beherrscht hatte. 1848/49 hatte sie einen einmaligen Versuch gemacht, auch zu einer politisch mitgestaltenden Kraft zu werden. Er scheiterte kläglich, und zu einer Wiederholung des Versuches ist es nicht gekommen, der Bürger wurde nicht zum Citoyen, ließ sich wie das Kalb zum Metzger am kaiserlichen Seil zum Ersten Weltkrieg und durch diesen ziehen. Dieses Bürgertum war zwar Träger der industriellen Revolution gewesen, aber unfähig, mit dem erwirtschafteten Reichtum die mit ihm entstandenen sozialen Probleme zu lösen, die eben nicht mit Geld, sondern nur politisch, als Machtfrage begriffen, hätten gelöst werden können. Es ist festzuhalten, daß die erste gesellschaftliche Umgestaltung klassenspezifische Züge gehabt hat.

Hingegen hat mit der zweiten Gefällstufe nach dem Zusammenbruch der Diktatur die Gesamtbevölkerung aufgehört, ein Volk zu sein. Die Deutschen waren sogar im »Dritten Reich« noch mehr ein Volk, als sie es heute sind. Die »Volksgemeinschaft« war gewiß verordnet, aber sie stand doch nicht nur auf dem Papier. Natürlich nicht, die Bemerkung ist fällig, denn der »Führerstaat« stand auch nicht nur auf dem Papier. Wäre Einheit nur Propaganda gewesen, der Verlust der Qualität »Volk« hätte schon auf das Jahr 1933 datiert werden dürfen.

Der Autor mit seinem jüngsten Sohn Daniel 1990 am Canale Canaregio in Venedig

Aber so war es eben nicht. Das »Tausendjährige Reich« hatte noch eine geschichtliche Dimension, die Deutschen hatten ihre Geschichte noch nicht wie ein schmutziges Hemd weggeworfen. Das haben sie getan, als ihnen 1945 klargeworden ist, daß sie überhaupt nicht mehr bekleidet waren außer allenfalls mit einem von Schmutz starrenden Lendenschurz. Da sind sie aus ihrer Geschichte ausgestiegen, haben aufgehört, ein Volk zu sein. Tagtäglich werden wir Zeugen hilfloser Bemühungen, aus einer gestaltlosen, kulturlosen, demoralisierten Masse wieder ein Volk zu machen, als ließe sich das mit Feuilletons, Büchern und Ministerreden bewerkstelligen und von einer politischen Klasse, die mit nichts anderem beschäftigt ist, als die nächsten Wahlen zu gewinnen.

Wenn unter den Patrioten dieser Chronik, die heute und hier leben, noch einige sind, die eine erstaunliche Resistenz gegen die Perversion des Zeitgeistes erkennen lassen, so ist das nur möglich, weil sie für ihre Person sich Geschichtsbewußtsein wie in einem Weckglas erhalten haben. Diese Spätbürger haben auf dem Weg vor das Tor zur Hölle, vor dem wir alle stehen, keine Stolpersteine verteilt – hätten sie es politisch ernsthaft versucht, säßen auch sie im Gefängnis. Sie gehören aber auch nicht zur Masse der Zerstörer unserer Lebensgrundlagen.

Freundlicheres läßt sich über sie nicht sagen.

Bildnachweis

Maler unbekannt, Privatbesitz Alfred Kuby, Edenkoben: S. 20 re.

Aus Zeitschrift für pfälz. Landeskunde *Pfälzer Heimat*, Jg. 21, H. 1 (1970): S. 43

Aus Festschrift zum 100. Jubiläum der Volksbank Edenkoben: S. 55

Aus Deutschlands Ruhm und Stolz, hrsg. v. Fritz Abshoff, Berlin o.J.: S. 56

Gemälde von Leo Samberger: S. 61 re.

Maler unbekannt, Privatbesitz Familie Vidal, Hamburg: S. 69

Aus Hamburger Kaufmannsfamilien auf Reisen, dargestellt am Beispiel der Familie Vidal, hrsg. v. E. Hike, Hanseatischer Merkur, Hamburg 1974: S. 83, 84

Aus Olaf Gulbransson, Fünfzig unveröffentlichte Zeichnungen, hrsg. v. Alfred Mayer, München 1914: S. 126

Zeichnungen Erich Kuby: S. 172, 204, 217